# 리더십 권리장전

# 리더십 권리장전

**초판 1쇄 인쇄** 2024년 12월 6일
**초판 1쇄 발행** 2024년 12월 12일

**지은이** 신제구

**편집** 권정현  **디자인** 박은진
**마케팅 총괄** 임동건  **마케팅** 안보라  **경영지원** 임정혁 이순미
**펴낸이** 최익성  **펴낸곳** 플랜비디자인

**출판등록** 제2016-000001호
**주소** 경기도 화성시 동탄첨단산업1로 27 동탄IX타워 A동 3210호
**전화** 031-8050-0508  **팩스** 02-2179-8994
**이메일** planbdesigncompany@gmail.com

ISBN  979-11-6832-136-6 (03320)

살아남아야 기회가 있다

# 리더십 권리장전

## LEADERSHIP BILL OF RIGHTS

신제구 지음

# COMPETENCY

# COMPASSION

# COURAGE

plan b
DESIGN

# ( 서문 )

　세상의 급격한 변화는 불확실성을 키웠고 불확실성은 조직환경의 불가피한 변화를 가져왔다. 조직구조는 피라미드에서 역삼각형으로 변형된 지 오래다. 조직 고령화의 결과로 봐도 좋다. 구성원 가치관 또한 조직 중심에서 개인 중심으로 이동했고 미래보다 현재가 절실하며 일을 통한 성취감보다 자기 성장감을 더 간절히 원한다.

　이런 상황에서 많은 숙제가 리더의 몫으로 남겨졌다. 그렇지 않아도 힘겨운 리더의 고심은 더 깊어질 수밖에 없다. 변화는 누구에게나 두려운 법이며 리더도 예외는 아니다. 실패에 대한 두려움도 크지만 세상이 변하는 속도는 리더가 변하는 속도를 늘 초월한다. 불안하지 않을 수 없다. 변화는 어려운 일이지만 변하지 않으면 더 어려워진다는 사실을 리더는 잘 알고 있다. 그러나 당장의 변화에 적응하기도 전에 또 다른 낯선 변화를 숨가쁘게 반복해서 겪고 있다. 쉴 틈도 없고 쉴 수도 없다. 마음이 편할 리 없기 때문이다. 예측도 하기 힘든 변화는 리더의 용기를 초라하게 만들고도 남는다.

낯선 변화에 대응하는 지혜로운 방법을 미리 알려주는 소식이 있을까? 물어볼 사람도 물어볼 곳도 없다. 조급해진 조직은 리더를 가혹하게 평가하려 하고 불안한 리더는 대안 없는 버티기에 남은 기력을 갈아 넣는다. 패자부활전이 없는 현실에서 생존의 가능성은 줄고 손을 잡아줄 곳도 없다. 리더는 본래부터 일 잘해야 하고 잘 참으며 품위 있게 책임지는 존재라고 몰아갔던 것은 아닐까? 슬픈 이야기지만 이제부터 리더는 알아서 자신의 권리를 찾아야 하고 알아서 살아남아야 한다.

물론 조직도 리더에게 모든 문제를 해결하라고 강요할 수는 없다. 그러나 다수의 구성원을 이끄는 존재가 리더라는 점에서 리더의 헌신과 희생 그리고 인내에 의존할 수밖에 없다. 조직도 뭐 특별한 대안이 있는 것은 아니다. 리더가 먼저 중심을 잡아야 하지만 중심을 잡을 힘도 남아 있지 않다면 어떻게 해야 할까? 권한은 없고 책임만 있다는 푸념을 반복할 생각은 없다. 어차피 책임은 없고 권한만 가득한 조직은 세상에 없으니까 말이다. 그런데 더 서글픈 이유는 대안이 없다는 것이다. 힘이 날 리 없다. 리더의 '권한'은 사라졌고 '권위'는 떨어졌으며 '권리'는 외면당했다. 예전에는 리더는 가해자고 구성원은 피해자란 인식이 컸다. 그러나 지금은 반대가 되었다. **구성원의 도움이 없다면 리더의 생존도 없다. 권력보다 리더십이 더 필요한 이유다.**

권한은 없고 책임만 있는 가혹한 현실에서 리더의 자리를 거부하는 '리더 포비아leader phobia 현상'은 이미 익숙한 표현이 되었다. 임원은 조급하고 팀장은 불안하며 팀원은 영리한데 조직은 차갑다. 누구도 속 편한 사람은 없다. 앞으로 더 심해지면 심해졌지 나아질 가능성은 없어 보인다. 리더는 더 이상 후배 구성원의 롤모델도 아니고 구성원이 리더의 편도 아닐 수 있다는 불편한 현실에 무방비로 노출되어 있는 것이다.

이런 상황에서 리더는 어떻게 살아남아야 할까? 시간이 별로 없다. 이대로 리더를 포기하면 그만인걸까? 더 이상 리더는 필요 없는 존재인걸까? 실속 없이 폼만 잡는 희생자일까? 정답은 물론 아니다. **조직이 존재하는 한 목표는 있고 그 목표를 달성하기 위해 구성원의 몰입과 성장을 이끌고 고 성과를 창출하는 리더는 반드시 있어야 한다.** 즉 조직이 있으면 리더도 있다.

물론 과거의 리더는 반성할 점이 많다. 권위주의, 책임 전가, 조직 무례, 독단적 의사결정, 권력 독점, 희생 강요, 인격 모독, 불공정 등 리더라는 이름으로 자행되었던 과거의 부당한 행위는 마땅히 사라져야 하고 이미 많이 사라졌다. 반성할 것은 반성하고 사과할 것은 사과해야 한다. 그러나 지금은 과거의 잘못을 탓하는 데 시간과 에너지를 낭비하기에 조직이 직면한 절박한 문제가 너무 많다. 리더가 힘을 내야 조직은 움직인다. **이제는 '지배'하지 말고 '적응'해야 한다.** 권력을 갖기보다 실력을 먼저 갖춰야 하며 성격대로 이끌지 말고 품격으로 구성원을 이끌어 그들의 몰입과 성장을 창출하는 공감능력이 리더십의 중심이 되어야 한다. 그래야 조직도 살고 리더도 산다.

불확실성에 선제적으로 대응하는 리더의 용기 또한 필요하다. 앞서 언급한 것처럼 리더의 권한과 권위 그리고 권리의 절망적 추락을 극복하기 위한 **리더의 중심잡기 노력**이 필요하다. 필자는 **그 노력을 '리더십 권리장전**leadership bill of rights**'이라고 표현하고 싶다.** 리더 스스로 자신의 정당한 권리를 찾고 당당하게 세상에 맞서야 한다는 의미다. 더 이상 밀리거나 위축되지 않으며 **'끊임없이 고민하고 민첩하게 학습하는 실력 있는 리더', '탁월한 공감으로 구성원의 몰입을 이끌어내는 리더', '세상의 변화를 정밀하게 감지하고 선제적으로 대응하는 용기 있는 리더'로 거듭나야 한다.** 그것이 리더의 권리를 찾는 가장 효과적인 방법이라고 생각한다. 살아남기 위해서는 대안이 필요하다. 아무도 돕지 않는다고 아무것도 하지 않으면 누구도 리더를 도울 수 없다. 억울한 사람의 이야기를 들어는 주지만 도울 수 없는 것이 세상이다. 세상은 강자에게만 관심을 두니까 말이나. 리더도 스스로를 도와야 한다. 그러기 위해 리더는 실력과 공감 그리고 용기를 생존의 도구로 삼아야 한다. 이 책은 완벽한 대안은 아니겠지만 오랜 시간 고민했던 리더십에 대한 문제인식과 대안을 조심스럽게 모아서 만든 것이다. 이러한 리더십 고민을 하나로 묶은 나름의 절박한 이유가 있다.

**첫째, 조직의 문제나 리더가 대응해야 하는 현실적 문제들은 몇 가지의 원인과 결과로 나타나지 않는다.** 그 해법을 찾기가 어렵고 매우 복잡한 요인들이 동시에 작동한다는 점이다. 그래서 순진하게 한 조직에만 길들여진 리더는 감당하기 힘들 수 있다. 즉 리더의 경험만으로 해결할 수 있는 일이 결코 아니란 의미다. 더욱이 리더에게 그 해답을 가르쳐줄 사람도 먼저 말해 줄 사람도 없다. 개인차가 생존의 차이가 되었다. 학습을 해야 예측을 할 수 있고 예측을 해야 판단을 할 수 있으며 판단을 해야 실행을 할 수 있다. 조직 내부와 외부에 작동하는 복잡한 요인들로 인한 '생태계 리스크'를 잘 이해하고 세상의 변화를 정확히 감지$^{sensing}$하는 노력이 리더에게 절실하게 요구되는 시절이다.

따라서 불안하다고 과거만 돌아보면 위험하다. 현실을 직시하고 현재 조직이 보유하고 있는 역량과 리더의 역량을 정확히 파악하는 것이 우선이다. 무엇을 갖고 있는가를 알아야 적절히 활용하며 변화에 대응해 나아갈 수 있다. 리더는 자신이 알고 있는 것이 무엇이고 모르는 것이 무엇인가를 정확히 아는 메타인지$^{metacognition}$를 갖고 있어야 실행이 계획을 구체화하고 같은 실수를 반복하지 않을 수 있다.

**둘째, 조직이 과거처럼 리더에게 충분한 시간과 기회를 허락하지 않는다는 점이다.** 조직구조의 역삼각형화와 고령화는 청춘을 조직에 바친 고참 구성원들의 간절하고 절박한 요청을 외면하게 만들었다. 다 죽을 수 없으니 다 살릴 수 없다는 논리가 앞서기 때문이다. 시간이 없다. 준비가 없으면 기회도 없다. 아무리 집단 저항을 시도해도 준비가 안되었다면 살아남기 힘들다. 힘을 잃은 무기력한 자의 사연에 귀를 기울일 사람은 없다. 조직은 믿을 수도 없고 믿어서도 안되지만 조직도 구성원을 믿지 않는다. 조금은 슬프지만 방법이 없다.

살아남으려면 반드시 조직이 두려워하는 강한 리더로 거듭나야한다. 그래야 살아남을 수 있고 살아남아야 기회가 있다. 반대로 리더가 조직을 두려워하면 조직은 그 리더를 함부로 대할 수 있다. 대안이 없다는 약점을 눈치채고 남들이 꺼려하는 일을 맡길 가능성이 높기 때문이다. 누군가 해야 할 일은 얼마든지 많으니까. 따라서 **이제는 철저하게 자신이 '아는 것'과 '모르는 것' 그리고 '해야 할 것'과 '버려야 할 것'들을 점검하고 맹렬히 도전해야 한다.** 위로를 구걸하면 버림받기 쉽고 불만을 먼저 말하면 냉소적 방관자로 취급을 받으며 핑계를 먼저 댄다면 말만 많은 나약한 존재도 오해를 받을 수 있다. 냉정한 판단과 점검이 리더에게 남은 마지막 기회가 될 수 있다는 점에서 서둘러야 한다. 나이를 더 먹는 것이 두려운 것이 아니라 세상을 읽고 사물을 판단하는 능력이 우리에게서 가장 먼지 소멸되기 때문이다.

**셋째. 경험 많은 리더가 더 위험해지기 쉬운 시절이다.** 리더의 경험보다 세상의 변화가 더 빠르기 때문이다. 경험은 경력이 아니고 경력은 실력이 아닐 수 있다. 리더 본인이 평가하는 실력이 아니라 객관적 실력에 자신을 노출시키고 지속적이고 민첩한 학습을 해야한다. 사람들은 남의 일에 관심이 없다. 자신들이 더 급하니 말이다. 나는 내가 지켜야 한다. 따라서 리더가 먼저 용기를 갖고 중심을 잘 잡으며 자기를 사랑하는 마음으로 변화를 이겨내야 한다. 실패하는 사람들의 공통점은 노력이 부족한 것이 아니라 먼저 포기하기 때문이라고 한다. 과거는 그립지만 과거만 생각하면 위험해지고 미래는 두렵지만 대비하면 안전할 수 있다. 얼마 남지 않은 자존심은 드러낼수록 초라해지고 화를 먼저 내면 조급해지며 판단력이 가장 먼저 흐려진다. 용기를 갖고 열심히 살아온 자신을 칭찬하며 차분히 실력을 쌓아야 한다. 모르면 누구에게도 물을 수 있어야 한다. 그것이 용기다.

결국 리더의 권리는 리더가 찾아야 한다. 과거의 반복이 아니라 리더 자신을 위한 준비를 해야 한다. **'리더십 권리장전'에는 지속적으로 '실력'을 키우기, 생각이 다른 사람을 '공감'으로 이끌기, 미래를 감지하고 선제적으로 대응하는 '용기'를 담고 있다.** 리더십 권리장전의 다른 표현은 '살아남아야 기회가 있다'이다.

본서의 작은 이야기들은 언젠가 부정되고 재평가 받을 것이다. 그러나 결코 두렵지 않다. 그렇게 세상은 계속해서 진화해 왔으니까 말이다. 필자가 보다 중요하게 목표로 하는 것은 복잡한 변화 속에서 생각이 많은 구성원을 이끌어야 하는 리더분들께 작은 지혜와 대안을 드리고자 함이다. 그렇게만 된다면 본서에 대한 그 어떤 비평과 비난도 미리 감사드린다. 어쩌면 지금의 리더십 변화는 과거에 대한 반성과 미래를 위한 개선의 열정에 기반한 건강한 리더십을 포함하고 있다. 이 점을 리더십 학자의 한 사람으로 만족하며 같은 시대를 살아가는 리더분들을 진심으로 응원한다.

2024년 11월 신제구

# 차례

# Part 2
# 몰입과 성장을 지원하는
# 공감형 리더

## Part 3
# 불확실성에 선제적으로 대응하는 리더의 용기

# Part 1

## 실력과 품격으로 존경받는
# 리더의 조건

# 콩 한조각을 나눠 먹는다고
# 좋은 리더가 될 수는 없다

## 1
## 구관이 명관이 되기 위한 조건

구관<sup>舊官</sup>이 명관<sup>名官</sup>이란 말이 요즘도 맞을까? 구관이 명관인 이유는 경험이 많은 리더가 문제를 예측하고 해결하는 데 더 유리할 것이라는 믿음 때문이다. 공감이 가는 말이다. 그러나 지금도 그럴까? 어쩌면 경험이 많은 리더가 경험해 보지 못한 낯선 문제에 직면한다면 경험을 너무 확신한 탓에 아무런 준비 없이 낭패를 보는 경우도 있지 않을까? 물론 탁월한 개인기로 어떤 문제를 직면하더라도 거뜬히 해결하는 리더도 많을 것이다. 그런데 자신의 경험에만 의존하는 리더라면 당황하지 않을 수 없다. 업그레이드되지 않은 과거 경험으로 의사결정을 하면 오히려 위험해질 수 있기 때문이다. 경험이 많으면 넓지만 얕고, 경력이 많으면 깊지만 좁기 마련이다. 깊게 고민하고 넓게 배우는 자세가 요구되는 시점이다. 변화는 늘 경험을 추월하니까 말이다.

변화는 우리의 기대보다 늘 빨리 다가온다. 조직도 마찬가지다. 조직환경은 전에 없이 급하게 변하고 있다. 전통적인 조직구조나 인식은 이미 파악하기조차 어려울 정도로 변하고 있다. 조직의 변화는 리더와 구성원의 인식도 바꿔 놓았다. 피라미드 구조는 역삼각형으로 변형된 지 오래다. 조직의 고령화도 한몫한다. 애사심을 구걸하기도 힘들지만 자부심을 심기도 어렵다. 승진의 꿈은 이미 꿈 같은 일이 되었다. 승진을 일찍이 포기한 구성원, 대안 없는 상황에서 면직을 당연히 받아들여야 하는 보직자들, **겨우 리더가 되었지만 당장이라도 그만두고 싶은 리더 포비아**<sup>leader phobia</sup> **현상, 조용한 사직과 역 갑질**은 조직에 대한 모든 추억 가득한 기억을 바꿔 놓았다. 오로지 생존만이 유일한 목표이자 신념이 되었다고 해도 과언이 아니다.

이런 상황에서 구관은 어떤 선택을 해야 할까? 현재 리더라는 이름으로 버티고는 있지만 어떻게 이 난국을 헤쳐 나갈 수 있을까? 어디서부터 출발해야 하고 무엇부터 시작해야 할까? 누구에게 물어봐야 할까? 누가 도울 수 있을까? 나는 무엇을 갖고 있나? 그리고 나는 살아남을 수 있을까? 정답 없는 질문들만 나열해도 정작 답은 없다. 답답하다. 겪어 보지 못한 일들만 자꾸 일어나니 참 난감하다. 그러나 아직 희망은 있다. 변화는 늘 기회도 같이 주니까 말이다. **변화는 늘 네 가지 유형의 사람을 탄생시킨다.** 첫째, 변화가 기회가 된 **수혜자**, 둘째, 변화로 기존의 혜택을 상실하게 된 **피해자**, 셋째, 변화에 저항하는 **방해자**, 넷째, 변화에 무관심한 **방관자**가 있다. 따라서 변화를 잘 이해하고 받아들이며 적응한다면 기회는 있다. 이 점만큼은 명확하다. 과거에도 그래 왔으니까 말이다.

따라서 구관이 명관이 되기 위한 **첫 번째 조건은 자기 변화를 먼저 꾀하는 일이다.** 자신이 갖고 있는 많은 것을 돌아보고 버릴 것과 유지할 것 그리고 새롭게 가져야 할 것을 찾고 선택해야 한다. **현재 통하지 않는 경험은 일단 접어두어야 한다. 이를 언러닝**unlearning**이라고 한다.** 고집 강한 리더에게 가장 고통스러운 일이지만 꼭 필요한 과정이 언러닝이다. 버릴 건 버리고 잊을 건 잊어야 한다. 잊어야 새로운 것이 보인다. 그렇다면 무엇을 버리고 비워야 할까? 버릴 것을 찾기 힘들다면 물어봐야 한다. 변하지 않는 것은 선배에게 묻고 변하는 것은 후배에게 물어봐야 한다. 변화를 원한다면 묻고 또 물어야 한다. 모르는 것을 들키는 일보다 감추는 일이 더 위험한 법이다. 들키면 부끄럽지만 감추면 곪는다. 머리 속이 맑아질 때까지 고민하고 선택도 해야 한다. 그래야 머리 속에 겨우 작은 빈자리를 만들 수 있다. 세상은 빠르게 변하는데 나 혼자 멍하니 서 있다면 자연스럽게 뒤에 남게 된다. 움직여야 한다. 그것도 빠르게 말이다.

**두 번째 조건은 필요한 지식을 민첩하게 학습하는 일이다.** 다행히 새롭고 다양한 지식을 발견하고 습득할 수 있는 유튜브와 같은 SNS 도구가 많아졌다. 직접 경험하지 않아도 지식을 학습하고 체득할 수 있는 방법은 얼마든지 있다. 찾지 않는 것이 문제이지 찾을 것이 없는 것은 아니다. 그리고 이러한 과정을 찾는 동지들이 있을 것이다. 변화가 주는 두려움과 불안을 한 사람에게만 주지는 않는다. 혼자 멍하니 서 있지 말고 동지를 만나서 같이 학습할 기회를 만들면 더욱 효과적이다. 혼자 가면 의지가 약해지고 귀가 얇아져서 중간에 쉽사리 포기하게 된다. 그래서 동지가 필요한 것이다. 쑥스러움은 비겁한 허세일 뿐이다. 배울 것이 있다면 누구에게라도 배워야 한다. 아니 배울 수 있는 용기가 필요하다. 세 사람만 모여도 그곳에 스승이 있다고 했다. 다른 눈으로 보면 가까운 사람에게도 배울점은 많다. 모두가 스승이란 생각으로 배워야 한다. 그래야 살아남을 수 있다.

**세 번째 조건은 남들로부터 환영을 받는 존재가 되어야 한다.** 얌체가 승리하던 시절은 사라졌다. 우리는 자기 이익만 챙기는 얄미운 사람을 건들지 않지만 거래도 하지 않는다. 얌체를 싫어하는 이유는 도움이 되지 않기 때문이다. 타인의 고통을 이해하고 격려하며 함께해 줄 수 있는 공감적인 사람에게 자신이 갖고 있는 것을 기꺼이 제공하는 것이 사람이고 현실이다. 이러한 사람을 미국 와튼 스쿨 애덤 글랜트 교수는 '**주는 자**giver'라고 표현했다. 리더는 우상도 아니고 적도 아니다. 친구까지는 아니지만 같은 생각과 같은 마인드를 갖고 있는 약간 먼저 살아온 동지라는 생각을 구성원에게 심어주어야 한다. 공감해 주는 리더에게 그들은 기꺼이 조력자가 되어 줄 것이다. 멀리 떨어져 있는 구성원은 절대 공짜로 리더에게 다가오지 않는다. 예전처럼 당근과 채찍 논리로 구성원을 달래려 한다면 이미 실패다. 당근은 먹고 채찍은 피하자는 것이 요즘 추세다. 이것도 모르면서 구성원을 하수로 취급하고 소위 갑질을 겁 없이 감행한다면 곧장 리더만 골탕 먹는다. 결국 다가가고 싶은 리더가 되고자 노력해야 주변에 사람이 모일 것이고 그래야 기회가 있다.

**네 번째 조건은 집단지성을 적극 활용하는 일이다.** 미래학자인 토마스 프레이Thomas Frey는 『미래와의 대화』에서 미래가 현재를 만든다고 말했다. 공감이 가는 말이다. 현재를 열심히 살다 보면 미래가 좋아질 것이란 순진한 믿음을 이제는 경계해야 한다. 지금은 누구도 미래를 확신할 수 없다. 혼자서는 더욱 어렵다. 구관의 강점은 다소 독단적이지만 정확한 판단과 문제를 해결하는 경험 가득한 능력이었다. 그러나 지금은 다양한 구성원의 참여와 응원이 반드시 필요하다. 구성원과 함께 정보를 공유하고 고민하며 해법을 함께 찾기 위한 '참여적 의사결정'을 통해 미래를 예측하는 집단지성collective genius을 생활화하고 미래에 살아야 한다. 그래야 대비할 수 있고 덜 위험해질 수 있다. 그리고 집단지성의 긍정적 결과를 구성원과 공유하면 집단지성은 반복되고 지속 발전할 수 있다.

**다섯 번째 조건은 자신에 대한 사랑이다.** 자기를 지나치게 방어하거나 자기를 과신하는 리더가 아니라 자신을 진심으로 격려하고 응원하며 돌아볼 줄 아는 '자기자비self-compassion'가 있어야 한다. 잘나가는 리더 가운데 완벽주의자는 많다. 지금까지 자신이 원하는 대로 모든 것이 이루어졌다면 낯선 변화에 더 많은 상처를 받을 수 있다. 뜻대로 안되는 일이 늘었기 때문이다. 자랑거리였던 경험이 더 이상 통하지 않고 조롱거리가 된다면 타인에 대한 분노도 생기겠지만 정작 화가 나는 것은 자기 자신이다. 그리고 스스로에 대한 실망과 미리 대응하지 못한 자신의 미숙함을 원망하는 마음에 좌절할 수 있다. 실패 경험 없이 늘 승승장구해 온 리더라면 더욱 견디기 힘든 일이다. 그러나 세상이 어떻게 자기 뜻대로만 되겠는가? 구관 시절의 자신에게 감사하며 격려하는 법도 배워야 한다. 실수할 수 있고 실패할 수 있으며 욕을 먹을 수도 있는 것이다. 『그럴 수 있어』라는 양희은의 책 제목처럼 지금의 변화를 응원하며 긍정적 마인드로 자신을 사랑하는 여유가 필요하다. 지금의 변화는 리더의 잘못이 아니다. 세상의 변화가 조직을 변화시켰고 조직의 변화는 구성원의 변화를 초래하기 때문에 리더의 변화는 불가피했던 것이다. 그런데 세상의 변화와 조직의 변화로 고통을 받는 것이 리더의 잘못은 아니지만 **변화를 고통으로만 받아들이고 변화하지 않는다면 그것은 리더의 잘못이다.** 기회는 얼마든지 있으니 용기를 내야 한다.

이상과 같이 구관이 명관이 되는 조건에 대해 살펴봤다. 이외에도 많은 조건들이 있을 수 있으나 가장 근본적이고 필수적인 조건만 따져본 것이다. 경험 많고 유능한 리더가 과거만큼은 아니지만 적어도 책임질 부분만이라도 감당할 수 있는 변화를 실행한다면 충분히 존경받는 구성원의 희망이 될 수 있다. 다행히 구관의 잠재력 가운데 하나가 더 있다. 그것은 생존본능 DNA다. 꼭 필요한 변화라면 마음에 들지는 않더라도 살아남기 위해 도전할 것이다. 그리고 끝내 살아남을 것이다. 구관이 명관이 되는 그날까지.

## 2
# 경험 많은 리더가 더 위험해질 수 있다

    조직에서 리더가 존중을 받아야 하는 이유는 직급 때문만이 아니라 리더가 보유하고 있는 다양한 경험 때문이다. 구성원들의 업무수행을 촉진시켜 더 높은 성과를 보장해 준다는 점과 구성원 성장을 지원해 줄 수 있다는 점에서 리더의 경험은 리더십 역량의 중요한 기반이 된다. 그러므로 리더의 경험이 성과의 한 예측요인이라는 사실을 부정할 수는 없다. 하지만 다른 관점에서 보면 리더의 경험도 점검이 필요하다. 그 이유는 최근에 리더의 경험이 조직의 성과를 창출해 준다는 가설이 의심을 받고 있거나 오히려 성과에 장애요인이 되는 경우도 종종 있기 때문이다. 즉 리더의 경험이 긍정적인 가치와 결과를 양산하기 전에 리더의 경험이 품고 있는 지식과 정보가 다양한 이유로 변질되거나 보완이 요구되는 경우가 있다. 변화에 민감하지 못하고 과거의 경험에만 의존하여 리더가 의사결정을 한다면 예기치 못한 결과를 초래할 수도 있기 때문이다. 따라서 경험 많은 리더가 자신의 경험을 정기적으로 점검해 보는 것이 필요하다는 관점을 가지고 리더의 경험에만 의존했을 때 초래되는 몇 가지 딜레마와 극복방안에 대하여 살펴보고자 한다.

### 딜레마 1. 과거 성공모델에 대한 집착
    과거의 성공이 미래의 성공을 예측해 준다는 가정을 부인할 생각은 없다. 그러나 경영환경이 급변하는 최근의 변화는 성공모델 자체의 문제가 아니라 과거의 성공모델이 가능했던 시대의 상황과 지금의 상황이 크게 달라졌다는 점에 주의할 필요가 있다. 과거에 통했던 성공방식이 지금은 통하지 않을 수 있다. 과거의 성공을 반복하고 싶은 욕망은 누구에게나 있지만 이러한 욕망은 가능하지도 않으며 오히려 불행의 시작이 될 수 있다. **과거의 성공모델에만 집착하고 시대의 변화와 흐름을 보지 못한다면 리더의 경험은 오히려 독(毒)이 될 수 있다**는 점에서 지나치게 경험에 의존하는 것은 경계해야 한다. 과거의 성공모델이 점검받고 도전받는 기회를 의도적으로 만들어야 하는 또 다른 이유는 리더에게 잘못된 소신을 심어줄 수 있다는 점이다. 과거에 통했던 경험에 지나친 신념을 갖게 되면 정상적인 소신도 지금 관점에서 보면 잘못된 소신으로 해석될 수 있다. 따라서 현명한 리더라면 자신의 성공모델을 지금의 관점에서 냉철히 살펴보고 개선과 보완의 기회를 확보하는 것이 필요하다. 리더는 종종 구성원들의 말에 귀를 더 기울여야 하고 자신의 생각에 대해 구성원이 도전할 기회를 제공하고 자문을 받는 자세가 필요하다. 구성원에게 묻는 부끄러움보다 배우고 안전해지는 이득이 요즘 리더에게 더 필요한 자세이고 존경받는 기회가 된다. 구성원은 리더가 가르치려 하면 멀리 가지만 배우려 하면 가까이 온다. 존중받는다는 기분은 기꺼이 리더에게 조력할 동기를 제공해 주기 때문이다.

## 딜레마 2. 경험이 제공하는 정보와 지식에 대한 지나친 확신

'지식 반감기'란 표현이 있다. 우리가 알고 있는 지식의 가치가 반토막 나는 기간을 의미한다. 조직에서 과거 30년 동안 써먹었던 지식이 요즘은 5년 미만으로 활용되고 있다고 한다. 어쩌면 지금은 5년도 너무 길다는 생각이 든다. 따라서 리더는 지속적으로 자신의 정보와 지식을 점검하고 학습하여 발전시켜야 한다. 자칫 과거에 학습했던 정보와 지식을 점검 없이 재생하거나 고집스럽게 활용한다면 낭패를 보기 십상이다. 정보와 지식의 변화가 지나치게 빠른 요즘, 불안해진 리더가 과거의 익숙한 정보와 지식에 만약 의존하고자 한다면 이미 그 리더의 능력은 조직에서 의심받고 있을지도 모른다. 리더는 자신이 경험한 정보와 지식으로부터 자유로워져야 한다. 지속적인 지식축적과 학습기회를 만들어야 한다. 만약 타인과의 지식교류가 어렵다면 혼자서도 학습할 수 있는 훌륭한 학습도구를 활용하거나 기타 다양한 방법으로 부지런히 자신의 정보와 지식을 품격 있게 업그레이드하는 리더가 되어야 한다. 적어도 경험이 많은 리더라 할지라도 세상의 지식과 정보가 변하는 속도를 따라잡기 쉽지 않으니 말이다.

많이 배울수록 직급이 높을수록 자신의 경험을 너무 쉽게 포기하기란 어려운 일이다. 그러나 속마음에 존재하는 불안감을 극복하기는 더 어려운 일이다. 자신의 경험이 과거와 달리 통하지 않는다는 불안감을 언제까지 감출 수는 없는 일이다. 불안감을 감추는 것보다는 민첩한 학습을 통한 재학습이 더 유리한 법이다.

### 딜레마 3. 제한적 인맥을 선호하는 습관

누구나 자신이 활동하는 범주에 있는 사람들과 관계를 맺고 살아가기 마련이다. 즉 다른 분야 사람들과는 개인적 친분 또는 특별한 이유가 아니고는 의도적으로 인맥을 형성하지 않는다. 관심사가 다른 사람들과 불필요한 시간과 에너지를 낭비하고 싶지 않기 때문이다. 물론 다른 사람들과 의미 없는 만남을 억지로 유지하는 사람도 많다. 진정성은 없고 이용가치만 생각하는 그런 만남 말이다. 그러나 그럼에도 불구하고 매일 만나는 사람만 또 만나는 것보다 의미 있는 인맥의 범위를 넓혀야 한다. 다른 사람에게는 다른 정보와 지식이 있고 다양한 또 다른 경험이 있다. 즉 다양한 사람과의 인맥을 넓혀야 리더 자신이 경험의 한계를 극복할 수 있다는 사실이다. 경쟁자가 다양해지고 사람을 통한 정보와 지식의 행태가 변했기 때문이다. 인맥이 제한되면 정보도 제한되고 지식도 멈춘다. 따라서 가장 중요한 것은 다양한 전문가의 지식과 평범한 사람들의 비범한 경험을 기꺼이 배우는 일이다. 세상의 지식은 분리되고 독립되어 발전해 왔지만 지금은 융합되고 복합되는 추세다. 했던 말을 반복하고 알고 있는 것을 재확인만 해서는 리더에게 발전이 없다. 따라서 다양한 인맥은 새로운 경험을 제공해 줌으로써 리더에게 새로운 관점과 용기를 줄 수 있다.


### 딜레마 4. 경험의 상실에 대한 공포감과 변화에 대한 거부감

변화를 좋아하는 사람은 아무도 없다. 변화는 늘 피로감을 동반하기 때문이다. 대부분의 리더는 마음속으로는 변화의 절박함을 알고는 있다. 그러나 변화 그 자체가 싫다. 매몰비용sunk cost의 이유도 있다. 지금까지 시간과 노력을 투입하여 힘겹게 쌓아온 경험과 지식 그리고 노하우에 변화를 가하는 것은 공든 탑을 무너뜨리는 기분과 다르지 않을 것이다. 우리 사회에 없는 것이 '패자부활전'이다. 한번 밀리면 끝이라는 생존 강박증은 리더가 자신의 경험이 부정되면 기회를 잃을 수 있다는 공포감과 새로운 변화에 적응하지 못하고 밀려날 수 있다는 불안감 때문에 변화를 거부하기도 한다. **어쩌면 경험은 리더에게 '위로'는 주지만 '용기'를 주지는 못하고 '간판'은 되지만 '평판'으론 부족하다. 스펙은 입사의 기준이고 평판은 퇴사의 기준이다.** 경험만 믿으면 리더가 위험해질 수 있다. 부하직원은 영리해졌고 조직은 냉정해졌다. 리더가 아무리 자신의 경험을 설명해도 그 경험이 현실에 먹히지 않는다면 무기력한 꼰대의 의미 없이 반복되는 레퍼토리에 지나지 않는다. 서글프지만 받아들여야 할 진실이다. 따라서 리더는 자신의 경험을 구걸하기보다는 변화에 선제적으로 대응하는 용기를 가지고 자신의 몸값을 재평가 받아야 한다는 각오로 **자기 경험의 변화를 시도할 필요가 있다.**

이상과 같이 리더의 경험이 초래할 수 있는 딜레마와 극복방안에 대하여 살펴보았다. 물론 리더의 경험은 위대하고 가치 있는 교훈이다. 리더의 경험은 돈으로 살 수 없는 값진 시간이고 열정이다. 그러나 리더의 고귀한 경험이 그 가치를 발휘하기도 전에 세상이 먼저 변하여 경험의 가치가 변하거나 오히려 왜곡되고 오해를 받을 수 있다. 리더는 이제 자신에게 솔직해야 한다. 사기의 재산과도 같은 경험이 반드시 자신의 경력이 되지는 않는다는 점과 그 경력 또한 실력이 아닐 수 있음을 인정해야 한다. 야속한 현실이 가슴 아프고 억울하겠지만 현실은 현실이다.

그러나 실망할 필요는 전혀 없다. 지금이라도 리더는 자신의 경험을 기록하고 분류하고 그 분류에 따른 가치를 재정의하여 자신의 경력과 연결해서 실력을 다지는 기반을 만들면 된다. 다양한 음식재료를 갖고 있다고 해서 바로 요리를 할 수 있는 것도 아니고 훌륭한 요리가 되는 것도 아니다. 먼저 어떤 재료가 어느 정도 준비되어 있는가를 파악해야 한다. 그런 후에 지금의 재료로 어떤 음식이 가능한가를 선택해야 한다. 만약 음식의 종류가 정해지면 가장 훌륭한 맛을 낼 수 있는 요리법을 찾아서 학습하고 시도해야 한다. 아무리 좋은 재료도 요리법이 빈약하면 요리의 결과는 뻔하다.

어쩌면 세상의 모든 성공 과정은 유사하다. 처음부터 훌륭한 의도가 없고 강한 의지가 없는 리더는 없다. 단지 오랜 조직생활을 하는 과정에서 종종 변질될 수 있다. 그 화려한 경험이 리더의 '방어 수단'이 아니라 리더의 '성공 수단'이 되려면 **가장 먼저 자신의 경험을 재점검하고 축적된 경험의 가치를 분류하고 자신이 가장 잘할 수 있는 일과 연결하여 단단한 실력으로 재탄생시켜야 한다.** 어차피 리더에게 주어진 시간은 별로 없다. 지금 갖고 있는 경험이 꼰대의 변명으로 전락하지 않도록 과거의 경험에 안주하지 말고 그 경험을 경력으로 경력을 실력으로 재생산하는 계기를 마련하는 것이 중요하다. 누구도 리더를 도울 수 없다는 점을 기억해야 한다. 그리고 밀리면 누구도 나를 기억해 주지 않는다는 점도 함께 잊지 말아야 한다.

# 3
## 리더의 불안을 희망으로 바꿔야 하는 이유

불안하지 않은 사람이 있을까? 모든 것이 불확실하고 미래도 잘 보이지 않으니 불안해하는 것은 어쩌면 당연한 일이다. 세상은 급속히 변하는데 자신만 멈춰 있는 것 같은 기분은 불안을 가중시키기에 충분하다. 특히 리더의 불안은 조직의 불안으로 이어진다는 점에서 중요하게 고민해 볼 필요가 있다.

리더십은 영향력influence과 같은 의미로 학계는 정의한다. 그만큼 리더의 생각과 행동은 조직에 영향을 미친다. 리더의 불안이 커지면 조직도 불안해질 수 있기 때문이다. 리더가 불안해하는 이유는 매우 다양하다. 변화관리, 조직관리, 자기관리, 성과관리 등 뭐 하나 예사롭지 않다. 상황이 어렵고 복잡할수록 리더가 먼저 중심을 잡고 굳건한 자리매김을 해야 한다. 그러나 그 책임감은 리더에게 부담이 되고 불안의 원인이 될 수 있다.

물론 리더 개인의 성격과 성장배경 등의 차이로 불안을 감지하는 수준과 내용 그리고 방향은 매우 달라질 수 있다. 아직 학계에서 개인차에 의한 불안의 유형을 명확히 구분하는 연구는 미흡한 상황이다. 그러나 분명한 사실은 **일 못하는 리더가 갖는 불안보다 일 잘하는 리더가 갖는 불안이 더 클 수 있다**는 점이다. 공부 잘하는 학생이 점수에 더 민감한 법이고 실적이 높은 사람이 실적에 더 집착하는 이유와 같다. 잘해 왔기 때문에 계속해서 잘해야 한다는 강박관념이 리더의 불안을 가중시키는 것이다. 더욱이 완벽주의 성격이 강한 리더라면 불안은 너무나 자연스럽게 습관처럼 리더를 괴롭힐 수 있다. 늘 잘해 왔으니 앞으로 잘해야 한다는 생각, 실패하면 끝이란 생각, 찍히면 큰일난다는 생각, 욕먹으면 어쩌나 하는 생각 등 완벽주의를 지향하는 리더는 외형상으로는 강하고 여유가 있어 보일지 모르지만 속으로는 죽을 지경인 경우가 많다. 자신의 불안을 밝히거나 위로 받을 기회를 갖지 못한다면 불안은 더 깊어지거나 엉뚱한 행동으로 변질될 수 있다. 일어나지 않은 일을 미리 걱정하기, 진행 중인 일의 실패 가능성에 대한 걱정, 끝난 일이 다시 발생하지 않을까 하는 걱정, 이번에는 잘 끝났지만 다음에 실패하면 어쩌나 하는 걱정 등 불안의 이유는 너무나 많다.

**불안한 리더가 가장 경계해야 하는 부적절한 행위 중 하나는 바로 '전위된 공격성**displaced aggression**'이다.** 전위된 공격성이란 자신의 불안한 심리상태나 불리한 상황으로 인해 발생한 분노를 엉뚱한 곳에 공연히 화풀이를 하거나 아무 잘못도 없는 타인에게 공격적 행동을 거침없이 자행하는 것을 말한다. 종로에서 뺨 맞고 한강에서 눈 흘긴다는 말과 같다. 즉 리더가 자신의 불안한 감정을 억제하거나 해소하기 위해 그 스트레스를 자신보다 약자인 구성원이나 주변인들에게 함부로 발산하는 것이다. 품위 없는 행동임에 틀림없다. 가까운 가족에게 화풀이를 하거나 매일 얼굴을 봐야 하는 조직 구성원에게 화풀이하는 전위된 공격성을 가진 리더가 있다면, 당사자의 고충이 이해가 가는 경우라도 아무런 잘못도 없는 사람이 일방적으로 억울한 일을 겪는다는 점에서 무례하고 저질스러운 행위다.

전위된 공격성이 위험한 또 다른 이유는 나쁜 리더만 발휘하는 것이 아니라 멀쩡한 리더도 짜증이 났을 때 순간적으로 범할 수 있는 공격성이라는 점에서 주의가 필요하다. 물론 곧 반성하고 사과도 할 수 있겠지만 본인은 뒤끝이 없다고 해서 당한 사람의 뒤끝까지 사라지는 것은 아니다. 불안한 리더의 경솔한 행동이며 리더십을 강하게 의심받는 계기가 된다. 멀쩡한 리더가 자신의 감정을 억제하지 못하고 엉뚱한 곳에 화풀이를 하고 후회하는 일은 흔한 일이다. 일시적으로 나빠진 것이다. **나쁜 리더보다 나빠진 리더가 더 나쁘다는 말이 있다.** 나쁜 리더는 남들이 늘 경계하지만 멀쩡한 리더가 갑자기 나빠지면 주변인들의 충격이 더 크거나 깊은 마음의 상처를 받는다는 점에서 너무나 위험한 행동이다. 치유도 힘들다. 그 리더의 행동을 앞으로는 예측할 수 없다는 편견을 심어줄 수 있기 때문이다. 리더가 억울해도 할 수 없는 일이다. 피해자는 분명히 있으니까 말이다.

그렇다면 리더의 불안은 리더 혼자 품고 숨겨야만 하는 것일까? 아니다. 리더의 불안은 극복해야 할 숙제이고 자연스러운 감정이며 동시에 방치하거나 간과해서는 안되는 예민한 감정이다. 리더의 불안은 리더만의 불안으로 끝나지 않기 때문이다. 리더의 불안은 구성원의 불안을 조장하고 조직의 불안을 야기할 수 있다. 불안을 대하는 리더의 자세는 어떤 모습이어야 할까?

리더는 자신의 불안에 대한 인식부터 바꿔야 한다. 첫째, 불안하지 않은 사람은 아무도 없다. 둘째, 누구도 자신의 불안을 들키고 싶어하지 않는다. 셋째, 누구도 리더의 불안을 도울 수 없다. 이 세 가지 전제를 먼저 받아들여야 한다. 리더의 불안은 리더만의 탓은 아니지만 책임은 리더가 져야 한다. 물론 예외는 있겠지만 진정성 있는 리더일수록 책임감도 크기 때문에 불안도 크기 마련이다. 불안을 불행하고 나약한 감정으로 인식하기보다는 **더 성장하기 위한 '불편한 수고'**라는 인식도 필요하다. 아무런 걱정이나 노력 없이 얻어지는 성과는 단연코 없다. 세상은 그렇게 허술하지 않다. 만약 있었다면 그저 운이 좋았을 뿐이다. 그래서 **불안은 희망을 품은 식전의 현상으로 봐야 한다. 피할 수도 없고 피해서도 안되는 것이 불안이다.** 불안을 감추면 불안은 곪고 흉터가 되지만 불안을 드러내고 받아들여 희망으로 바꾼다면 새로운 기회로 다가올 것이다. 어쩌면 불안은 성공을 위한 고민과 주의 그리고 가능성으로 봐도 좋을 것이다.

불안을 희망으로 바꾸는 구체적인 방법이 있다. 롤러코스터를 탈 때 가장 무서운 순간은 하늘로 향하는 출발점에 있다. 하늘 방향으로 오르다 보면 앞에 보이는 것이 없기 때문에 가장 두렵다. 즉 리더가 앞이 잘 보이지 않을 때 가장 두렵고 불안한 법이다. 따라서 리더는 자신의 강점을 중심으로 미래의 목표에 집중해야 한다. 가능성에 집중해야 한다. 그래야 자신감을 잃지 않는다. 리더가 되기까지 얼마나 많은 경험과 잠재력이 축적되어 있겠는가? 이 점을 잘 활용해야 한다. 과거에 집착하면 변화에 실패하지만 과거를 사랑하면 변화의 성장기반을 마련할 수 있다. 리더의 과거에는 보석 같은 잠재력이 숨어 있다. 당장은 가려져 있지만 잘 살펴보면 이미 보석을 가슴에 담고 있는 것과 같으니 이를 찾아내야 한다.

그 방법은 첫째, 리더가 되기까지 자신이 직접 수행해 왔던 일들을 꼼꼼히 돌아보고 **기록하는 일**이다. 둘째, 기록한 일들을 현재 시점에서도 활용가치가 있는 역량과 경험을 솔직하고 당당하게 **기억하고 선택하는 일**이다. 셋째, 선택된 일을 통해 확인된 역량과 보완해야 할 **역량을 점검하는 일**이다. 넷째, 자신이 잘할 수 있는 역량에 앞으로 시간과 노력을 집중하고 강화하는 **커리어 관리목표를 스스로 수립하는 것**이다. 마지막으로 용기가 반드시 필요하다. 나이를 잊고 대안을 찾아야 하고 동료를 잊고 동지를 찾아야 하며 상사를 잊고 멘토를 찾아야 한다. 리더 스스로 불안한 마음으로 무기력해지면 본인만 서글퍼진다. 무능함보다 무기력이 더 위험한 법이다. 자신이 걸어왔던 과거를 사랑하고 그곳에서 미래 성공의 뿌리를 찾아야 한다. 혼자 쓸쓸해한들 도와줄 사람은 없다. 어차피 세상 사람들은 나에게 관심이 없으니까 말이다. 그래서 긍정적 사고가 꼭 필요하며 무엇보다 '성장 마인드셋'이 필요하다. 이미 많이 알려진 개념이며 성장 마인드셋은 성공하는 사람들의 공통점이다. 성장 마인드 셋이란 어려운 상황에서도 희망을 잃지 않고 자신을 믿으며 새로운 도전과 시련을 긍정적으로 포용하는 자세로 해석할 수 있다. 결국 불안은 감추려 할수록 악화되고 희망은 품으려 할수록 강화되는 것이다.

아울러 리더 자신을 사랑해 주는 가까운 사람들을 기억해야 한다. 사랑하는 사람들은 리더를 당연히 돕고자 하며 여의치 않다면 조용히 기다려준다. 사랑하니까. 조용히 기다려주는 사람들을 기억하고 외면하지 말아야 한다. 불안을 희망으로 바꾸는 데 주저하지 않으면 안되는 또 다른 이유가 여기에 있다.

# 4
## 언러닝이 없다면 성공도 없다

조직생활에서 리더는 언제 가장 당황스러울까? 경험해 보지 못한 낯선 변화에 직면할 때가 아닌가 생각된다. 오랜 세월 치열하게 살아왔기 때문에 그 대가로 리더는 풍부한 경험을 버팀목으로 생존해 왔고 성장해 왔다. 실패와 좌절을 극복하고 얻은 교훈 가득한 경험이라면 말 그대로 천하무적이다. 그런데 과거의 실패와 좌절은 교훈이 되고 추억이 될 수 있겠지만 리더가 된 현재 시점에서 견디기 힘든 실패와 좌절을 겪게 된다면 난감한 일이 아닐 수 없다. 그만큼 노련한 리더의 예측보다 세상은 빠르게 변하고 리더가 보유한 지식보다 세상의 지식이 더 빠르게 변하기 때문이다.

그럼에도 불구하고 조직에서 승진을 하기 전과 후가 별로 달라진 것이 없는 리더를 종종 관찰하게 된다. 예를 들어 임원이 되었지만 여전히 팀장 시절의 일하는 방식을 고집하거나 무엇을 개선하고 어떻게 실행하는가 감을 잡지 못하는 경우가 있다. 임원이 되면 당연히 임원에 걸맞는 역할과 책임을 다할 것이라는 기대를 조직이나 리더가 갖는 것은 당연한 일이다. 그러나 실제로는 잘 모르는 경우가 많다. **모르면 배워야 하는데 모르면 아는 대로 하려 한다.** 그 순간 문제가 발생할 수 있다. 물론 과거에 검증된 방법과 수단을 동원하여 현재의 성공적 결과를 이루고 싶겠지만 그것은 본인 생각이다. 과거에 통했던 방법과 수단이 지금도 통할지는 모르는 일이다. 검증도 해야 하고 개선도 해야 하며 구성원 동의도 구해야 한다. 그렇지 않으면 일하는 과정에 장애가 생기거나 저항에 직면할 수 있다. 리더가 믿는 자기만의 소신이 구성원의 눈에는 잘못된 소신으로 해석될 가능성도 있기 때문이다. 리더의 경험을 소홀하게 보는 관점은 아니지만 경험은 점검받고 업그레이드되어야 더욱 가치가 있는 법이다. 과거의 성공 경험만 믿고 리더가 재탕을 하려 한다면 리더만 손해볼 공산이 크다.

　그렇다면 리더는 어떤 선택을 해야 할까? **이젠 버릴 건 버리고 필요한 건 다시 배워야 한다. 이것을 '언러닝**unlearning**'이라고 한다.** 폐기학습이라고 하지만 언러닝이란 표현으로 보통 사용된다. 언러닝이란 과거에는 효과적이었으나 현재의 성공에 제약을 가하거나 방해가 되는 사고방식이나 행동양식을 포기하고 새로운 마음가짐과 행동을 학습하는 과정이다. 세상이 변하면 사람도 변해야 한다. 특히 조직에서 많은 구성원을 이끄는 리더는 누구보다 변화에 민감해야 한다. 변화능력이 생존능력이 되었기 때문이다. 영원히 유능한 리더는 없다. 끊임없이 비우고 채우며 또 비우고 채우는 과정을 반복해야 한다.

리더가 언러닝을 필연적으로 선택해야 하는 이유는 무엇일까? **첫째, 리더는 채운 것이 많기 때문에 버릴 것도 많다. 둘째, 자신이 아는 것보다 세상의 변화가 더 빠르다. 셋째, 생존 강박증 때문에 과거 경험을 쉽게 버리지 못한다. 넷째, 경험이 통하지 않으면 원인을 다른 곳에서 찾는다. 다섯째, 유능한 탓에 다른 사람의 조언을 잘 듣지 않는다.**

잘난 사람은 잘난 체하다 망하기 쉬운 법이다. 물론 이러한 이유와 상관없이 성공적으로 변화하고 잘 적응하는 리더는 얼마든지 있다. 그러나 보통 경험 많은 리더들은 완벽주의 성향이 강하다. 과잉 성취주의가 초래한 강박증이 바로 완벽주의다. 완벽주의는 리더로 하여금 실패나 실수를 두려워하게 하고 그 두려움을 극복하기 위해 과거에 검증된 행동을 선호하고 반복하게 만든다. 그 과정에서 더 이상 먹히지 않는 노하우는 불안을 초래하고 신념 가득했던 소신은 잘못된 소신으로 해석되고 만다. 패자부활전이 없는 대한민국에서 리더로 살아간다는 것은 어쩌면 완벽주의자가 아니더라도 완벽주의에 집착하게 만든다고 보는 것이 보다 타당할지도 모르겠다.

갈수록 복잡해지고 끊임없이 변하는 시대에 살아남는 지혜가 바로 언러닝이다. 물론 모든 것을 다 버릴 수는 없겠지만 과거와 달리 현재 잘 먹히지 않는 것은 버리고 현재 먹히는 것은 유지하며 필요한 것은 새롭게 학습해야 한다.

**언러닝은 비움 학습, 재 학습, 전환의 3단계로 구성되어 있다. 비움 학습**은 말 그대로 기존에 알고 있는 것들을 비우는 단계다. 비움 학습 단계의 전제는 비워야 할 것이 무엇인가를 정확히 설정하고 그 이유를 명확히 인식하는 것이다. 다음으로는 비움 학습의 실행력을 높이기 위해 비운 이후의 모습을 잠정적으로 예측하고 정의하는 것이다. 즉 비우고 나면 무엇이 좋아질까 구체화하는 것이다. 결국 비움 학습은 지극히 현실적이고 솔직한 리더의 고백이고 용기다.

**재 학습**은 비움 학습 단계를 통해 비워가는 것과 동시에 새롭게 채워가는 과정이다. 민첩하게 학습하는 것이 중요하다. 또한 비움 학습과 재 학습 사이에는 리더의 메타인지metacognition도 요구된다. 메타인지란 본인이 아는 것이 무엇이고 모르는 것이 무엇인가를 정확히 인지하는 것이다. 그다음에 지금까지 리더 본인이 갖고 있던 가정assumption에 대해 의심을 해보고 수명을 다한 가정은 미련없이 버릴 수 있어야 한다. 힘들지만 새로운 것을 받아들이기 위해서는 성급해하지 말고 작은 도전을 실행하고 다른 사람, 특히 구성원들의 목소리에 귀를 기울여야 한다. 그들의 목소리에 길이 있다.

**전환 단계**는 미래를 위한 치밀한 준비라고 할 수 있다. 비움 학습과 재 학습을 반복하면서 그 과정에서 새로운 정보와 지식을 끊임없이 수집하고 분석하여 언러닝의 과정을 반추하며 필요하다면 방향을 신속하게 수정해야 한다. 이 과정에서 점차 비움 학습과 재 학습 그리고 전환의 과정은 정교해지고 단단해진다.

이처럼 언러닝은 리더에게 수고스럽고 고통스러운 과정이다. 그러나 고통 없고 개선 없고 학습 없는 지혜는 없는 법이다. 지금까지 열심히 살아왔고 성공을 이어왔던 리더가 지속 성장을 하기 위해서는 달콤하지는 않지만 몸에 좋은 언러닝을 과감히 실행해야 한다. 언러닝이 없다면 리더의 성공도 없기 때문이다.

# 5
## 리더를 하면 잃는 것도 많지만 얻는 것이 더 많다

직장에서 가장 보람 있는 일은 승진이다. 입사동기들보다 1년이라도 빨리 승진하면 잘나가는 직장인으로 인정받고 부러움의 대상이었다. 더욱이 빨리 임원이라도 된다면 성공한 엘리트로 인정받았다. 적어도 몇 년 전까지는 그랬다.

그러나 지금은 빨리 승진하면 빨리 나가야 하고 임원이 되어도 오래 버티지 못하면 이동할 때 오히려 장애요인이 되기도 한다. 딜레마가 아닐 수 없다. 리더를 하고 싶은 마음도 있지만 손해만 볼까 봐 리더가 되는 것을 거부하는 일이 일반화되었다. 소위 '리더 포비아leader phobia' 현상이다. 학술적으로는 리더십 기피현상WAL: Worried About Leadership이라고도 한다.

해외 연구의 경우 리더를 기피하는 이유는 **첫째, 실패에 대한 두려**

**움이다.** 누구나 실패를 경험하고 싶지 않기 때문이다. 실패는 성공의 어머니란 말은 있지만 본인이 그 대상이 되고 싶지는 않은 것이다. 오랫동안 잘나가면 모르겠지만 갑자기 예상하지 못한 일로 인하여 회사 좋은 일만하고 정작 본인만 희생되면 큰 손해라는 생각이 드는 것이다. 코로나 사태 이후에 실패에 대한 두려움이 더 커진 것으로 예측된다. **둘째, 워라밸 방해에 대한 두려움이다.** 예를 들어 예전에 리더는 직급이 낮을 때는 눈치가 보여 자녀들 졸업식에 가지 못하는 경우가 많았고 직급이 높아지면 책임감 때문에 가지 못하는 경우가 많았다. 물론 가족도 이 점을 이해하고 양보했다. 그러나 지금은 전혀 그렇지 않다. 조직을 위해 가족을 희생시킬 생각이 추호도 없다. 회사는 짧고 가족은 길다고 생각하기 때문이다. **셋째, 손실에 대한 두려움이다.** 행동경제학 용어에 '손실회피성향'이란 개념이 있다. 사람들은 같은 크기의 이익과 손실이라고 해도 이익에서 얻는 기쁨보다 손실에서 얻는 고통을 더 크게 느낀다는 것이다. 좀 어색한 비유지만 '배불러 죽겠다!'는 표현보다 '배고파 죽겠다!'는 표현이 더 간절한 것과 유사하지 않을까 추측해 본다.

국내 모 대기업의 팀장 대상의 내부 설문조사 결과에서는 리더 포비아 현상에 대한 5가지 원인이 도출되었다. 첫째, 성장 없는 소진, 둘째, 대안 없는 현실, 셋째, 불안감 은폐, 넷째, 성과 부담, 다섯째, 조직관리 등이다. 표현은 달라도 리더가 감당하기 힘든 표현이 대부분이다. 특히 코로나 사태 이후에 많은 사람들의 가치가 조직을 위한 헌신보다는 개인의 안전과 미래에 대한 염려 등으로 이동한 듯하다. 충분히 이해가 가고 공감하는 부분이 크다. 청년은 기회가 없고 중년은 대안이 없으며 노년은 돈이 없다고들 한다. 이런 상황에서 미래가 불확실하고 대안이 없는데 조직관리 잘하고 성과만 내라고 하면 어떤 리더가 회사 좋은 일만 하겠는가? 난감한 일이 아닐 수 없다.

그렇다면 정말 조직에서 리더를 하지 않는 것이 유리한 선택일까? 정답은 당연히 아니다. 물론 리더를 하면 잃는 것은 많지만 얻는 것이 더 많기 때문이다. 만약 리더를 하지 않고 자기 일만 편하게 하다가 깔끔하게 정년을 맞을 수는 없을까? 또 그렇게 사는 것이 바람직하지 않을까? 정말 그렇게 살 수 있다면 완전 고마운 일이다. 적어도 다음과 같은 10가지 경우라면 조직에서 리더를 하지 않아도 충분히 아름답게 살 수 있다.

1. 방해받지 않고 혼자서만 평생 일할 수 있다면

2. 시키는 일만 해도 저절로 성장할 수 있다면

3. 알고 있는 지식과 경험만으로 충분히 정년까지 버틸 수 있다면

4. 후배의 조롱을 애교로 참아낼 만큼 멘탈이 강하다면

5. 승진을 하지 않아도 자부심을 버젓이 유지할 수 있다면

6. 생각이 다른 사람과 평생 함께 일할 기회가 없다면

7. 책임감이란 얻을 것 없는 사치라는 확신이 선다면

8. 상사의 충고나 경고를 갑질로만 치부해도 마음 편할 수 있다면

9. 영리한 선택이 유리하다고 일관된 믿음을 가질 수 있다면

그런데 과연 이런 일이 가능할까? 위 10가지 경우라면 리더를 하지 않아도 인생에 별문제는 없을 것이다. 그러나 불행하게도 정말 꿈 같은 일이다. 예를 들어 우리가 흔히 조직에서 리더 역할을 하기 힘든 이유가 권한은 없고 책임만 있다는 점이다. 그렇다면 주변에 책임은 하나도 없으면서 권한은 많은 조직이나 그런 리더를 본적이 있는가? 정답은 굳이 밝히지 않아도 누구나 다 안다. 그러나 **쉬운 일에는 경쟁이 많고 힘든 일에는 기회가 많은 법이다. 리더를 하지 않으면 잃는 것보다 얻는 것이 더 많다.** 본인의 의지와 상관없이 세상은 많은 도전을 강요하고 제공한다. 겪으면서 강해지고 강해지면 더 겪는 것이 인생이다. 리더의 삶 또한 예외는 아니다. 똑같이 조직생활을 몇 십년 해도 개인차는 존재한다. 어떤 이는 30년을 조직생활해도 30년 전과 크게 달라진 것이 없거나 오히려 예전만 못한 경우도 있고 반면에 산전수전山戰水戰을 다 겪으며 강인한 모습으로 생존하며 많은 사람의 귀감이 되는 경우도 있다. 풀장에 오래 몸담고 있다고 해서 수영선수가 되는 아니다. 중요한 것은 피할 수 없다면 겪어 보고 배우며 강해지는 방법이 최선의 자기 지킴이 아닐까 생각한다.

어느 조직이나 조용한 조직은 없고 평온한 조직은 없다. 과정에서 배우고 실패에서 강해지며 직면할 미래의 위험을 정확히 감지하는 법이다. 공짜는 당연히 없다. **어쩌면 조직은 오히려 좋은 방패가**

**될 수 있다. 조직에 있을 때 겪는 힘겨운 노전과 아찔한 실패는 조직이란 테두리 안에서 학습이 되고 교훈도 될 수 있다. 그러나 조직을 떠나 야생에서 혼자 직면하는 도전과 실패는 온전히 본인의 몫이 된다.**

조직에 있을 때 리더를 기꺼이 해보고 교훈을 얻으며 지혜를 얻어야 한다. 당장의 골치 아픈 리더의 역할은 어쩌면 몸에는 좋지만 입에 쓴 약과 같다. 아무런 도전도 없고 훈련도 없이 평온한 조직활동을 나이들 때까지 하다가, 나이 들고 힘이 빠진 시점에 갑자기 세상에 던져졌을 때 도전을 받으면 무슨 수로 이겨낼 수 있겠는가? 조직에 있을 때에는 조직이 판단하고 선택한 일을 하면 되지만 조직을 나가서는 오로지 모든 일을 혼자서 해결해야 한다. 그래서 조직에 있을 때 리더를 연습해야 한다. 일도 힘들지만 생각이 다른 사람을 이끄는 일은 많은 연습이 필요하다. 조직에서 일만 잘하고 다른 문제가 전혀 발생하지 않는다면 다행이지만 그럴 리 없다. 일이 힘든 것이 아니라 사람이 힘들기 때문이다. 따라서 **사람을 다루고 대응할 수 있는 기술이 반드시 필요하다.** 그래야 사람한테 큰 스트레스 받지 않고 본인의 일에 더 집중할 수 있다. 아울러 리더를 해보면 개인적 욕구보다 더 큰 책임을 고민하고 실행하는 과정에서 정신력과 실력이 강화되고 멘탈이 성숙해진다. 사람 다루는 기술은 지혜이고 해법이기 때문이다.

만약 조직에서 누구에게도 도움을 주고 싶지 않다면 도움을 받을 생각도 하지 말아야 한다. 조직은 한 사람만 존재하는 곳이 아니다. 곁에 아무도 없는데 할 수 있는 일은 없다. 따라서 리더의 힘겨움은 훈련이고 교훈이며 실력이 될 수 있다. 리더 포비아 현상은 멀리서 보면 영리한 선택이지만 가까이에서 보면 위험한 자포자기일 뿐이다. 반면에 리더십을 제대로 배우고 학습하며 강해져 바람직한 리더십을 발휘한다면 구성원을 조력자로 만들고 조직으로부터 좋은 기회를 얻으며 자기성장과 성공을 함께 보상받을 수 있다. 물론 힘은 들지만 그 과정에서 리더 또한 성장한다. 리더를 하면 힘겨운 대신에 힘든 만큼 얻는 대가가 더 크다는 점에서 분명히 남는 장사임에 틀림없다. 당장의 힘겨움을 관찰하고 리더 포비아를 판단하는 것은 맛난 과실의 딱딱한 껍질을 벗기기 싫다고 그 안의 달콤한 과즙까지 포기하는 것과 같다. 만약 쉽게 얻는 이익이라면 누구나 가질 수 있겠지만 리더가 되어 훌륭하고 존경받는 사람이 되는 것은 그 가치를 이해하고 도전하는 사람에게만 주어지는 혜택이다. 이런 관점에서 어느 정도의 인내와 수고스러움 그리고 멀리 보는 시각도 필요하다고 생각한다. 아울러 다행스러운 것은 리더십의 혜택을 경험한 리더는 그 맛을 알기에 리더십에 더 집중하고 그 가치를 더 존중하게 된다는 점이며, 또한 건강한 리더십 중독을 경험하게 된다는 점에서 리더십은 반드시 권장할 만한 투자이다.

THEME
**2**

# 경험보다 경력이 중요하고
# 경력보다 실력이 중요하다

**1**
## 메타인지가 리더의 생존을 결정한다

아무 생각없이 살면 안될까? 너무 많은 생각을 하면서 우리는 살고 있다. 그런데 생각이 많은 것이 아니라 생각을 잘하지 못하는 것이 문제가 아닐까? **습관은 생각하는 수고를 덜어주는 대신에 개선의 기회를 방해한다. 해왔던 대로 생각하면 행동의 선택은 쉬워지고 골치 아플 일도 그만큼 줄어든다고 믿기 때문이다.** 이러한 현상을 심리학에서 '인지적 구두쇠cognitive miser' 현상이라고 정의한다. 인지적 구두쇠란 기존에 보유하고 있던 정보와 지식을 비슷한 상황에서 그대로 활용하려는 경향을 뜻한다. 기존 지식을 업그레이드하지 않거나 새로운 지식으로 대체하려 하지 않는다는 의미다. 그래서 경험 많은 사람이 오히려 실수나 실패에 쉽게 노출되는 이유다. 다 안다고 생각하면 그만큼 신중함이 떨어지기 때문에 위험도 크다. 당사자 입장에서 보면 어느정도 이해는 간다. 이미 과거에 검증된 노하우라고 생각할 수 있기 때문이다. 그런데 문제는 파도는 보았지만 그 파도를 만드는 바람을 보지 못할 때이다. 한 가지가 변하면 다른 한 가지만 변하는 것이 아니다. 경험에만 의존하여 세상을 바라보면 겪어보지 못한 낯선 경험을 무방비 상태에서 맞게 될 수 있다.

따라서 불확실성이 심화되고 새로운 정보와 지식의 증가속도가 빠르게 변하고 있는 요즘 상황에서 자신이 무엇을 알고 무엇을 모르고 있는지 그리고 자신의 행동이 어떤 결과를 만드는지를 정확히 아는 것은 중요하다. 이를 '메타인지metacognition'라고 한다. 메타인지는 조직 내 리더에게도 매우 중요한 역할을 한다. 리더는 의사결정을 하는 사람이기 때문에 신속한 정보, 정확한 정보, 충분한 정보가 반드시 필요하다. 그런데 경험 많은 리더가 자신이 모르는 것을 방치한 상태에서 아는 것만 믿고 판단하고 행동한다면 본인이 가장 먼저 위험해질 수 있다.

그래서 리더는 메타인지의 중요성을 깨닫고 기존의 정보와 지식을 점검하고 보완하는 지적활동을 게을리하지 말아야 한다. 메타인지를 시쳇말로 표현하면 '주제파악'이라고도 표현할 수 있다. 메타인지가 결핍되면 위험한 일이 한두 가지가 아니다. 특히 경험이 많은 리더의 잘못된 소신에 신념을 심어줄 수 있다. 잘못된 소신은 처음부터 잘못된 것은 아닐 수 있지만 세상이 변하고 사람이 변하는 과정에서 온전했던 소신도 외면을 받고 부정될 수 있는 것이다.

자신의 소신을 점검하지 않고 집착만 하게 되면 잘못된 소신으로 변질되어 노련한 리더의 눈을 가리고 귀를 닫게 한다는 점에서 불행한 일이 아닐 수 없다. 리더의 잘못된 소신은 가해자는 없고 피해자만 발생시킨다는 점에서 누구에게도 도움이 되지 않는다.

미국 와튼 스쿨 애덤 글랜트 교수는 『싱크 어게인Think Again』이란 책을 통해 성공을 유지하는 리더와 성공을 오래 가져가지 못하고 실패하는 리더의 차이에 관해 통찰력 있는 가설을 제시하였다. 지속적으로 성공을 유지하는 리더의 특징은 가장 먼저 자신의 능력을 의심한다고 한다. 과거에는 탁월했을지 모르지만 현 시점에서 자신의 능력이 적합하고 충분한가를 먼저 의심하는 것이다. 의심을 한 후에는 호기심을 갖고 다양한 지식과 정보에 집중하며 새로운 능력을 발견하고 연마하여 자기 것으로 만든다고 한다. 마지막으로 새롭게 업그레이드된 자신의 능력에 겸손함과 평정심을 유지하면서 앞서간다고 한다. 반면에 한때 잘 나갔지만 어느 순간 무너지는 리더는 자신의 능력에 대한 지나친 확신이 심각한 문제를 야기한다고 지적했다. 잘난 사람은 잘난 체할 때 위험해지는 법이다. 학습이 멈추기 때문이다. 자신의 능력에 심취한 나머지 세상의 모든 것을 자신의 관점에서 바라보고 자신의 경험에서 모든 것을 판단하는 오류를 범한다는 것이다. 구관이 명관이라는 막연한 자신감이 자기 과신을 키우고 기대 이하의 결과를 초래한다는 것이다. 『싱크 어게인』에서 가장 눈에 들어왔던 문장은 "리더의 확신이 실력을 초월하는 순간 위험해진다"이다. 세상의 무서움을 다시 강하게 느끼게 되는 문장이다. 결국 **똑똑한 리더는 자기를 과신하고 지혜로운 리더는 자기를 점검한다**는 생각이 든다. 경험 많은 리더가 무너지는 것은 경쟁자의 공격 때문이 아니라 본인의 교만 때문이라는 익숙한 교훈을 상기해 본다.

이처럼 메타인지는 복잡한 시대를 살아가는 리더에게 교훈이 되고 훌륭한 가이드가 될 수 있다. 어쩌면 메타인지를 인정하려 하지 않는 리더가 있다면 그 리더는 정말 아는 것이 없어서 그런 것이 아니라 본인을 지켜왔던 많은 것들을 포기해야 할지도 모른다는 불안감 때문이다. 따라서 리더의 생존은 지배력이 아니라 적응력이다. 적응해야 살아남는다. 기라성 같은 유능한 리더에게 누가 감히 충고하고 야단을 칠 수 있겠는가? 어려운 일이다. 그래서 메타인지가 약한 리더는 서서히 고립되고 외면받게 된다. 주변인들의 침묵과 본인의 왕고집에 신념을 더하면 더욱 빠르게 위험해지기 마련이다.

리더의 잘못된 소신에는 반드시 사전에 경고의 시그널이 있다. 이것을 감지해야 한다. 예를 들어 과거의 노하우가 지금은 통하지 않거나 통한다 해도 예전만 못하다면 한번쯤 자신의 능력을 의심해 봐야 한다. 아울러 주변인들에게 많이 묻고 들으며 배워야 한다. 포용적 리더십이 필요한 이유다. 영원한 것은 없다. 누구나 틀릴 수 있고 누구나 실패할 수 있다. 문제는 같은 실수나 실패를 반복해서는 안된다는 점이다. 적어도 메타인지는 리더의 실수가 반복되는 것을 예방한다는 차원에서 한번쯤 해보면 좋은 개념이 아니라 어쩌면 목숨을 걸고 학습하고 연습하며 강화해야 할 개념이다.

그렇다면 메타인지는 어떻게 구성되어 있을까? 메타인지는 3단계로 구성되어 있다. 첫째, 내가 알고 모름을 아는 것(know-what), 둘째, 일의 목적, 절차, 흐름을 정확히 이해하는 것(know-why, know-how), 셋째, 필요한 지식과 정보를 습득하는 방법의 선택(know-when, know-where) 과정이다. 결국 정확하게 알고 우선순위를 정한 후 필요한 지식을 민첩하게 학습하고 이를 기반으로 실행력을 높이는 것이 메타인지다. 메타인지는 일 머리 있는 리더가 일하는 방식을 유연하게 작동시키며 구성원의 몰입을 유도하고 지속적인 점검과 개선으로 고성과를 창출하는 지혜라고 표현해도 무방하다.

메타인지가 구체적으로 리더에게 어떤 도움을 줄까? 최근 리더를 대상으로 메타인지에 관한 실증연구를 살펴보면 리더의 메타인지는 자신의 역할을 확장하는 과정에서 평가에 대한 염려보다는 오히려 자신감을 갖게 하고 필요한 지식을 민첩하게 학습하게 하며 구성원까지 민첩하게 움직이고 몰입하게 하는 것으로 나타났다. 결국 리더가 상황에 대한 정확한 이해가 선행되어야 일하는 방식의 개선, 일의 우선순위 결정, 권한위임의 범위와 시점, 구성원들의 업무수행에 대한 개입과 조정 시점, 그리고 공정한 성과평가 피드백까지 효과적으로 실행할 수 있다. 진짜 아는 것이 힘인 셈이다.

열심히 일하지 않는 리더가 어디에 있겠는가? 대부분의 리더는 생존과 성공을 위해 최선을 다한다. 생존 강박증은 리더를 외롭고 힘겹게 만든다. 더욱이 패자부활전이 없는 현실에서 살아남기 위해 위험한 일은 피하고 과거에 검증된 행동을 반복하는 것이 안전하다는 믿음을 갖게 된다. 이 과정에서 리더는 메타인지를 외면하고 휴리스틱(관습적 사고)에 의존한 의사결정을 하며 무조건 열심히 일만 하는 것이다. 그러다가 과거의 성공모델이 점차 먹히지 않거나 거부되면 극도로 불안해진 리더는 과거의 방식에 더욱 의존하게 되고 조직내부의 갈등은 심화되어 결국 불필요한 갈등비용만 지불하고 정작 자신의 미래를 보장받지 못하는 상황에 빠지게 되어 리더는 엄청난 충격을 받게 된다.

따라서 현명한 리더는 자신도 틀릴 수 있다는 겸손의 여유와 새로운 것을 배워야 한다는 자세가 필요하다. 아울러 갑자기 메타인지를 체득하기란 쉽지 않기 때문에 실패 없는 업무수행을 위해 단계별 체크리스트를 확보하고 적용해 보는 것도 좋은 방법이다. 첫째, 목표설정과 계획단계. 목표의 범위와 내용에 대한 정확한 파악, 필요한 사전지식의 확인과 학습, 협업의 대상 파악하기를 점검해야 한다. 둘째, 일하는 과정 점검. 업무수행 과정이 준비했던 내용대로 진행되는가를 정기적으로 점검하기, 구성원과 업무수행 방법 설명하기 등이다. 셋째, 결과에 대한 정확한 이해. 도출된 결과를 구성원과 공유하기, 수정 및 보완할 점과 과정에 대한 재점검과 결과에 대한 건설적 리뷰 등이다.

결국 메타인지는 리더의 경쟁력을 회복하고 재충전하는 구원투수가 될 수 있다. 생각없이 불안하게 사는 것보다 생각하며 성공하는 리더가 되는 것이 오히려 더 쉬운 선택이지 않을까 생각해 본다.

## 2

## 아무도 믿을 수 없다. 숙련가에서 전문가로 거듭나야

헌신하는 리더는 존경받아 마땅하다. 조직에 공헌하고 구성원을 돕고 응원해 준다는 점에서 훌륭하다. 그런데 조직에 헌신하는 리더가 정작 자신의 경력관리에는 소홀해질 수 있다. 실무를 떠나면 실력도 떠나기 때문이다. 진정한 경력관리는 실력관리다. 리더는 실무를 했던 사람이지만 리더가 되면 실무자를 감독하는 업무를 주로 하게 되며 그 감독 업무가 실무라고 착각하는 경우가 발생한다. 알고는 있지만 하지는 못하는 해괴한 형국이 발생할 수 있는 것이다.

리더가 되면 일단 역할이 커지고 책임져야 할 일도 많아진다. 개인이 감당할 수 있는 에너지는 제한적이기 때문에 리너가 되면 역할이 넓어지는 만큼 실무는 좁아지기 마련이다. 깊으면 좁고 넓으면 얕은 법이다. 리더는 리더가 되는 순간부터 실무와 작별하고 책임만 지는 존재가 된다. 따라서 리더 개인의 고유한 실력을 보유하거나 개선할 수 있는 여유를 갖지 못하게 되면 목표는 보지만 자신을 보지 못하는 경우가 생긴다. 결국 리더가 되면 경력관리의 사각지대에 홀로 서 있게 될 수 있는 점에서 실속 없는 "빛 좋은 개살구"로 변질될 수 있는 상황을 경계해야 한다.

만약 이런 시각에 의심이 간다면 간단히 확인해 볼 수 있다. 지금 리더 곁에 있는 구성원이 갑자기 사라진다고 가정을 해보자. 예를 들어 코로나로 상당수의 구성원이 재택근무를 하거나 기타 다른 이유로 리더만 홀로 남게 되어 직접 어떤 긴급한 일을 해야만 할 때 리더가 방어할 수 있는 비율은 과연 얼마나 될까? 오랫동안 겪어보고 해왔던 일이라 할지라도 리더 혼자서 해낼 수 있는 확률은 높지 않을 수 있다. 구성원 없이 거뜬히 해내는 리더도 있을 것이고 속도는 느리지만 힘겨워도 감당해 내는 리더도 있을 것이다. 그러나 구성원 없이는 단 한 발짝도 움직이지 못하는 리더도 있을 수 있다는 점에서 섬뜩한 가정이다. 그래서 리더는 자신의 실력을 점검하고 경력을 보완하는 것을 게을리하면 안된다. 조직은 무서울 만큼 냉정하다. 돈이 안되는 모든 것에 냉정하다. 반면에 돈이 되는 사람은 절대 버리지 않는다. 헌신했던 리더라 할지라도 실력을 의심받으면 버티기 힘든 곳이 바로 조직이다. 그렇다면 **리더는 조직관리와 자기관리의 딜레마를 극복하기 위해 현재 자신의 실력을 어떻게 관리할 수 있을까? 정답은 자신만 할 수 있는 차별화된 전문성을 확보하는 일이다.**

좀 더 구체적으로 살펴보기 위해 자신에게 질문 하나를 던져봐야 한다. 과연 나는 숙련가인가 아니면 전문가인가? 아울러 숙련가와 전문가의 차이는 무엇일까? 조직에서 오랫동안 같은 일을 반복하다 보면 그 일은 익숙해지고 익숙해지면 전문가로 인정받는다. 남다른 좋은 결과가 기대되기 때문이다. 그런데 자타가 인정하는 전문가가 반드시 찐 전문가일까? 혹시 숙련가는 아닐까? **전문가는 숙련가이지만 숙련가는 반드시 전문가가 아닐 수 있다.** 불확실성이 높아진 현실은 숙련가와 전문가의 차이를 분명히 구분하고 있고 그 차이는 생존의 기준이 될 수도 있다는 생각이 든다.

요즘은 익숙한 많은 것들과 이별을 해야 한다. 예측은 했지만 생각보다 빠르게 변하는 세상 때문에 조직은 더욱 민첩해졌고 지금까지 전문가로 굳게 믿어왔던 숙련가에 대한 가혹한 조직의 요구는 커졌다. 숙련가의 종말일까? 살아남기 위해 숙련가가 아니라 찐 전문가로 거듭나야 한다. 참 불편한 진실이다. 숙련가로 남고자 해도 현실은 또 다른 변화를 끊임없이 압박한다. 숙련가와 전문가는 전혀 다른 개념일까? 아니면 숙련가의 진화된 모습이 전문가일까? 숙련가와 전문가의 차이점에 대해 살펴보고자 한다.

**첫째, 숙련가는 '경험'에 집중하고 전문가는 '학습'에 집중한다.** 지금까지 우리가 정의했던 전문가는 일단 경력이 화려해야 했고 경험이 많아야 했다. 변화가 느슨하던 시절에는 조직이 직면하는 위기나 문제들은 예측 가능하거나 반복된 것들이었다. 따라서 산전수전 다 경험한 리더가 위기를 극복하고 문제를 해결할 가능성이 그만큼 컸다. 그래서 전문가로 인정받았다. 그러나 지금은 익숙한 문제보다 낯선 문제가 더 많아졌다. 과거의 경험으로는 감당하기 어려운 일들이 지뢰처럼 이곳저곳에서 터지고 있다. 이제는 과거의 경험도 중요하지만 새로운 정보와 지식을 획득하기 위해 빠르고 지속적인 학습을 통해 변화에 대응해야 한다. 과거의 경험에만 집착하면 오히려 결정적인 결정장애를 겪어야 하고 위험해질 공산이 커졌다. 숙련가의 잘못이기보다는 세상이 유별나게 변했기 때문이다. 따라서 숙련가는 보다 많은 학습량과 보다 빠른 학습을 통해 필요한 실력을 충천해야 찐 전문가로 살아남을 수 있다.

**둘째, 숙련가는 '과거'를 보고 현재를 다지고 전문가는 '미래'를 보고 현재를 다진다.** 관점의 차이가 숙련가와 전문가의 차이를 만들 수 있다. 숙련가는 과거가 절실하고 전문가는 미래가 절실한 법이다. 현재를 열심히 살면 좋은 미래가 온다는 믿음은 아름답지만 불안한 가설이 되었다. 물론 현재를 열심히 살아야 한다는 점은 분명 공감하지만 미래의 방향성을 면밀히 점검해야 헛고생을 피할 수 있다. 미래를 살펴야 현재를 정확히 설계할 수 있기 때문이다. 침침한 눈으로 튼튼한 다리만 믿고 열심히만 달리면 서 있는 사람보다 더 위험해질 수 있다. 숙련가는 최선을 다했던 과거로부터 얻은 명예를 크게 생각한다. 그러나 훌륭하고 가상한 의지만으로 미래를 낙관할 수 없는 것이 현실이다. 어쩌면 많은 숙련가들이 불안감을 이미 느끼고 있지만 감추고 있는지도 모른다. 뒤 돌아서서 발밑만 보지 말고 고개를 들고 앞을 보며 발의 위치를 결정하는 것이 불안한 숙련가에서 존경받는 전문가로 거듭날 수 있는 길이다.

**셋째, 숙련가는 '체면'에 민감하고 전문가는 '생존'에 민감하다.** 숙련가는 자신이 이룬 공적과 경험을 남들이 인정해 주길 바란다. 지극히 당연한 기대감이다. 이런 기대감은 자부심과 같은 의미로 해석되기 때문이다. 그러나 때때로 자신과 다른 관점을 접하거나 반대자를 만나면 자신의 체면이 손상되었다고 생각할 수 있다. 자신의 믿음에 대한 도전으로 해석하기 때문이다. 새로운 도전은 자존심이 허락하지 않고 남들의 비웃음을 견딜 수 없다는 생각이다. 그러나 전문가는 생존을 위해 도전받을 기회를 즐긴다. 반대를 좋아하고 비웃음에 둔감해서가 아니다. 자신이 위험해지고 싶지 않기 때문이다. 체면에만 민감한 숙련가는 개선의 기회를 잃고 점점 더 힘들어지겠지만 전문가는 생존을 목표로 얼마든지 도전을 기꺼이 수용하고 자신의 약점을 숨기지 않기 때문에 개선할 기회를 얻고 생존할 가능성이 높다.

그렇다면 자신이 숙련가인지 전문가인지를 어떻게 알 수 있을까? 방법은 일과 관련된 세 가지 질문을 통해 단계별로 검증해 볼 수 있다. 3단계 과정을 거치면 된다. **1단계는 지금까지 본인이 수행했던 일의 목록을 먼저 기록해 보는 것이다.** 그중에는 리더 본인이 직접 수행한 일도 있을 것이고 가볍게 참여했던 일도 있을 것이다. 문제는 대부분이 자신이 참여했던 일을 마치 자신이 할 수 있는 일이라고 착각하는 것이다. 이력서를 보면 지나치게 화려한 경우가 많다. 확인할 수 없는 수많은 경력의 목록은 남의 것이거나 과장된 경력인 경우가 많다. **2단계는 이들 중 지금도 남들에게 설명할 수 있을 정도로 직접 수행했거나 적극적으로 참여하여 성공한 목록을 선택해 보는 것이다.** 그러면 보통 1단계 경력 목록에서 대략 20% 정도로 줄어들 것이다. **3단계에서는 2단계에서 선택된 약 20% 정도 남은 경력 중 '본인만 할 수 있는 일'을 선택해 본다**면 얘기는 무척 달라질 것이다. 과거에는 본인만 할 수 있는 일이었다 할지라도 지금 이 순간에 직접 할 수 없는 일이라면 그것은 이미 내 것이 아니다.

3단계에서 난감할 수 있다. 그러나 실망할 필요는 없다. 잘했던 2단계 경력 목록에서 가장 자신 있는 일을 선택하고 이 일에 집중할 수 있는 시간과 학습의 기회를 마련하면 된다. 그동안 쌓아온 잠재력에 집중하는 것이다. 미래는 걱정해도 다가온다. 그리고 그 걱정은 곧 현실이 된다. 닥친 현실은 되돌릴 수 없다. **지혜로운 리더는 과거를 돌아보며 자신에게 질문하지 않는다.** 미래를 예상하고 현재에 집중한다. 그래야 미래에 서서 지금을 돌아보며 덜 후회할 수 있기 때문이다.

물론 3단계 방법으로 조직을 위해 열심히 일한 수많은 리더분들을 감히 함부로 평가할 수는 없겠지만 적어도 리더의 본분을 다하기 위해 헌신했지만 정작 자신의 실력을 소홀히 하게 되면 경력관리의 균형을 잃고 언젠가 그 대가를 치르게 된다는 점에서 지금 점검이 필요하다. 물론 현 조직에서 영원히 고용을 보장해 주고 직원들이 변함없이 충성을 맹세한다면 리더 본인의 실력이야 무슨 문제가 되겠는가? 그러나 현실은 리더의 의지와 상관없이 해석되고 전개될 가능성도 있다는 점에서 경력관리의 사각지대에 빠지지 않는 리더가 되기를 기대해 본다.

# 3
## 리더의 퇴행은 조직의 퇴행을 초래한다

조직에서 항상 잘 나가는 리더가 될 수 있다면 얼마나 좋을까?

인정도 받고 존경까지 받는다면 말 그대로 성공한 인생이 아닐까 생각된다. 그러나 현실은 녹록지 않다. 조직생활을 하면 할수록 직급이 높으면 높을수록 리더를 위해 기다리고 있는 행운은 별로 없다. 조직에는 많은 변수가 존재하며 그 변수들은 서로 충돌하며 불확실하게 변질된다. 그 과정에서 리더는 별별일을 다 겪게 된다. 운이 좋아 좋은 일을 겪기도 하지만 그렇지 않은 경우도 많다. 특히 리더는 조직에서 역할의 무게만큼 감당해야 할 책임이 존재하고 또 그 과정에서 좌절도 경험한다. 물론 적절한 좌절은 조직생활의 활력소가 되기도 하고 건강한 긴장감을 제공해 주어 재도약의 버팀목이 되기도 한다. 그러나 좌절의 빈도와 강도가 예상 외로 심화되면 상황은 전혀 다른 국면을 맞게 된다.

요즘은 불안의 시대이다. 불안한 리더가 뜻하지 않은 위기에 직면했을 때 리더가 보이는 부적절하고 품위 없는 행위가 바로 '퇴행regression'이다. 퇴행이란 극도의 스트레스와 좌절을 경험했을 때 현재의 불안에서 벗어나기 위해 과거에 욕구를 충족시켜 주던 미성숙한 행동을 자행하는 것을 의미한다. 즉 위기감을 지각하면 보다 미성숙한 정신기능의 단계로 되돌아가서 리더답지 못한 행위를 기꺼이 한다는 것이다.

갈수록 심화되는 단기실적주의와 비용절감, 세대갈등과 미래에 대한 불안감 때문에 리더는 하루도 편안한 날이 없다. 우리 사회에서 단 한번의 실수만으로도 돌이킬 수 없는 실패와 후회를 겪게 된다는 점에서 좌절은 곧 죽음일 수 있다는 거칠고 과격한 상상을 너무나 쉽게 허락한다. 누구나 승승장구할 수는 없다. 누구나 좌절할 수 있고 무너질 수 있다. 그런데 문제는 점차 리더의 회복탄력성이 약화되고 있다는 점이다. 리더에게 다시 일어설 수 있는 조직적, 경제적, 가정적 기반 자체가 너무나 약해지고 있기 때문이다. 조직도 더 이상 믿을 수 없다. 조직도 살아야 하니까 말이다. 조직도 어려운 시절이다. 모두를 구제하는 것이 조직의 목적이 아니라 살아남은 직원을 구제하는 것이 목적이 되었다. 그게 조직이다. 살아남은 직원은 처절한 추종을 대가로 다양한 생존의 법칙을 실천하며 목숨을 연명해야 하고 살아남지 못한 직원은 가차없이 잊혀진다.

이러한 상황에서 리더의 마음이 편할 리 없다. 부하직원은 고사하고 리더 본인의 몸 하나도 추스르기 버겁다. 어쩌면 퇴행은 궁지에 몰린 리더의 자연스러운 선택이고 본능적인 자기방어인지도 모른다. 만약 누구나 겪을 법한 퇴행을 극복하거나 완화시킬 수 있다면 리더 본인은 물론이고 조직에도 도움이 되지 않을까 사료된다.

멀쩡하던 리더가 퇴행을 하게 되는 이유는 무엇일까? **첫 번째 이유는 '역할 과부하'다.** 여유 있는 조직이 없다. 돈도 없고 사람도 없다. 없는 상태에서 뭔가를 만들어 내야 하는 것이 리더의 몫이다. 한마디로 죽을 맛이다. 리더의 숙명이 무無에서 유有를 창출하는 것인 양 마른 수건으로 짜내는 형국에 리더는 언제나 노출되어 있다. 힘들지 않다면 사람도 아니다. 그런데 사람은 누구나 신체적 또는 심리적 한계가 있다. 감당할 수 있는 역할의 한계가 있다. 이 한계를 넘으면 반드시 탈이 나기 마련이다. 자신의 한계를 넘어선 리더는 본능적으로 자신을 보호하기 위해 현 상황을 자신에게 유리하게 만들거나 더 이상 불리해지지 않기 위한 행위를 감행하게 된다. 예를 들어 '일이 없으면 자리도 없다'는 두려움 때문에 자신의 업무를 전혀 위임하지 못하고 혼자서 잔뜩 끌어안고 버티다 번아웃 되는 경우가 있다. 주변에 믿을 사람이 아무도 없다고 생각하기 때문이다.

반면에 책임지지 않거나 실패하지 않기 위해 모든 일을 부하직원에게 무조건 떠넘기거나 아예 모든 책임을 부하직원에게 떠넘겨 버리는 경우도 있다. 본인이 책임질 부분을 최소화하거나 회피하기 위해서다. 좋아 보일 리 없다. 장기적으로는 본인에게 불리하다는 것을 알면서도 어쩔 수 없는 선택이다. **살아야 한다는 절박함에 리더 자신을 더욱 고립시키게 되는 것이 퇴행이다.** 상황이 악화되거나 리더 본인이 감당하기 힘겨운 지경에 이르면 해서는 안될 '부도덕한 행위'나 치명적인 후폭풍이 명확하게 예측되는 '고의적 실수'를 감행하는 과오를 저지르기도 한다. 이처럼 역할 과부하는 불리해진 리더를 더욱 나쁘게 만드는 퇴행의 큰 원인이 된다.

또한 역할 과부하는 모든 리더에게 공통된 상황이란 점에서 조직 차원에서 조정해 줄 수 있는 담당부서와 전문가가 있어야 한다. 퇴행은 전염도가 높다는 점에서 더욱 조직의 개입과 책임감 있는 조정이 반드시 필요하다. 리더 개인적으로 일하는 방식의 변화와 효과적인 권한위임을 배울 수 있는 기회를 만들어야 한다. 또한 자신의 역할이 무엇인가에 대한 리더십 정체성도 찾아야 한다. 본인은 불안하지만 조직은 냉정하다. 리더의 퇴행은 조직 이전에 본인이 먼저 망가진다는 점에서 퇴행의 가능성과 예방을 리더 본인은 물론이고 조직도 반드시 점검해야 한다. 리더의 퇴행에 대한 책임의 절반은 조직에게 있고 어쩌면 조직이 리더의 퇴행을 초래하게 만든 가해자일 수 있기 때문이다. 결국 리더의 퇴행은 조직의 퇴행이 될 수 있다.

**두 번째는 '능력의 고갈'이다.** 세상의 모든 지식과 정보는 끊임없이 변한다. 리더가 챙겨야 할 지식과 정보 또한 지속적인 학습을 통해 업그레이드해야 한다. 그러나 현실에는 그럴 만한 여유가 없다. 어느 누가 자신을 업그레이드하고 싶지 않겠는가? 어느 누가 인정받고 싶지 않겠는가? 할 일은 많은데 시간은 부족하고 함께 할 만한 부하직원마저 없다면 리더의 무력감은 반복되고 점점 지쳐간다. 의지할 곳도 없는 리더가 일을 회피할 수도 없고 감당하기도 어렵다면 방법은 하나다. 모든 것을 포기하고 양심도 없고 염치도 없는 욕먹는 존재가 되는 것이다. 나쁜 리더가 되는 것이다. 완전히 침묵하며 자신의 역할을 거부하거나 아무것도 하지 않으면서 자리만 차지하는 뻔뻔함을 습관으로 삼는 것이다. 남들이 좋아할 리 없고 안전할 리 없다. 도움을 받지 못한 리더의 퇴행은 왕따 그 자체가 된다.

게다가 세상에서 혼자 고립되었다는 고독과 무기력에 젖어 있는 리더는 가정에서도 환영을 받지 못하는 경우가 많다는 점에서 리더의 퇴행은 곧 리더의 종말과 같은 것이다. 무늬만 리더이지 아무

것도 아닌 존재로 전락하고 만다. 더욱이 미래에 대한 불안과 초조함은 리더의 퇴행을 더욱 악화시킨다. 가정에 대한 책임, 조직으로부터의 배제, 주변인과의 이별, 스스로에 대한 패배의식 등 리더의 퇴행은 시간이 갈수록 회복하기 힘든 지경에 이르게 된다는 점에서 지금이라도 조직과 리더 개인이 용기 내어 예측되는 퇴행의 위험에 대비해야 한다.

최근 '마음 챙김mindfulness' 또는 '자기자비self-compassion'와 같이 마음을 치유하는 방법론이 발전하고 있다. 지금이라도 조직차원이나 리더 개인차원에서 이러한 자기관리 또는 통제의 방법에 관심을 갖고 자신을 치유할 수 있는 기회를 만들었으면 한다. 자신을 치유할 의지마저 사라지기 전에 그 기회를 만들어야 한다. 아무쪼록 우리 사회 수많은 리더들이 용기를 회복하고 퇴행을 극복하여 행복하기를 간절히 바란다. 도움을 받아야 할 리더보다 도움을 줄 수 있는 리더가 부족해지는 순간이 오기 전에 말이다.

# 4
## 커리어는 버릴 줄 알아야 나만의 간판을 만들 수 있다

이력서에는 계급이 있다. 화려한 이력서도 있고 초라한 이력서도 있기 때문이다. 물론 초라한 이력서보다는 화려한 이력서가 보기에도 좋고 부럽다. 화려한 이력서에는 멋진 커리어가 가득하다. 가끔 화려한 이력서의 지원자를 심사해 달라는 요청을 받을 때가 있다. 어떤 이력서는 커리어가 너무 대단하여 노벨상 감이란 생각이 든다. 그런데 의심도 든다. 그 화려한 커리어 모두가 그분의 것일까 하는 생각 말이다.

누구나 커리어 고민은 하지만 정작 커리어 관리에는 개인차가있다. 커리어는 쌓이는데 오히려 불안해진다면 왜 그럴까? 자신의 이력서를 보면 뿌듯한 마음은 들겠지만 내 것이 아닌 커리어가 버젓이 이력서에 포함되어 있거나 내 것이라고 우기고 싶은 커리어가 점차 많아진다면 본인의 커리어에 대한 확신이 부족하기 때문은 아닐까? 조직에서 올라갈수록 또는 나이가 들수록 들키고 싶지는 않지만 자랑하고 싶은 커리어를 내 것처럼 모으고 싶다는 생각도 들 수 있다. 불안하기 때문이다. 열심히 살아왔다고 생각했지만 막상 이력서를 쓰려다 보면 쓸 것이 별로 없는 착잡한 마음에 이것저것 잡다한 커리어를 모으게 되면 말 그대로 거품 커리어를 만들곤 한다. 그래서 진짜와 가짜가 구분이 안되어 정리도 안하고 그냥 놔두게 된다. 미세하지만 아까운 생각이 들어서다.

물론 모두가 화려한 커리어만 간직할 수는 없다. 그러나 내 것과 내 것이 아닌 것을 구분할 수 있어야 꼭 필요한 커리어를 찾고 준비할 수 있다. 미래는 두렵지만 민첩하고 선제적으로 대응을 해야 한다. **커리어는 방어력이 아니라 실행력이 중요하다.** 완벽하지는 않아도 언제든지 해야 한다면 해낼 수 있어야 그 일이 내 것이다. 단독으로 할 수 있는 일이 아니라 할지라도 특정 부분 책임지고 실행할 수 있어야 나만의 커리어다. 발만 담갔거나 이름만 들어간 커리어는 일관성 있는 실행력이 떨어지기 때문에 과감히 커리어 목록에서 제거해야 한다. 내 것이 아닌 커리어는 마음에서 지우는 것이 맞다. 남의 눈치를 의식해서가 아니라 본인이 할 수 있는 것과 할 수 없는 것을 구분하기 위해서다. 커리어는 혼자만의 몫이기에 혼자 고독하게 만들어야 한다. 누구도 도와줄 수 없다. 아무리 멘토가 있더라도 본인의 선택과 몰입이 지속되지 않는다면 모두 거품이다.

진정한 커리어 관리에는 순서가 있다. **첫째, 모든 커리어를 꼼꼼히 기록하고 냉정하게 내 것이 아닌 커리어를 먼저 버려야 한다.** 급하게 작성할 필요는 없다. 차분히 냉철히 그리고 꼼꼼하게 기록해야 한다. 자신의 커리어는 소중하니까 말이다. 메타인지가 요구되는 순간이기도 하다. 진짜 필요한 것은 체면이 아니라 정직한 기록이다. 자신에게 정직해야 정확하게 기록할 수 있다. 다른 사람을 의식할 필요는 전혀 없다. **둘째, 살아남은 커리어 중에서 앞으로도 중요한 커리어인가 아닌가 그리고 긴급히 보완 또는 강화해야 하는 커리어인가 아닌가를 구분해야 한다.** 즉 내 것이라 해도 조만간 그 가치를 발하지 못하는 커리어는 우선순위에서 제거해야 한다. 또한 앞으로도 중요한 커리어지만 좀 더 키우거나 강화할 필요가 있는 커리어는 민첩하게 보완할 플랜을 세부적으로 세워야 한다. **셋째, 점검을 해야 한다.** 플랜은 플랜이다. 실행이 없는 플랜은 곧 수정되고 변질되어 약화된다. 게으른 놈은 손가락 하나 까딱하지 않고 포부만 키우다 죽는다는 오래전 지인이 들려준 교훈이 떠오른다. 간절함은 시간이 지나면 약해지고 약해지면 변명이 앞서게 되고 작심삼일의 희생물이 되고 만다. 독한 마음으로 커리어를 관리해야 한다. 만약 플랜을 실행하기 어렵다면 가까운 사람에게 선언하고 정기적인 조언을 구하거나 믿을 만한 멘토를 찾아 반드시 자문을 받아야 한다. 물론 남에게 본인의 부족한 부분을 거침없이 자문을 받는 일은 부끄럽고 힘든 일이지만 받지 않으면 더 힘들어지고 회복할 기회를 잃게 되어 나중에 후회하게 된다. 부족한 점은 들키는 것보다 감추는 것이 더 위험하기 때문이다.

어쩌면 쓸 커리어가 없는 것보다 모으기만 하는 커리어가 더 위험할 수 있다. 벌거벗은 임금님 이야기가 오늘날에도 종종 인용되는 이유는 자기생각에 빠져 현실을 직시하지 못하는 커리어 화려한 리더가 지금도 존재하기 때문이다. 내 것이 아닌 커리어를 버려야 진정한 나만의 커리어를 만들 욕구와 용기가 생긴다. 불안한 마음에 거품 커리어를 내 것이라 믿고 싶어지는 순간 불안은 불행이 될 수 있다. 거품 낀 커리어는 안전한 조직에 있을 때는 내 간판처럼 보이지만 **조직을 떠나는 순간 나의 간판은 '좌판'이 될 수 있다.** 간판은 위에 걸지만 좌판은 바닥에 깔기 때문에 아무나 밟고 간다. 잘 보이는 곳에 달려 있는 간판이라면 다행이지만 바닥에 그냥 펼쳐진 좌판이 된다면 너무 슬픈 일이다.

따라서 걸려 있는 간판을 점검하여 나만의 커리어를 만든다면 나의 간판은 좋은 평판이 되고 브랜드가 될 수 있다. 브랜드는 다시 나의 몸값이 되어 밥값을 하게 도와줄 것이다. 불안하고 힘든 시절에 위험해지지 않기 위해 모았던 거품 커리어가 오히려 독이 되지 않도록 주의해야 한다. 결국 커리어는 모으는 커리어에서 버리는 커리어를 먼저 실행해야 나만의 간판을 만들 수 있다.

# 5
## 지식 네트워크 강한 리더만 살아남는다

어떻게 살아가야 할까? '위기'라는 단어를 입에 담기조차 부담스럽다. 최근의 불확실성 충격이 하도 커서 현재 상황을 차분히 따져볼 여유마저 없다. 총체적인 위기는 이미 시작되었고 그 끝은 아무도 알 수 없다. 이미 많은 것을 잃었다. 얼마나 더 잃을지도 감이 오질 않는다. 지금의 위기가 끝나더라도 남겨진 상처는 흉터로 남을 것이 분명하다. 왔던 길을 돌아갈 수도 없다. 이러한 변화 속에서 리더는 어떻게 해야 할까? 리더가 세상의 변화를 막을 수는 없지만 적어도 변화의 흐름을 놓치지 않고 따라잡을 수 있어야 한다. 그래서 리더는 정보와 지식이 흐르는 길목에 서 있어야 하는 존재가 되어야 한다. 세상의 정보와 지식이 진화하는데 퇴화된 경험과 부질없는 추억으로는 버틸 수 없다.

현 시점에서 조직의 리더에게 요구되는 역할은 많지만 가장 중요한 역할 중 하나가 '지식 네트워크knowledge network'이다. 소셜 네트워크social network가 서로에게 도움이 될 것이란 기대감을 가진 사람들이 중심이 된 연결망이라면 지식 네트워크knowledge network는 생존과 성장의 기회를 서로에게 제공해 주는 것을 목적으로 하는 사람들의 연결망이라고 할 수 있다. 지식네트워크는 진화된 소통의 한 형태라고 봐도 좋을 것이다. 진화된 소통이 곧 지식 네트워크다.

변화는 늘 새로운 관심과 정보를 쏟아내며 우리를 유혹한다. 그 변화를 거부하면 변화는 꼭 그 대가를 치르게 한다. 바로 실패다. 변화에 실패하면 조직은 실패한다. 실패 없는 조직을 지키려면 리더가 먼저 변화를 잘 읽고 이해하며 판단하고 대응해야 한다. 그런데 이 과정에는 많은 정보와 지식이 요구된다. 변화는 늘 새로운 관심과 정보를 먼저 뿌려가며 유혹한다는 점에서 잔인하지만은 않다. 변화에 관심을 갖고 정보를 축적하며 지식을 만들어가면 때때로 기회도 제공해 준다. 그래서 아무나 변화에 성공하지는 못하지만 오히려 변화 속에서 기회를 얻기도 한다. 그렇다면 리더의 길은 하나다. 이제는 전 방향으로 지식 네트워크를 구축하는 것이다.

지식 네트워크의 특징은 네트워크가 넓어질수록 강해진다는 점이다. 이제는 마음에도 없는 모임에 막연한 기대감으로 참석하며 비용과 시간을 낭비할 필요가 없다. 리더는 전 방향 지식 네트워크를 형성해야 한다. 이유는 명확하다. 변화에 선제적으로 대응하기 위해서다. 그렇다면 **리더의 지식 네트워크는 어떻게 형성해야 할까?**

**첫째, 개인차원에서 학습을 위한 절대시간을 확보하는 것이다.** 가능하면 일찍 기상하여 적어도 하루에 1시간 이상 관심분야 또는 관련산업 인터넷 사이트와 유튜브 그리고 관계서적을 선별하여 공부해야 한다. 요즘은 유튜브도 학습하기 좋은 도구로 인정받고 있다. 최근 학습 민첩성learning agility이란 개념이 주목받는 이유도 전혀 이상한 일이 아니다. 리더가 학습하는 습관은 평소 건강을 관리하는 습관과 유사하다. 본인에게 필요한 정보와 지식이 무엇인가를 정의하고 이를 학습하기 위한 절대시간의 확보는 더 이상 양보할 수 없는 일이다. 걱정만 하고 학습하지 않으면 걱정은 절망이 될 수 있다.

**둘째, 조직 외부의 좋은 인연을 지식 네트워크로 만드는 것이다.** 사람을 차별하는 의미는 아니지만 불필요한 인연에 시간과 노력 그리고 비용을 낭비하지 말아야 한다. 서로에게 도움이 되는 정보와 지식을 공유할 수 있는 건강한 학습모임을 만들거나 기존 모임에 가입해야 한다. 이미 이런 모임은 활성화되어 있다. 저녁에 다양한 분야 또는 특수한 분야의 사람들과 학습모임을 하는 것이 가능하다. 같은 주제라도 경험이 다르고 생각이 다른 사람들의 정보와 지식을 흡수해야 한다. 정보와 지식은 공유가 답이다. 코로나로 공유경제는 망가져도 공유학습은 빛을 발할 수 있다.

**셋째, 조직 내부의 인연을 지식 네트워크화 하는 것이다.** 리더에게 가장 직접적이고 신속하게 효력을 발휘하는 정보와 지식은 당연히 조직내부에 있다. 조직내부의 정보와 지식이 리더에게 자연스럽고 원활하게 그리고 충분하게 흐르도록 만드는 것은 전적으로 리더의 몫이다. 꼴 보기 싫은 리더에 대한 구성원의 응답은 침묵이다. 마음에 들지 않는 리더에게 중요한 정보와 지식을 공짜로 제공하는 바보는 없다. 결국은 리더의 권한이 아니라 공부하고 학습하는 자세로 구성원들로부터 진정성 있는 질문과 대화를 통해 배워야 한다.

또한 현직에 있거나 또는 떠난 선배로부터 지혜를 얻는 것도 매우 중요하다. 따라서 변하지 않는 것은 선배에게 배우고 변하는 것은 후배에게 배우라는 말을 반복해서 인용하지 않을 수 없는 이유다.

**넷째, 전문가를 통한 검증과정을 거쳐야 한다.** 새로운 정보와 지식을 얻기 위한 개인적인 노력도 중요하고 조직 외부 또는 내부 지식 네트워크를 구축하는 행위도 중요하다. 그러나 간과해서는 안 될 일은 점검과 확인이 필요하다는 점이다. 다수의 생각이 반드시 정답이 아니기 때문에 전문가와의 직접 또는 간접적인 지식 네트워크도 매우 중요하다. 예를 들면 국내외 학회나 학자들과 교류를 정기적으로 갖는 것이다. 학회에 참석하거나 학회자료를 수집하고 의문이 생기면 해당 학회나 학자와 지식 네트워크를 형성하는 것이다. SNS의 발달로 학술적 정보와 지식을 저렴한 비용으로 구입할 수 있는 시절이다. 본인만 부지런하면 얻어낼 수 있는 정보와 지식은 원하는 만큼 얻을 수 있다는 의미다.

지금 중요한 것은 변화에 대한 공포에서 리더가 빨리 벗어나 지식 네트워크를 통한 정보와 지식을 확보하는 것에 집중해야 한다는 점이다. 변화의 유혹을 뿌리치지 않는 존재에게 새로운 기회를 준다는 잔인한 교훈으로 변화는 잉태하고 있기 때문이다. 결국 지식 네트워크가 강한 리더만이 살아남을 것이다.

# 오만한 리더는
# 약점도 많다

## 1
### 나쁜 리더보다 나빠진 리더가 더 나쁘다

나쁜 리더보다 나빠진 리더가 더 나쁘다. 나쁜 리더는 미리 피하면 되지만 나빠진 리더는 누군가 곁에서 그 과정을 고스란히 겪어야 하기 때문이다. 좋은 리더가 어떤 이유로 나쁜 리더가 되었을 때이보다 더 슬프고 불행한 일은 세상에 없을 것이다. 조직도 예외는 아니다. **보통 리더십은 리더의 자기관리 능력과 상황 대응력의 곱셈이라고 한다.** 즉 리더는 초심을 잊지 말고 늘 자기관리에 소홀하지 말아야 하며 외부 상황 변화를 잘 읽고 지혜롭게 대응해야 한다는 의미로 해석해 볼 수 있다. 어쩌면 변화가 급격한 요즘에는 리더가 자기관리만 잘하기보다는 상황을 신속하고 정확하게 파악하고 선제적으로 대응하는 능력이 더 요구된다.

그런데 리더가 조직외부 상황변화에 지나치게 예민하고 완벽하게 대응하려다 자기관리에 대해 다소 소홀해질 수 있다. 조직을 위한 선택이 자칫하면 리더의 변질을 초래할 수 있다는 의미이다. 가족을 부양하기 위해 밤낮으로 일만 하던 가장이 가족과 멀어지거나 조직을 위해 헌신적이고 의욕이 강한 리더가 오히려 원망을 듣는 경우와 유사하다. 이들의 공통점은 처음과 달리 점차 변질되었다는 점이다. 불행한 일이 아닐 수 없다. 변질된 모습을 정작 본인만 모르는 경우가 많기 때문이다. 혼자 존재할 수 있는 리더는 없다. 분명 리더 곁에는 누군가 있다. 그래서 좋았던 리더가 나빠지면 그 모든 주변인들은 추종자에서 피해자로 전락하고 만다.

그렇다면 **좋은 리더가 나빠지는 이유는 과연 무엇일까?** 왜 변질된 걸까? 변질에는 나쁜 기운과 불량한 영향력이 반드시 존재한다. 자체 변질과 외부 변질이 있을 수 있다. 즉 리더 스스로 초심을 잃고 예전과 달라지는 경우가 있을 수 있고 리더의 변질을 조장하거나 악화시키는 외부의 자극이 있을 수 있다. 따라서 멀쩡하던 리더가 망가지는 이유를 살펴보는 것은 조직에도 큰 손실을 예방할 수 있다는 점에서 의미가 있다고 사료된다.

리더가 나빠지는 이유에도 많은 사연과 원인이 있겠지만 **목표를 달성한 훌륭한 리더가 성취감에 도취되어 자신의 부도덕한 행위를 정당화하거나 양해를 받는 경우**가 있다. 이를 '도덕 면허moral licensing'라고 학계는 정의한다. '도덕 면허'란 공개적으로 자신의 이타적·윤리적 언행을 밝히거나 과시하고 난 후 정작 자신은 사생활에서 이를 잘 지키기보다는 이익의 손실을 보상하려는 욕구가 커진다는 이론이다. 즉 좋은 일을 하고 나면 과거에 했던 좋은 일을 떠올리는 것만으로도 더 이상의 도덕적 행위를 철회한다는 의미다. 소위 '도덕 통장'에 돈(도덕)이 많이 쌓였다는 생각이 들면 이 정도의 실수나 부도덕은 전혀 흠이 되지 않는다고 믿어버리는 것이다. 늘 자신을 예외로 두면서 말이다. 시쳇말로 '내로남불'과 유사하다. 그렇다면 왜 훌륭한 리더가 도덕 면허의 유혹에 굴복하게 되는 걸까?

### 원인 1. 성공에 대한 지나친 자기 과신

리더가 자신의 도덕과 업적을 과신하여 자신의 부도덕한 행위를 스스로 완화하거나 합리화하는 경우다. 인간이라면 누구나 자신이 지나온 흔적을 인정받고 싶어 한다는 점에서 리더의 자기 과신이 처음부터 삐뚤어진 것은 아니다. 그런데 문제는 성공의 증거를 계속해서 보여주고 싶은 욕심에 유사한 성공을 무리하게 추진하면서 리더의 비극이 시작된다. 쟁취한 성과는 축복할 만한 일이지만 동일한 성공이 계속 반복되어 그 성과가 언제나 리더의 몫으로 남는 것은 아니다. 만약 새롭게 추진하는 성공모델이 원활하지 않다면 리더는 이를 달성하기 위해 무리한 선택을 감행할 공산이 크다. 이때 리더는 자기방어를 위해 과거의 도적적 성과를 빌미로 지금의 부도덕한 선택이 불가피한 선택임을 주장하며 반성 없는 행위를 반복할 것이다. 그리고 주변인들에게 자신의 위대함과 정당함을 끊임없이 호소하며 동조자를 곁에 두고 싶어 할 것이다. 불안하니까 말이다. 이쯤 되면 모든 것이 명확해진다. 리더는 확실하게 나빠진 것이다.

## 원인 2. 조직분열과 추종자의 생존형 아첨

리더기 나빠지면 가장 큰 폐해 중 하나는 조직의 분열을 초래한다는 점이다. 처음에는 하나의 목표를 향해 군건히 유지되었던 결속도 리더가 나빠지면 조직은 세 가지 종류로 갈라진다. 과거에 좋았던 리더를 추억하는 것만은 공통이지만 나빠진 리더의 실망스러운 모습을 경고하는 '소신파'가 있고, 나빠진 리더에게 동조하며 생존과 기회를 동시에 구걸하는 '눈치파'가 있다. 그리고 나쁜 리더에 대한 두려움과 조직의 분열을 관찰하고 복잡한 심정으로 관망하는 '방관파'가 있을 수 있다. 나빠진 리더에게 소신파는 당연히 방해자로 인식되고 이들과의 동거는 불가능해진다. 나빠진 리더는 본능적으로 소신파를 직접 공격하거나 눈치파의 지원 또는 눈치파의 모략에 자발적으로 동참하여 공범으로 전락한다. 방관파는 변함없이 침묵하고 눈치파는 소신파가 떠나고 남겨 둔 전리품을 독식한다. 추후에 눈치파는 나쁜 리더보다 더 주인 행세하며 부당한 이득을 얻고 그러면 그럴수록 리더는 더 나빠진다. 그것도 무서운 속도로 말이다. 더 무서운 일은 눈치파는 자신들이 확보한 나빠진 리더의 약점을 포함한 모든 정보를 보험처럼 확보하고 있다가 세월이 지나 자신들이 불리해지면 거침없이 그 고급정보를 이용하여 이용해 먹은 나쁜 리더를 공격하거나 배신하는 저질의 선택을 기꺼이 한다는 점에서 아부만 하고 진실을 말하지 않는 눈치파는 나쁘지만 그들을 만들어 낸 나쁜 리더는 더 나쁘다. 주인보다 더 나쁜 사람은 주인행세 하는 사람이지만 주인행세 하는 사람보다 더 나쁜 사람은 주인행세 하는 사람을 이용해 먹는 나쁜 주인이란 논리와 유사하다.

이처럼 **리더가 나빠지면 어떤 결과가 벌어질까? 첫째, 리더가 나빠지면 조직도 나빠진다.** 미국 MIT 대학의 샤인Schein 교수는 리더십과 조직문화 간 상관관계를 깊이 연구했다. 결국 좋은 조직문화는 좋은 리더가 만들고 좋은 리더는 다시 좋은 조직문화를 만든다는 결론이다. 그 반대의 논리도 가능해진다. 또한 나빠진 리더는 일단 공정한 경쟁을 허락하지 않으며 오로지 내 편인가 아닌가Us or Them로만 사람을 판단하는 기준으로 삼고 그들만의 카르텔cartel을 만들며 반대자를 가혹하게 공격한다. 살벌해진 조직분위기에서 무슨 일을 정상적으로 할 수 있을까? 조직은 불안정해지고 이탈자는 늘기 마련이다. 방관자가 급증하는 것도 자연스러운 일이 된다.

**둘째, 나빠진 리더의 공적은 과장되어 소위 '벌거벗은 임금님'처럼 나빠진 리더와 눈치파만이 실속 없는 용비어천가 소리만 조직을 가득 채우게 된다.** 과장된 업적이 좋은 결과로 이어질 리 없다. 나쁜 결과를 나빠진 리더는 수용하지 못한다. 이때 나쁜 결과의 원인을 소신파 또는 가상으로 만들어진 소신파로 돌리고 그들을 희생양으로 만들어 정작 본인들은 면죄부를 받으려 한다. 그래서 갈수록 나쁜 리더 곁에 정상적인 사람은 사라지고 유사한 나쁜 사람만 남게 되어 그

수도 늘어난다. 반성도 없고 개선도 없다. 죄책감이 없기 때문이다.

　그럼 **리더가 나빠지지 않는 방법은 없을까?** 그 해법은 오히려 간단하다. 첫째, 정기적인 리더십 점검과 학습을 통해 자신의 초심을 유지해야 한다. 둘째, 건강한 멘토를 확보하여 균형감을 잃지 않는 일이다. 셋째, 참여적 의사결정을 제도화하여 도덕 면허의 유혹을 근본적으로 차단하는 것이다. 한 번 나빠지면 좋아지기 힘들다는 점에서 좋은 리더라면 도덕 면허의 무서움을 지각하고 스스로를 조심하면 더 좋은 리더가 되리라 믿는다.


# 2
## 예의 없는 엘리트가 감투를 쓰면 조직은 반드시 망한다


　'다모 클레스의 칼'이란 그림이 있다. 이 그림에서 표현된 내용은 다음과 같다. 기원전 4세기 그리스 디오니시우스 왕이 자신을 부러워하는 신하 다모 클레스에게 왕의 자리를 며칠간 배려했다. 신이 나서 며칠간 왕 노릇을 하던 다모 클레스에게 어느 날 디오니시우스 왕이 찾아와 그에게 천장을 바라보게 했다. 한 올의 말총에 매달린 칼이 자신의 머리를 겨냥하고 있는 것을 본 다모 클레스는 소스라치게 놀란다. 이때 디오니시우스 왕은 다모 클레스에게 겉으로 보기에는 왕의 자리는 화려해 보이지만 실제로는 머리 위 칼끝의 위협에 항상 시달리는 자리임을 설명했다고 한다. 그만큼 리더의 자리는 힘겹고 어려운 것이다. 세상에 영원한 것은 없다는 것을 잘 알면서도 누구나 감투를 쓰게 되면 소위 완장효과의 위험에 노출되곤 한다. 영어로는 휴브리스$^{hubris}$(오만함)라고 표현한다. 리더는 아무나 하는 것이 아니란 교훈이 새삼스러운 이유다.

정직하고 올바른 사람이 리더가 되어야 하는 이유는 간단하다. 첫 번째 이유는 리더는 '일을 올바르게$^{to\ do\ rightly}$ 하는 사람'이 아니라 '옳은 일$^{to\ do\ right\ thing}$을 하는 사람'이기 때문이다. 두 번째 이유는 리더라면 자기를 위한 욕망을 초월하여 다수의 이익을 우선해야 하는 존재이기 때문이다. 따라서 진정한 리더라면 자기가 수행하고 있는 일이 옳은 일인가를 먼저 따져봐야 한다. 그리고 나서 자신의 리더십이 타인에게 좋은 영향력을 제공하여 그들에게 긍정적인 결과를 주는 행위를 해야 한다. 그 기본이 되는 품성이 '예의禮儀'다. 예의는 사전에서 '사회생활이나 사람들 사이의 관계에서 존경의 뜻을 표하기 위해서 예로서 나타내는 말투나 몸가짐'이라고 정의하고 있다. 즉 **예의가 있는 리더가 선한 영향력을 선사하는 진정한 리더의 모습이라고 볼 수 있다.** 그런데 종종 능력은 있지만 타인에 대한 공감능력이 떨어지거나 자신의 권력을 남발하는 불행한 사례를 우리들 주변에서 어렵지 않게 찾아볼 수 있다.

능력이 없는 사람이 리더라는 감투를 쓰는 것보다 능력은 있지만 예의가 없는 사람이 감투를 쓰면 더 위험하다. 왜 그럴까? 자기 조직의 기득권을 유지 또는 강화하기 위해 비록 옳지 않은 일이고 남들의 비난을 받더라도 조직을 위해 헌신하려는 사람이 감투를 쓰면 안되는 걸까? 고생한 리더가 자기를 위해 한번쯤 주어진 권한을 사적으로 사용하면 안되는 걸까? 정답은 당연히 노$^{No}$다. 예의 있는 리더가 절대로 하지 않는 행위들이기 때문이다. 특히 **예의 없는 엘리트가 자신의 재능을 과신하고 있는데 우연히 힘 있는 감투를 쓰게 되면 더 위험한 이유는 무엇일까?** 그 이유에 대하여 리더십 관점에서 탐색적으로 살펴보고자 한다.

첫째, **'배신'에 익숙하다.** 예의 없는 엘리트는 보통 말 그대로 예의가 없다. 설상가상으로 예의 없는 사람은 믿기 어렵다. 자기를 도와준 사람의 은혜를 쉽게 배신한다. 배신은 이들에게 매우 익숙하다. 의도적으로 배신하는 경우도 있겠지만 보통 이들의 본성 자체가 누구를 위해 헌신할 수 있다는 착각을 하거나 말로만 떠든다. 그동안 적지 않은 성공이 제공해 준 교만이 원인일 수도 있다. 신은 우리에게 재능을 줄 때 재능만큼의 교만을 반드시 준다. 이들은 신의 유혹에 영혼을 팔고 교만을 반복하며 중독되어 간다. 남들의 도움을 받을 때는 잠시 고마워도 하지만 곧 그 마음은 사라지고 기회가 오면 자신의 이득만 추구한다. 당연히 상대방은 피해를 고스란히 감당해야 한다. 그들은 늘 그렇게 살아왔고 앞으로도 그렇게 살아갈 것이다. 배신은 습관이고 그 습관은 인간에 대한 예의를 상실한 것에 기인한다는 점에서 일종의 권력중독이다. 그래서 잘 고쳐지지 않는다.

둘째, **'혼란'을 조장한다.** 예의 없는 엘리트는 지나친 자기 과신으로 원칙보다는 자기생각을 관철시키는 것이 목적이기 때문에 절차는 중요하지 않다. 권력의 사유화는 그렇게 발생한다. 자기 과신은 합리성을 가장 먼저 소멸시킨다는 점에서 조직의 혼란과 기회주의의 만연은 불가피하다. 원칙은 예외가 되고 변칙이 선택되는 조직이 안정적일 리 없다. 억울한 사람이 생기는 것은 물론이고 침묵과 아첨 그리고 질투와 적개심이 넘쳐 나는 조직이 될 것은 자명하다. 또한 그 조직과 관련된 주변까지 오염되는 것은 시간 문제다. 그러다 보면 비겁한 추종자들만 예의 없는 엘리트 곁에 머물게 된다. 더 큰 문제는 비겁한 추종자들은 예의 없는 엘리트로부터 얻는 것이 사라지면 그들의 충성심도 사라진다는 특성을 갖고 있다. 따라서 결국 조직의 문제에 대한 책임은 분산되어 조직만 피해를 보고 정작 예의 없는 엘리트 또한 스스로 고립된다는 점에서 초라한 신세로 전락할 공산이 크다.

**셋째, '임무'를 망각한다.** 잘나가면 정신부터 나가버린다. 조직에서 부여된 권한은 '헌신에 대한 대가'이고 '빌려온 힘'이며 '임무수행을 위한 도구'일 뿐이다. 리더가 임무를 잘 수행할 수 있도록 제공된 권한을 사유화하는 순간 가장 먼저 자신의 임무가 무엇인가를 망각하게 된다. 더욱이 예의 없는 엘리트가 감투를 쓴다면 자가당착은 물론이고 월권은 습관이 된다. 좋은 일에 쓰라고 칼을 손에 쥐어 주었더니 되려 칼을 준 사람을 공격하는 어처구니없는 일이 발생한다면 얼마나 황당한 일일까? 이때 초심初心은 사라지고 사심私心만 남게 되며 누구도 통제할 수 없는 괴물이 될 수 있다. 임무를 망각한 리더는 반성할 줄 모른다는 점에서 더욱 치명적이다. 스스로의 기력을 다할 때까지 이들을 통제하기란 쉽지 않다. 제정신이 아니기 때문이다. 권한부여의 대상이 잘못되었을 때 발생하는 불행한 결과라고 할 수 있다.

**넷째, '분노'를 유발한다.** 예의 없는 엘리트에게 공감능력이 충분할 리 없다. 예의의 개념을 살펴볼 때 예의가 타인에 대한 존경을 표명하는 말투나 몸가짐이라는 점에서 예의 없는 엘리트는 자기 외 타인의 감정을 고려하거나 배려할 만큼의 품성을 소유하고 있지 않을 가능성이 높다. 따라서 예의 없는 엘리트가 감투까지 쓴다면 소위 무소불위無所不爲의 권력남용과 공포감 없는 지배욕구fearless dominant는 불 보듯 뻔하다. 조직은 갈등의 소용돌이에 빠지고 서로에 대한 존중은 사라지며 냉소주의만 만연할 것이다. 직원들은 자신의 리더를 관찰하고 학습하며 모방한다. 감투를 쓰고 있는 예의 없는 엘리트가 있는 조직의 추종자들은 맹목적인 추종과 영혼이 없는 충성 그리고 미래에 대한 절망감을 품고 살아가야 한다.

결국 예의 없는 엘리트가 감투를 쓰는 일은 모두에게 백해무익하다. 선진국은 약자에 대한 배려가 우선이고 후진국은 강자에 대한 배려가 우선이다. 선진 조직은 피해자에 대한 배려가 우선이고 후진 조직은 가해자에 대한 배려가 우선이다. 좋은 기업은 존경받는 리더가 많고 나쁜 기업은 고통 주는 리더가 많은 법이다. 조직이 부여해 준 권한과 권력을 자기 마음대로 사유화하고 조직과 직원에 대한 예의를 망각한 똑똑한 엘리트가 결국에는 자신의 조직을 파괴하는 장본인이 되는 것은 아닐까? **공부만 잘하면 모든 것을 용서받는 아이들이 스펙의 노예가 되는 것처럼 성과만 잘 내면 모든 것을 용**

서받는 사람이 넘쳐나는 조직이라면 미래는 없다. 결국 에외 없는 엘리트를 키운 것은 불평등과 부조리에 관대한 조직 자체가 아닌가 반성해 봐야 한다.

# 3
## 악의 평범성 함정에 빠지지 말아야

리더의 삶이란 원초적으로 불안을 품고 시작된 것이 아닐까? 열심히 살아왔지만 언제까지 조직에 살아남을 수 있을까 하는 걱정이 머리를 떠나지 않는다. 임원 승진자의 나이는 점차 낮아지고 연상부하 연하상사 상황은 이미 흔한 일이 되었다. 급변하는 경영환경은 민첩하고 신선한 정보와 지식의 순환을 원하기 때문이다. 종종 기존의 리더들이 쌓아 온 경력은 해묵은 경험으로 치부되고 단기 성과는 목숨 부지의 유일한 밑천이 되었다. 사람이 기계도 아닌데 평생을 성과만 낼 수는 없지 않은가. 답답하지 않은 리더가 있다면 그는 이미 많은 것을 내려 놓았기 때문일 것이다.

리더가 불안감을 견디는 것도 한계가 있다. 출구가 필요하다. 그래서 많은 리더들이 자신의 불안감을 해소하기 위한 자기방어기제 수단을 찾는다. 어떤 사람은 술에 의존하거나 다른 자극적인 흥미거리에 은밀하게 집착한다. 가정에서 안락한 위안을 받지 못한 지 이미 오래되었고 별다른 대안은 없다. 이렇게 리더가 홀로 자신의 불안감을 해소하기 위한 정상적인 해법을 찾지 못하고 엉뚱한 시도를 꾀하다 보면 위험한 상황에 직면하게 될지도 모른다.

특히 불안한 리더가 조직에서 조심해야 할 것은 나빠지지 않아야 한다. 과거에 정상적인 판단력과 감성을 갖고 있던 리더라 할지라도 자신의 자리가 위협을 받거나 미래에 대한 불안감과 고용불안이 밀려오면 누구나 정신적인 중압감을 갖게 되고 그 중압감은 타인에 대한 공격성으로 전위될 가능성이 크다. 그것도 자기보다 상대적으로 약자인 구성원에게 불만을 갑자기 거칠게 표현하거나 자기의 책임을 전가하는 경우가 발행할 수 있다. 자신이 살아남아야 하기 때문이다. 나빠진 것이다. 오랫동안 쌓아온 품격과 자존심을 구차한 생존욕구에 팔아버린 것이다.

'악의 평범성'이란 표현이 있다. 정치 철학자 한나 아렌트의『예루살렘의 아이히만』이란 책에 소개된 개념이다. 2차대전 당시 수백만 명의 유태인을 죽음으로 몰았던 나치 전범 가운데 한 명인 아이히만이 패전 후 아르헨티나로 도주했다가 1960년에 이스라엘 첩보국 모사드에 의해 체포되어 예루살렘으로 압송된 후 재판을 받았다. 그 과정에서 그는 자신의 죄를 부인하며 자신은 나치의 명령을 따랐을 뿐 자기는 죄가 없다고 주장하며 죄책감도 없고 반성도 없는 모습을 보였다. 한나 아렌 트 교수는 본인도 유태인으로서 이러한 아이히만의 뻔뻔스러운 태도에 대하여 분노의 감정이 컸지만 어쩌면 누구나 아이히만처럼 나빠질 수 있지 않을까 생각했다. 아렌트 교수는 아이히만의 진짜 큰 죄는 타인의 고통을 헤아릴 줄 모르는 '생각의 무능'이라고 지적했다. 아무 생각없이 범행을 저지르고 정작 본인은 책임이 없다고 믿는 인간이 본성에 대한 반성인 것이다. 결국 누구나 상황에 따라 나빠질 수 있음을 책의 마지막 부분에 밝혔다. 그래서 리더는 나빠지지 않는 연습과 마음가짐이 필요하지 않을까?

리더가 나빠지는 원인은 불안감 때문이다. 그러나 나빠진 리더의 고약한 갑질을 얌전히 당하고 있을 구성원은 아무도 없다. 이유 없이 부당한 대우를 받거나 불공정한 편애와 비합리적인 화풀이성 문책에 대해 나름의 방식으로 저항할 것이다. 그것도 강력하고 집단적인 저항에 불안한 리더의 나빠진 리더십은 그렇게 또 다른 시련에 직면하게 된다. 가장 먼저 나타나는 저항의 반응은 바로 침묵이다. 얄미운 리더와 대화하고 싶은 부하는 별로 없다. 그러면 구성원으로부터 얻어야 할 정보는 단절되고 단절된 정보는 리더의 의사결정을 위험하게 만들고 그 책임은 고스란히 리더가 져야 한다. 누가 손해일까?

가까운 사이일수록 조심해야 한다는 점을 강조한 것이다. 어쩌면 내 부하는 내 편이 아닐 수 있다. 부하는 리더의 화풀이 대상이 아니고 불안감을 일시적으로 회피하기 위한 대상도 아니다. 리더는 불안할수록 부하직원들을 내 편으로 만들어야 한다. 그들을 믿고 진정성을 갖고 그들의 협조를 구해야 한다. 누구나 내편이 되어주어야 하고 그 내편이 곁에 있어야 불안감은 다소 해결되기 때문이다. 만약 리더가 부하를 의심하고 있다면 이미 부하는 리더를 의심하고 있었던 것이다. 부하는 바보가 아니다.

리더의 불안감은 이해할 수 있는 부분이지만 그로 인해 나빠지는 것은 더 큰 불안과 불행을 동시에 초래하는 꼴이 될 수 있다. 따라서 불안할수록 가까운 사람을 잘 살피고 그들과 공감하고 소통하는 것이 필요하고 이때 덜 불안하게 조직생활을 할 수 있다. 그렇게 하는 것이 어렵기는 하지만 그렇게 하지 않으면 더 힘들어진다. 결국 상황이 어렵고 불안감이 엄습해 올수록 리더는 가장 먼저 나빠지지 않는 연습을 해야 한다. 적어도 악의 평범성 함정에 빠지지 않기 위해서 말이다.

# 4
## 반성을 모르는 리더가 모르는 진실

우리는 자신의 잘못을 반성하지 않는 리더를 종종 관찰한다. 잘못이 분명함에도 불구하고 염치없이 자신의 잘못을 감추거나 습관적으로 남 탓을 하는 리더를 보면 얄밉다는 생각을 넘어 분노가 치민다. 주변인들의 생각과 감정을 정말로 모르는 건지 아니면 무시하는 것인지 명확하지는 않지만 자기 생각만 한다는 점만은 분명해 보인다.

아무리 권력이 있고 능력이 있다 할지라도 무례한 리더를 존경하고 따를 사람은 없다. 그렇다면 자신의 잘못이나 실수를 반성하지 않는 리더는 왜 그러는 걸까? 성격적 결함이거나 불량한 상사나 조직에서 물든 편협한 경험 때문에 나쁜 습관이 몸에 배인 것일 수 있다. 아니면 반성을 하지 않아도 자신이 위험해지지 않는다는 오만하고 잘못된 소신이 원인일 수 있다. 어쩌면 반성을 모르고 살아도 별일 없었다면 참 운이 좋은 리더다. 만약 이런 리더를 무작정 추종하는 사람이 있다면 그것은 그의 강압적 권력과 치사한 보복이 두려워 침묵하는 것뿐이다.

리더는 그 이름의 무게감 때문에 말 한마디와 행동 하나에도 영향력은 결코 작지 않다. 특히 리더도 사람이기에 실수할 수 있고 잘못도 할 수 있다. 그런데 문제는 리더라는 이유만으로 반성 없이 자신의 책임을 회피하거나 전가하는 경우가 생긴다면 리더가 먼저 위험해진다. 반성을 모르고 살아온 리더는 자기 잘못을 진짜 모르기 때문이 아니라 자기 과신이 지나치거나 시간이 지나면 자신에 대한 비난과 책임이 사라질 것이라고 잘못된 판단을 하기 때문이다. 그러나 반성을 모르는 리더가 모르는 진실이 있다. 반성이 없으면 리더 본인이 가장 먼저 돌이킬 수 없는 위험에 빠진다는 사실이다. 그 이유를 생각해 봤다.

**첫째, 같은 실수를 반복한다.** 반성을 모르는 리더의 실수는 반복될 공산이 크다. 같은 실수가 반복되고 반복된 실수는 돌이킬 수 없는 치명적인 큰 실수로 진화하게 된다. 결국 반성의 기회를 놓치고 회복할 기회도 잃는다. 더욱이 반성을 모르는 리더의 주변에는 아부하는 기회주의자는 있어도 진실을 말해 주는 사람이 없다. 따라서 본인만 본인의 위험을 감지하지 못하고 헤어날 수 없는 함정에 고스란히 빠지고 만다.

**둘째, 멀쩡한 주변인을 오염시킨다.** 반성을 모르는 리더는 본인만 나빠지는 것으로 끝나지 않는다. 리더의 반성 없는 행위를 주변인들이 관찰하고 학습하며 모방하기 때문이다. 멀쩡한 주변인도 오염되고 나빠진다. 죄책감을 갖기보다는 반성을 모르는 리더와 자신을 동일시하게 된다. 조직에서는 어떤 리더를 만나느냐가 매우 중요하다. 그래서 좋은 리더를 만나면 좋아지고 나쁜 리더를 만나면 나빠지기 마련이다.

**셋째, 억울한 희생자를 만든다.** 반성을 모르는 리더는 늘 남 탓을 습관적으로 하기 때문에 반성은 없지만 억울한 희생자는 있다. 마치 거울을 보듯이 자신의 실수를 남에게 전가하고 자신은 정의로운 인물인 양 행세한다. 평범한 사람들은 이해하기 힘든 점이다. 어떻게 그리도 뻔뻔스러울까 하고 말이다. 그런데 더 큰 문제는 언제나 문제의 원인을 다른 곳에서 찾기 때문에 눈치 빠른 주변인들은 자신이 억울한 희생자가 되지 않기 위해 반성을 모르는 리더에게 오히려 맹목적으로 충성을 다하거나 생각 있는 주변인은 위험을 감지하고 그의 곁을 떠난다. 아주 멀리 말이다. 결국 반성을 모르는 리더는 누구라도 희생시킬 수 있다는 점에서 정의와 공정과는 거리가 먼 위험한 존재다.

**넷째, 내부분열을 조장한다.** 반성을 모르는 리더는 반드시 오만의 악취를 남기고 회복하기 힘든 흉터를 조직에 남긴다. 좋은 조직문화를 망가뜨리거나 내부 갈등과 분열을 조장하며 패거리 문화를 독버섯처럼 구축할 수 있다. 기존의 좋은 조직문화를 지키려 하는 사람들은 모두 불량한 카르텔로 치부되고 공격을 받는다. 조직의 분열을 초래하는 리더의 수준이 있다. **푼수는 생각없이 분열을 양산하고 하수는 불필요한 분열을 조장하며 선수는 민첩하게 분열을 해소하고 고수는 지혜롭게 분열을 예방한다.** 조직의 도덕성은 리더의 도덕성을 넘지 못하는 법이다. 조직의 파멸은 분열을 양산하고 조장하는 자가 범인이다.

**다섯째, 죽어야 반성한다.** 반성을 모르는 리더는 머리가 나쁘거나 배운 것이 없어서 그런 것이 아니다. 살아왔던 방식이고 일종의 습관이다. 그래서 끝까지 반성을 못하고 반성을 못하기 때문에 또 반드시 대가도 치르게 되는 것이다. 어쩌면 죽어야만 고칠 수 있는 깊은 병과도 같다. 먼 훗날 자신을 따르던 기회주의적 추종자들의 배신과 돌이킬 수 없는 죄명으로 자신의 기대와는 전혀 다른 죄값을 감당해야 한다.

리더는 늘 자기점검을 게을리해서는 안된다. 리더에 대한 기대가 다르고 해석이 다르기 때문이다. 리더는 모두를 만족시킬 수는 없지만 모두를 실망시켜서도 안된다. 많은 의견을 청취하고 균형감 있는 조정능력과 반성과 개선의 노력으로 권력을 내려놓는 그 순간까지 노력하고 반성해야 한다. **리더 스스로가 위험해지지 않는 지혜 가운데 하나가 바로 '반성할 줄 아는 것'이다.** 그래야 회복의 기회도 얻을 수 있다. 리더의 반성은 흉도 아니고 약점도 아니다. 흉이 될까 반성하지 않으면 인성을 의심받고 약점이 될까 반성을 거부한다면 독재로 의심받는다. 반성을 모르는 리더에게는 위험만

남는다는 점에서 리더의 반성은 리더에 대한 믿음이 될 수 있다.

# 5
## 반대자를 곁에 둔 리더가 성공한다

리더의 자리는 예나 지금이나 고독하고 힘겹다. 자신보다 책임져야 할 사람들을 먼저 챙겨야 하기 때문이다. 그래서 리더는 아무나 할 수 없고 아무나 해서도 안된다. 리더의 권력은 구성원들로부터 빌려온 것이고 빌려온 권력은 성장과 안정으로 갚아야 할 빚이다. 그 빚을 갚지 못하거나 사유화한다면 저항은 불가피해진다. 더욱이 그 권력이 저항을 억제시키는 용도로 쓰이면 돌이킬 수 없는 불행을 리더 본인부터 감당해야 한다.

물론 자신의 조직을 일부러 불행하게 만들고자 하는 리더는 없을 것이다. 잘하려고 노력하는 과정에서 실수를 하거나 어쩔 수 없는 상황에 빠질 수 있다. 그러나 리더의 가장 중요한 임무는 리더 본인이 먼저 중심을 잡고 신중한 판단과 불굴의 의지로 문제를 해결하여 자신을 따르는 구성원들을 안전하게 지켜내는 일이다. 리더의 자리는 그런 자리고 그래서 리더는 신중하고 또 신중해야 한다.

대부분의 리더는 능력과 품격을 인정받고 그 자리에 오르겠지만 한 사람의 리더가 보유한 능력과 품격만으로 조직을 일관되게 영원히 지킬 수는 없다. 아무리 유능한 리더라 할지라도 반드시 명심해야 할 것은 바로 의사결정 실패를 예방하는 일이다. 리더의 의사결정은 리더 한 사람의 책임으로 끝날 문제가 아니기 때문이다.

그렇다면 리더는 어떻게 의사결정에 성공할 수 있을까? 리더 본인의 능력도 중요하지만 리더 또한 사람인지라 중대한 문제 앞에서 흔들림 없이 냉철해지기란 쉬운 일이 아니다. 따라서 다른 많은 사람들의 다양한 의견을 듣는 것이 필요하다. 특히 **반대자를 곁에 둘 수 있어야 한다.** 의도적으로 반대 의견을 들어야 보다 객관적인 판단을 할 수 있기 때문이다. 이를 '악마의 변호인devil's advocate'이라고 한다. 악마의 변호인은 로마 카톨릭 교회의 성인 추대 제도에서 유래되었다고 한다. 즉 중요한 의사결정을 위해 일부러 반대자를 선정하여 집단사고와 편견의 함정에 빠지는 것을 예방하는 수단이다.

투자의 귀재인 워런 버핏Warren Buffett은 "리더가 편견을 해결하려면 도전받는 기회를 더 많이 가져야 한다"고 말했다. 워낙 대규모 투자를 실행하는 그는 늘 실패의 예측을 먼저 파악하고 리스크를 예방했다고 한다. 그는 만장일치를 신뢰하기보다는 반대의견을 내는 사람을 개별적으로 면담을 하여 집요하게 반대의 이유를 물었다고 한다. 반대자가 이뻐서가 아니라 반대자의 말을 간과하여 본인이 손해보는 것을 더 싫어했기 때문이다. 자신의 권력을 앞세워 독단적 의사결정을 하고 경청을 거부하며 리더의 뜻에 반대하는 사람은 없지만 리스크는 남는다. 어쩌면 가장 위험한 주변인은 침묵하는 자라고 해도 과언이 아니다. 주변인의 침묵을 경계하고 반대를 기꺼이 수용하는 리더는 너그러운 인물이 아니라 오히려 무서운 평정심의 소유자란 생각이 든다. 평정심은 감정의 기복이 없이 평안하고 고요한 마음이라고 사전에서 정의하고 있다. 조직의 운명을 이끄는 리더에게 꼭 필요한 정신적 능력으로 사료된다.

인천국제공항을 세계 1위로 만들었던 고 이채욱 대표도 늘 반대의견에 먼저 진지하게 경청하는 습관을 갖고 있었다고 전해진다. 삼성물산 사장과 GE회장을 역임했고 존경받는 CEO였던 그는 살아생전 늘 품고 다녔던 의사결정 원칙이 있었다고 한다. 첫째, 구성원의 지혜를 최대한 모았는가? 둘째, 반대했던 사람들과 공감대를 형성했는가? 셋째, 실행을 위한 구성원은 최고의 직원인가? 넷째, 실행방법, 진행모니터링, 제도와 구조 등은 잘 갖춰져 있는가? 다섯째, 잠재적인 문제점에 대한 대비는 돼 있는가? 등이다. 정교하고 치밀한 리더의 모습이 그려진다.

결국 조직내부에 위험을 예방해 줄 수 있는 반대자 또는 반대의견을 포용하면 그 수혜자는 누가 될까? 바로 리더 본인이다. 리더가 목표에 집중하다 보면 위험을 감지하지 못하는 경우가 있다. 불안한 리더가 반대자를 포용하지 못하고 비난만 한다면 누가 진실을 리더에게 말할 수 있겠는가? 반대자의 목소리를 외면하는 행위는 위험을 보고도 눈을 감는 것과 같다. 눈을 감아도 위험은 눈앞에 분명히 존재하는데도 말이다. 그래서 리더는 반대자의 말을 먼저 들어야 한다. 반대자의 도전에 리더의 성공이 있다. 듣기 힘들다면 들키지 않게 은근하게 천천히 들어야 한다. 반대자를 감정의 눈으로 보지 말고 이성의 눈으로 봐야 진실을 볼 수 있다. 이 점이 리더의 그릇을 결정짓는 하나의 기준이 될 수 있다. 물론 반대를 습관적으로 하거나 반대자의 숫자가 지나치게 많아지면 그들 또한 부패하거나 냉소적 방관자로 전락할 수 있다는 점에서 리더의 지혜로운 균형감도 아울러 요구된다.

알아서 기는 부하가 위험한 이유가 있다. 그들은 절대로 진실을 리더에게 말하지 않는다는 점이다. 무서운 일이다. 맹목적 추종을 의리로 착각하고 의도적 침묵을 인격으로 오해하면 같이 죽자는 것과 다르지 않다. 리더 곁에서 리더 눈치만 보고 진실에 침묵하는 자들만 있다면 리더가 가장 먼저 희생될 것이고 알아서 기던 부하는 자신이 불리해지면 언제든지 확보된 고급정보를 이용하여 리더를 배신할 수 있다. 자기부터 살아야 하기 때문이다. 따라서 지혜로운 리더는 반대자를 곁에 둘 수 있어야 성공한다. 반대자를 선택하고 판단하는 능력은 결국 리더의 몫이니까 말이다.

# THEME
# 4

# 리더가 먼저 중심을 잡아야
# 조직이 산다

## 1
## 자수성가自手成家가 아닌 가수성자家手成自 시대에 살아남기

조직에서 열심히 일하던 리더가 종종 흔들릴 때가 있다. 미래에 대한 대안이 없다고 판단될 때다. 어느 정도 위치에 오르기까지 정신없이 일만 하다가 세월이 지나 리더가 되고 자신에게 남은 것이 많지 않다는 사실을 뒤늦게 알게 되면 위축될 수 있다. 물론 조직생활을 하면서 개인기를 발휘하여 재테크에 성공하거나 맞벌이에 성공한 경우, 부모로부터 물려받은 재산으로 나름대로 아쉬움 없이 살아가는 리더도 있을 것이다.

그런데 요즘은 부모로부터 물려받은 재산이 있고 없음에 따라 많은 것이 달라진다고 믿는 사람이 많다. 리더도 예외는 아니다. 나이가 들고 조직에서 존재감이 떨어지게 되면 조급해지는 경우도 많고 마땅한 대안이 없는 리더가 본인이 가진 것이 많지 않다는 생각에 리더 고유의 역할을 찾지 못하고 초심을 잃는 경우가 적지 않다. 불안하기 때문이다. 그러나 가진 것이 많지 않은 리더라 할지라도 현실을 직시하고 용기 있게 현실을 수용하며 중심을 잡고 리더의 길을 갈 수 있기를 바라는 마음으로 가진 것이 많지 않은 리더도 승리할 수 있다는 점을 제시하고자 한다.

요즘은 자수성가自手成家가 아니라 가수성자家手成自의 시대가 아닌가 생각된다. 과거에는 모두가 알다시피 물려받은 재산이나 가진 것 없이 순전히 자신의 노력만으로 성공하는 것을 '자수성가自手成家'라고 했다. 그러나 요즘은 집안의 배경과 지원이 있어야 성공할 수 있다는 의미로 '가수성자家手成自'란 표현이 더 설득력을 갖는다. 가진 사람은 더 많은 밑천으로 없는 사람을 조롱하듯 앞서가니 없는 사람은 그만큼 힘겨울 수밖에 없다. 더욱이 가진 사람은 알밉게도 가진 것을 지키는 방법까지 물려받아 가진 것을 더 키우고 그들끼리 인맥과 고급 정보를 공유하며 자기들만의 세상을 독식한다. 그래서 출발 자체가 다르고 성장과정 속도 또한 없는 사람과 차원이 다르다. 예전처럼 대를 이어 물려받은 재산을 부실한 자손이 탕진한다는 이야기는 이제 생각보다 드문 일이며 없는 사람들의 나약하고 배 아픈 가설일 뿐이다. 있는 사람은 가진 것을 지키는 법과 의심하는 법을 가장 먼저 배운다.

그렇다면 가진 것이 많지 않은 리더에게 '자수성가'란 애초부터 불가능한 것일까? 물론 아니다. 만약 없는 사람이 어떤 과정에서 무너진다면 그것은 가진 것이 없어서 무너진 것이 아니라 먼저 포기했기 때문이다. 없는 사람이 스스로 포기하는 것이 많아지면 없는 사람의 꿈은 정말 꿈 같은 일이 되고 만다.

다음은 가진 사람들이기에 오히려 부족할 수 있는 점을 찾아보고, 없는 사람의 관점에서 어떤 기회를 잡을 수 있을지 고민한 것이다.

**첫째, 가진 사람은 여유도 있겠지만 가진 것을 지키기 위해 외부의 접근과 도전에 대한 지나친 '의심'과 '경계심'이 강하다.** 그래서 더 좋은 기회를 갖지 못하거나 의심이 많은 탓에 비난도 많이 받고 경계심이 강하면 저항을 받기도 한다. 반면에 없는 사람은 생존에 필요한 '눈치'와 '인내심'을 갖고 있다. 눈치가 빠르기 때문에 위험을 빠르게 감지하여 위험에 빠지지 않을 수 있고 인내심이 강하기 때문에 웬만한 충격에는 흔들리지 않는 뚝심이 있다. 따라서 삶이 그대를 속일지라도 없는 사람은 '버티는 힘'이 최고다. 포기하면 안된다. 언제나 기회는 만드는 거니까 말이다.

**둘째, 가진 사람 곁에는 반드시 든든한 후원자나 돈 같은 믿는 구석이 있기 때문에 훈련을 받지 못한 위기에 직면하면 당황하기 마련이다.** 혼자 할 수 있는 일이 별로 없다. 시키는 일에 익숙한 반면에 직접 하는 일이 낯설기 때문이다. 반면에 없는 사람은 어차피 가진 것도 없고 믿을 구석도 없기 때문에 혼자 알아서 다해야 한다. 더 이상 물러설 곳도 피할 곳도 없다. 그래서 상대적으로 홀로서기에 강할 수 있다. 따라서 없는 사람에게는 '깡다구' 만한 무기도 없다. 견뎌온 세월이 자신을 강하고 의연하게 만든다는 점에서 없는 사람의 인내는 이미 성장으로 보상을 받은 셈이다.

**셋째, 가진 사람 중에는 가진 것에 집착한 나머지 '교만'이라는 치명적인 약점을 가진 사람이 많다.** 지나친 '자신감'이 우월감으로 변질되어 자신이 '선택된 존재'라는 자만심 때문에 남들이 겪는 고통을 잘 모르거나 타인에 대한 배려와 이해가 부족하여 미움과 공격의 대상이 되어 위험에 빠질 수 있다. 반면에 없는 사람은 개인차는 당연히 있겠지만 가진 것이 많지 않아도 자족하며 사회적 약자를 돕는 선량한 마음으로 남들과 '더불어 사는 지혜'와 '전략적 양보'의 유연성을 배울 수 있으며 겸손으로 존경을 받을 수 있다.

앞으로도 가진 사람과 없는 사람의 불평등한 격차는 심화될 것이다. 만약 가진 사람이 가진 것도 많은데 겸손하거나 존경받을 만한 행동을 하는 경우도 있을 것이고 반면에 없는 사람이 스스로 자학自虐을 하거나 사회에 대한 분노를 거침없이 분출한다면 있는 사람과 없는 사람의 격차는 결코 불평등으로만 해석되지 않을 것이며 있고 없음의 차이가 아니라 개인의 차이가 된다.

결국 가진 것이 많지 않은 리더가 '자수성가'하려면 지금의 힘겨움이 훈련이고 내공이란 생각을 갖는 것이 바람직하다. 남과의 비교를 통해 세상을 탓하는 시간에 강인한 '목표의식'과 '실행력'으로 홀로 설 수 있는 용기와 긍정을 배워야 한다. 아울러 '인간에 대한 이해'와 '생산적인 인맥'을 구축하는 데 노력해야 한다. 가진 것이 부족한 리더는 인맥이 곧 '밑천'이고 경쟁력이다. 타인에게 친절해야 한다. 최근 브라이언 헤어와 버네사 우즈의 『다정한 것이 살아남는다』는 책을 보면서 어쩌면 진정으로 **강한 사람은 부드럽고 다정한 사람이 아닌가 생각된다. 따라서 가진 것이 많지 않아서 불안한 리더일수록 사람을 잃지 않고 사람을 남기는 실천을 해야 한다.** 그래야 떼돈을 벌지는 못해도 적어도 자신이 설정해 놓은 '자수성가'의 기준에 도달하는 데 성공할 수 있지 않을까 생각한다.

# 2
## 신뢰로 하나되는 조직 만들기

언젠가부터 우리에게 '신뢰'라는 단어가 낯설고 어색하게만 느껴진다. 혹시 신뢰는 순진한 사람들의 간절한 바람이 아닐까? 그만큼 우리 사회와 조직에서 신뢰가 다른 가치에 비해 우선순위가 밀린 것은 아닌지 조심스럽게 추측해 본다. 조직에서 신뢰는 공동의 목표를 달성하기 위한 많은 구성원들이 한 방향으로 나아갈 때 중요한 버팀목이 될 수 있다. 신뢰가 흔들린 조직은 그만큼 버팀목이 약할 것이고 성장속도는 느려질 수밖에 없다. 그래서 신뢰가 확보된 조직을 만드는 일은 조직의 목표를 달성하는 지름길을 만드는 일과 같다. 그러나 최근 조직환경은 너무나 많이 변하고 있고 조직 내부 신뢰가 의심되는 징후들이 다양하게 나타나고 있다. 어떤 징후들이 우리 곁에 있는가를 살펴보고자 한다.

**첫 번째 징후는 '조용한 사직'이다.** 조용한 사직이란 퇴사를 하지는 않지만 1인분 역할만 하겠다는 소극적이고 방어적인 태도다. 젊은

MZ세대만이 아니라 여러 계층에서 나만 손해볼 수 없다는 생각으로 받는 만큼만 일하겠다는 소위 '손실회피성향'이 확산된 지 이미 오래다. 구성원이 조직을 믿지 못하고 자신의 리더가 더 이상 롤모델이 아니기 때문이다. 안타까운 일이다. 신뢰보다 단기 성과에 집중해 온 조직을 바라보는 구성원의 시각은 딜레마 그 자체다. 당장 그만둘 수는 없지만 그렇다고 조직 좋은 일만 할 수는 없는 노릇이다. 조직은 그렇다 쳐도 리더마저 본인의 생존만 챙긴다면 신뢰는 말 그대로 사치스러운 감정으로 인식될 수 있다.

**두 번째 징후는 '역 갑질'이다.** 갑질은 무례한 강자가 선량한 약자를 의도적으로 괴롭히는 행위를 의미한다. 예전에는 갑질을 하는 리더를 만나도 참았지만 지금은 그렇게 너그러운 구성원은 없다. 참고 참다가 회식자리에서 불만을 성토하거나 곧 후회할 만한 도전을 감행하는 순박한 구성원은 이제 없다. 마음에 들지 않는 리더 때문에 마음을 쓰거나 부질없는 시간을 낭비하는 구성원 또한 없다. 블라인드에 실명을 거론하며 공개적인 공격을 하거나 리더가 실수할 때마다 증거를 확보해 두었다가 결정적인 순간에 투서를 하는 일에는 진심이다. 오히려 갑질하는 리더를 응징하는 구성원이 가해자로 바뀌는 경우가 종종 발생한다. 상전의 역전인 셈이다. 세련된 저항의 방법도 있다. 바로 '지식은폐<sup>knowledge hiding</sup>'다. 마음에 들지 않는 리더를 위해 중요한 정보나 지식을 제공할 생각이 추호도 없는 것이다. 리더는 의사결정을 하는 자리에 있기 때문에 신속하고 정확하며 충분한 정보가 반드시 필요한데 구성원이 지식은폐를 한다면 리더에게나 조직에 치명적인 손해가 될 수 있다. 신뢰하지 않는 리더에 대한 복수심이 공개적 비난이나 투서 그리고 지식 은폐로 이어진다면 '역 갑질'을 당하고 있다고 봐도 과언이 아니다.

**세 번째 징후는 '리더 포비아'다.** 리더가 되는 것을 기피하는 현상을 말한다. 구성원만 힘든 것이 아니다. 요즘 리더도 죽을 맛이다. 특히 팀장급의 리더 포비아 현상이 두드러진다. 모 대기업 팀장들을 대상으로 실시한 설문조사에서 '팀장직을 그만두고 싶은가'를 물었더니 응답자의 75%가 팀장을 그만두고 싶다고 했다. 놀라운 일이다. 연공보다 내공을 따지는 시절이다 보니 청춘을 바쳐 조직 생활을 했다고 아무리 외쳐도 리더는 실적으로 평가받는다. 능력 있는 젊은 후배가 상사가 되거나 외부에서 영입하는 임원이 많아졌다. 대안이 없는 리더라면 조직에 대한 배신감마저 든다. 이런 상황에서 먹고 살기 위해 그만둘 수는 없고 조직은 믿기 어렵고 후배는 선배에게 관심이 없으니 고독한 팀장들이 정상적인 근무를 하기 쉽지 않은 것이다. 계속해서 개인적인 대안을 찾는 데 더 많은 시간과 노력을 기울일 수밖에 없으니 일이 잘될 리 없다. 조직이 끝까지 자신을 지켜주지 않을 것이란 구성원의 우려가 있지만 조직도 구성원이 끝까지 조직을 위해 헌신하지 않는다고 믿는다면 불편한 진실은 공공연한 현실이 된다.

**네 번째 징후는 '기업문화 상실'이다.** '평생 직장'이란 단어는 아무도 입에 담지 않는다. 조직 내 직급파괴와 단기성과주의는 얻은 것도 있지만 잃은 것도 많다. 선배의 후배에 대한 멘토링은 사라졌고 후배의 선배에 대한 직장예절도 사라졌다. 이직이 빈번해지면서 환영식도 없지만 송별식도 없다. 누구나 실무자로 일만 하다 보니 지나친 표현이지만 각자도생各自圖生이 보편화된 것도 사실이다. 기업문화는 어원상 '공유된 가치shared value'로 해석된다. 공유된 가치에는 서로에 대한 신뢰와 기대가 우선되고 존중되는 것을 의미한다. 그러나 지금은 이러한 공유된 가치가 단기성과주의에 밀린 것만큼은 확실해 보인다. 조직에 어떠한 위기가 와도 자기만 먼저 생각하게 만드는 조직은 이미 신뢰를 상실한 조직이라고 할 수 있다. 개인 간 또는 부서간 책임공방이 이어지고 리더는 더 이상 조정자 역할을 못하고 조직은 실적만으로 사람을 평가하려 한다면 이미 조직의 운명은 누구도 예측하기 어려워진다.

이제 우리는 어떤 준비를 해야 할까? 임원은 조급해졌고 팀장은 불안해졌으며 팀원들은 영리해졌고 조직은 냉정해졌다. 이런 상황에서 신뢰는 정말 사치스러운 여유에 불과한 걸까? 답은 당연히 아니다. 장기적 관점에서 **신뢰는 조직의 미래를 지속성장시키는 강력한 버팀목이다.** 그 이유가 있다.

**첫째, '갈등비용'을 줄여준다.** 조직에서 서로에 대한 신뢰가 없으면 평소에는 문제가 드러나지 않지만 이해관계가 복잡해지면 개인 차원에서는 자기방어기제가 발동되어 방어적 태도를 고수할 것이고 부서 간 문제는 부서 이기주의로 나타날 것이며 상하 간 문제는 갑질과 저항의 형태로 악화될 공산이 크다. 반대의 경우라면 불필요한 갈등에 투입되는 시간과 에너지를 낭비하지 않아도 된다.

**둘째, '감시비용'을 줄여준다.** 리더의 입장에서 만약 구성원에 대한 신뢰가 없다면 누가 답답할까? 바로 리더 본인이 가장 답답해진다. 믿지 못하니 일을 위임하기도 어렵고 위임한 일도 염려가 되어 감시비용monitoring cost이 증가할 수밖에 없다. 구성원에 대한 신뢰가 있으면 리더는 좀 더 크고 건설적인 측면에 집중할 수 있다. 감시비용의 문제는 리더와 구성원 간 서로의 탓으로 인식할 가능성이 높기 때문에 가해자는 없고 피해자만 남는다. 따라서 신뢰가 감시비용을 원천적으로 줄여준다고 볼 수 있다.

**셋째 '건설적 협업'이 가능하다.** 양보는 해도 손해 보려는 사람이나 조직은 없다. 개인 간 또는 부서 간 협업은 긍정적 대가가 보장되어야 가능해진다. 기껏 도왔는데 돌아오는 것이 없다면 돕는 행위는 더 이상 반복되지 않는다. 만약 협업을 하는 것이 언젠가 되돌려받을 투자라는 신뢰가 있다면 협업의 가능성은 그만큼 커진다. 따라서 신뢰는 서로에 대한 기대감이고 그 기대감은 의심을 포기하게 만든다.

그렇다면 **조직 내 신뢰를 회복하는 방법은 무엇일까?** 지금까지 생존을 위한다는 명분으로 신뢰에 무관심했거나 다 죽을 수 없으니 다 살릴 수 없다는 불가피성 논쟁으로 신뢰는 기꺼이 무시되고 외면당했다. 그러나 더 이상 신뢰를 아름다운 시절의 유행가 정도로 판단하면 큰일 난다. 조직은 사람이 일을 하는 곳이고 사람이 조직에 몰입할 수 있는 조건이 바로 신뢰다. 조직을 신뢰해야 구성원이 일에 몰입할 수 있고 구성원이 일에 몰입을 해야 조직도 살 수 있다. 한 번 보고 다시는 안 볼 것처럼 구성원을 대하면 구성원도 한 번은 속아도 두 번은 속지 않겠다는 마음으로 일할 것이다. 누가 더 손해일까? 눈앞의 이익이 전부라고 여긴다면 신뢰는 말 그대로 사치에 불과하다.

신뢰 없는 조직에서 목숨 걸고 일할 바보는 없다. 조직의 힘은 단기 성과 이전에 조직을 신뢰하고 일에 몰입하는 구성원들이 있어야 한다. 그러기 위해서는 **첫째, 올바른 조직문화의 점검과 재구축이 필요하다.** 이벤트성 조직문화가 아니라 조직의 미래를 준비하고 변화에 선제적으로 대응하는 가장 강력한 권한과 전문성을 갖춘 별도의 조직이 조직문화를 점검하고 개선하며 개발해야 한다. 앞서 언급했던 공유된 가치를 전사화해야 한다.

**둘째, CEO의 강력한 실행의지가 필수적으로 요구된다.** 조직은 CEO에 의해 많은 부분이 계획되고 실행된다. CEO의 의지야말로 가장 강력한 지원이 되고 응원이 된다. 지혜로운 CEO라면 적어도 하루이틀 먹고 살겠다는 생각은 하지 않을 것이다. 또한 앞으로 사람의 문제는 그 어느 일보다 중요하고 힘겨운 일이 될 것이다. 따라서 신뢰 없는 조직을 만든다면 금고문을 열어 놓고 돈을 계속 채우는 어리석은 행동과 다르지 않을 것이다.

**셋째, 리더십 회복을 위한 동기부여가 필요하다.** CEO가 아무리 조직문화를 강조하고 조직이 감시해도 중간 리더의 의지가 없으면 아래로 전달이 되지 않는다. 리더가 먼저 조직을 신뢰할 수 있도록 지원과 배려를 해야 한다. 모든 책임을 리더에게 전가하는 것이 아니라 조직에 대한 신뢰를 전달하고 강화하는 존재로 봐야 한다. 본인도 조직을 믿지 못하는데 아래 구성원들에게 조직을 믿고 열심히 일하라고 누가 말할 수 있겠는가 말이다.

**넷째, 공정한 경쟁이 보장되어야 한다.** 갈등의 출발은 불평등과 불공정성이다. 조직의 원칙과 기준이 공정하게 적용되고 혜택이 공평하게 공유될 때 진정한 신뢰는 공유된다. 조직문화의 재구축 과정에서 공정성 유지의 문제는 반드시 포함되어야 할 점이다. 어느 조직이나 무한정 자원이 있는 것은 아니기 때문에 분배의 문제, 절차의 문제 등은 공정이 곧 신뢰의 다른 표현이 된다.

이상과 같이 조직에서 왜 신뢰가 중요하며 어떻게 신뢰를 회복할 수 있는가를 고민해 봤다. 물론 정답은 아닐 수 있다. 그러나 현재처럼 단기성과주의로 인한 피로감이 커진 구성원들이 기꺼이 조직을 위해 무작정 헌신하지는 않을 것이란 점만큼은 분명하다. 결국 장기적 관점에서 구성원이 조직을 신뢰하게 만들면 가장 큰 수혜자는 바로 조직이 된다. 선택은 조직이 해야 한다. 더 늦기 전에 건강하고 행복한 조직을 만들기 위해 신뢰를 회복해야 한다.


# 3
## 적敵을 만들지 않고 적敵이 되지도 않는 법

조직에서 팔자에도 없는 '적敵'을 만나면 어떻게 해야 할까? 물론 '적'을 만들지 않는 것이 최선책이다. 그러나 본인의 의지와 상관없이 '적'이 생긴다면 어떤 형태로든 대응해야 한다. '적'은 자기증식 효과가 있기 때문에 내버려두면 마냥 늘어나고 강도도 세지기 때문이다.

우선 '적'은 '드러난 적'과 '가려진 적'으로 구분할 수 있다. 드러난 적은 보통 경쟁자인 경우가 많기 때문에 예측이 가능한다. 정도의 차이는 있겠지만 드러난 적은 공개적으로 적개심을 드러낸다. 물론 의도를 감추고 은밀하게 정치적으로 공격성을 감추며 다가오는 경우도 있지만 이들의 첫 번째 목적은 공개적으로 상처를 주거나 시비를 걸어 싸움터로 끌어들이는 것이다. 불가피한 상황이 아니라면 흥분하지 말고 바로 대응하지 않는 것이 상책이다. 자존심은 좀 상하지만 무작정 정면 승부하면 말려들고 만다. 그들이 바라는 것이 바로 그것이다.

따라서 결정적인 반격의 기회를 찾기 전까지는 참는 것이 유리하다. 자신을 점검하며 드러난 적의 약점을 차분히 기록하고 증거를 확보해야 한다. 그래야 반격을 할 수 있다. 차분하고 담담하게 대응하지 않으면 오히려 드러난 적은 본인들의 적개심 수위를 무한정 높이다가 예상치 못한 실수를 범하거나 남들로부터 정도가 심하다는 비난을 받고 스스로 무너질 수 있다. 드러난 적은 일시적인 경우도 있고 장기적이고 집요한 경우도 있지만 예측이 가능하고 눈에 잘 보인다는 점은 무척 다행스러운 일이다. 또한 드러난 적의 타깃을 다른 곳으로 유인하거나 또는 작은 이익을 포기하거나 양보하여 공격의 명분을 상실하게 만들어서 드러난 직접적인 적의 공격을 피하는 방법도 가능하다.

그런데 드러난 적보다 더 경계해야 하는 적이 바로 '가려진 적'이다. 그 존재가 명확하지 않고 출현 배경을 찾기가 쉽지 않기 때문이다. 심증은 있으나 물증이 없으면 찝찝하고 불쾌하기 짝이 없는 법이다. 찝찝할 땐 먼저 정체부터 확인해 봐야 한다. 괜히 잘못하면 없던 적도 생길 수 있기 때문이다. 접근은 자연스럽고 능청맞게 확인해야 한다. 불행하게도 보이지도 않는 가려진 적이 노련하다면 섣불리 접근했다가 내 약점만 잡힐 수 있다.

가려진 적을 파악하려면 먼저 부지런하고 조용한 관찰을 해야 한다. 상대도 이미 나를 관찰하고 있을지 모른다. 집중해서 관찰을 하다 보면 "가려진 적"의 실수나 물증을 잡을 수도 있다. 가려진 적과 드러난 적의 결정적인 차이는 어느 시점까지는 본심을 결코 드러내지 않는 점이다. 가려진 적은 보통 리더의 부하직원인 경우가 많다. 부하직원은 리더의 약점을 가까이에서 정밀하게 파악하고 증거까지 확보할 수 있다. 처음에는 가까이 지냈다 하더라도 자신의 리더에게 불리한 대우를 받거나 공정하지 않은 보상으로 불만이 쌓이다 보면 리더와의 관계는 소원해지고 불만이 커지면서 분노는 복수심으로 악화될 수 있다. 복수심이 강해질수록 위장하려는 욕구는 강해지기 마련이고 그 과정에서 리더의 판단력은 흐려지고 만다. 위장된 모습만으로 판단하게 되기 때문이다.

또한 가려진 적은 드러난 적과 달리 리더의 경계심을 교활하게 무력화시킨다는 점에서 위험하다. 리더는 뒤를 돌아보지 않지만 부하는 리더의 뒷모습을 마음 놓고 바라볼 수 있다. 리더의 노출확률이 더 크다는 의미다. 자기를 돌아보지 못한 리더가 결정적인 순간에 부하로부터 배신을 당했다면 묵은 감정에 의한 복수극과 같다. 드러난 적은 모르는 부분이 있을 수 있지만 가려진 적은 리더의 치명적인 약점을 너무나 잘 알고 있다. 날아오는 칼은 막아도 옆에서 들어오는 칼은 피하기 힘든 법이다.

리더십이 중요한 이유가 여기에 있다. **리더는 자신을 따르는 부하가 영원히 자기 편이라는 착각을 접어야 한다.** 공감과 배려가 있는 곳에 자발적 추종이 있고 비전과 성장이 있는 곳에 동기부여가 있다. 리더가 자신만 챙기면 가려진 적은 자연스럽게 증식하고 나쁘게 강해진다. 아무 생각없이 손해만 보면서 자신의 리더를 따르는 바보는 없다. 아울러 분노한 부하가 빈손으로 자신의 리더 곁을 그냥 떠나는 경우도 없다. 리더십은 일종의 심리적 거래다.

사회적 교환이론social exchange theory을 살펴보면 사람 간 긍정과 부정의 관계에 따라 반응은 결정된다고 한다. 즉 자신에게 호의적인 사람에게는 호의적인 대응으로 보답하고 부당하게 대하는 사람에게는 부정적인 행위로 갚는다는 것이다. 어쩌면 당연한 말이다. 자신에게 비전과 성장의 기회를 제공해 주고 자신의 의견에 공감해 주는 리더를 위해 못할 것은 없다. 반대로 자신에게 고통을 주는 리더를 정신 나간 사람처럼 무작정 따르는 부하가 있을까? 선택은 리더의 몫이다. 짧은 쾌락을 위한 갑질을 할 것인지 아니면 자신을 지속적으로 반추하며 부하를 응원해 주고 성장을 지원하여 진심 가득한 추종을 허락할 것인가는 리더가 알아서 판단해야 한다.

한편 적에 대한 대응도 중요하지만 적이 주는 혜택에 대해서도 생각해 볼 필요가 있다. 적이 노리는 것은 나의 인간적인 약점과 실수 그리고 부족한 능력의 노출이다. 따라서 적을 즐겁게 해줄 생각이 없다면 자신을 먼저 점검하고 관리해야 한다. 남들로부터 욕먹을 행동은 없었는지 또는 작은 실수라도 남에게 피해를 주거나 반감을 산 일은 없었는지 살펴봐야 한다. 그리고 적들의 의도적인 실험에 말려들지 않기 위해서는 정치력이 아닌 진정한 능력의 보완과 겸손을 일관되게 보여주어야 한다. 시간이 지나면 적도 지친다. 비록 비겁한 대응일지 모르지만 흥분한 상태에서 자존심만 앞세워 공격적으로 적에 대응하면 얻는 것보다 잃는 것이 더 많다. 더욱이 나의 적이 남과의 전쟁을 습관적으로 즐기는 인물이라면 본인이 지치거나 흥미를 잃으면 곧 다른 곳으로 그의 적개심을 이동하기 때문에 참고 기다리는 편이 경제적이다.

물론 적과의 화해나 관계개선의 기회가 생긴다면 더없이 좋은 일이다. 그래서 성급한 대응보다 시간을 두고 꾸준히 관찰하며 관계개선이나 회피의 기회를 만드는 것이 바람직하다는 생각이 든다. 그러나 교과서적인 생각으로 무조건 화해만을 시도하거나 맹목적으로 양보하는 것은 그 과정에서 너무나 많은 수고와 희생을 초래할 수 있다. 따라서 적에 대한 분석과 대응 그리고 철저한 자기관리가 전제된다면 피할 수 없는 적으로 인한 불필요한 에너지 낭비나 지나친 갈등은 최소화할 수 있지 않을까 생각한다.

# 4
## 측근側近을 보면 리더가 보인다

리더가 실패하는 원인은 다양하다. 리더 본인이 실수하거나 예기치 못한 적敵을 만나는 경우 또는 아랫사람의 실수나 고의적인 저항으로 낭패를 보는 경우도 있다. 특히 자기가 거느리고 있는 "측근側近" 때문에 치명적인 곤경에 빠지기도 한다. 보통 측근은 리더와 동일시된다. 같은 목표와 정서를 공유하고 있는 운명공동체로 볼 수 있다. 많은 것을 함께하기 때문이다. 그래서 리더를 보면 측근이 예측되고 측근을 보면 리더가 예측된다. 리더의 "측근 관리"는 곧 "자기 관리"라고 해석해도 무방하다. 그래서 잘나가는 리더라면 **측근관리를 소홀히 해서는 안되는 몇 가지 이유**가 있다.

**첫째, 만약 측근이 소위 자기 주군主君의 힘을 빙자하여 욕먹을 짓을 하고 다닌다면 당연히 리더도 덩달아 욕을 먹게 된다.** 리더가 몰랐다 하더라도 그 책임은 고스란히 리더의 몫이 된다. 잘못 키운 자식 때문에 동네에서 욕먹는 부모와 같다. 평소 측근에게 미리 주의를 당부하거나 행동 원칙을 반복해서 당부하거나 점검하지 못했다면 측근의 오류는 리더의 오류가 된다. 만약 리더에게 경쟁자나 천적이 있는 경우에 아무리 리더가 처세를 잘한다 할지라도 문제가 있는 측근이 빌미가 되어 공범으로 몰릴 가능성이 크다. 따라서 측근은 사랑하지만 너무 믿으면 안된다. 사랑하는 측근과 오래 가고 싶다면 관찰과 점검이 필요하다.

**둘째, 측근은 일반적으로 리더와 무한 믿음과 맹목적 추종으로 연결된 하나의 "공동운명체"다.** 그래서 리더가 잘되면 측근도 덕을 보게된다. 그런데 측근을 너무 챙기다 보면 오해를 받거나 비난의 상황으로 번질 수 있다. 이때 측근을 과잉보호를 하거나 리더가 대변인 역할을 한다면 리더의 공정성은 심각하게 의심받게 되고 저항에 직면할 수도 있다. 측근을 챙기다 봉변을 당하는 경우는 어렵지 않게 찾아볼 수 있다. 측근에는 혈맹에 가까운 부하도 있지만 친인척이나 가족일 경우도 많다. 내로남불이란 비난을 리더가 고스란히 감당해야 한다.

**셋째, 측근도 사람이다.** 자신의 이익이 없거나 믿었던 주군이 섭섭하게 한다면 이득도 없는 충성을 지속하기는 어렵다. 한번 해병은 영원한 해병이란 말처럼 한번 측근은 영원한 측근이라고 착각하는 순간 모든 일이 틀어질 수 있다. 믿었던 측근이 결정적인 상황에서 리더의 절박한 기대를 저버리고 "배신背信"을 선택한다면 그 어떤 사람보다 혐오스러운 치명적인 적敵이 될 수 있다. 리더에 대한 정보를 누구보다 잘 알고 있기 때문에 리더가 오히려 당할 수 있다. 손해만 보겠다는 측근은 없으니까 말이다.

**넷째, 측근은 관리도 중요하지만 선발은 더 중요하다.** 충성심보다 중요한 것이 됨됨이다. 충성심은 경우에 따라서 달라질 수 있기 때문이다. 리더의 권력을 잘 인지하여 알아서 기는 습성이 있거나 필요 이상의 눈치를 살피는 사람은 자신의 충성심을 쉽게 표출하지만 그만큼 쉽게 변절한다. 따라서 주변인들의 평판을 확인한 후 측근을 선택하는 것도 매우 신중한 판단이다. '사람은 쉽게 변하지 않는다'는 말도 전혀 틀린 말은 아니다. 겪어보기 전에는 겪어본 사람에게 물어봐야 한다. 만약 급하게 선택해야 하는 상황이라면 적정 시간 거리를 두고 관찰하는 것이 필요해 보인다.

리더와 측근은 일종의 "순망치한脣亡齒寒" 관계다. 입술이 없으면 이가 시린 법이다. 측근이 없으면 리더도 힘들다. 이처럼 측근은 리더에게 중요한 조력자이자 동지다. 물론 측근의 잠재된 위험이 싫어서 측근을 두지 않는 경우도 있지만 곁에 두어야 한다면 측근관리에 신중해야 한다. 측근에게는 가장 먼저 "겸손"과 "헌신"을 일관되게 당부해야 한다. 그것이 측근의 도리이며 책임이라는 것과 그리고 그렇게 해야만 모두가 안전할 수 있음을 주지시켜야 한다. 이점을 망각한다면 측근 때문에 리더가 억울한 명예를 짊어져야 한다. 사실 측근이 얄미워서 리더를 비방하거나 저항하는 경우는 흔하다. 측근이 리더의 눈을 가리고 귀를 닫게 하는 것을 늘 경계해야 한다. 측근을 오래 이끌다 보면 측근 뒤에 리더가 있는 경우도 발생하니까 말이다. 따라서 지혜로운 리더라면 "측근관리"를 "자기관리"처럼 해야 한다. 측근을 잘 선택하고 잘 관리하는 것도 리더의 능력이기 때문이다.

아울러 측근과 관련하여 리더가 한 가지 더 유의할 점이 있다. 측근의 욕망을 이해하고 점검해야 하는 일이다. 측근의 운명이 자신의 주군만을 위한 것이 아닐 수 있다. 자신을 위해 헌신한 측근을 외면하거나 소중히 여기지 않는다면 충성스러웠던 측근이 떠나는 길밖에 없다. 떠나는 측근을 탓하기보다는 측근의 충성에 대한 대가를 늘 염두하고 준비한다면 변함없는 측근의 도움을 받을 수 있다.

# 5
## 슬픈 리더를 외면하는 조직이 가장 위험하다

리더십이 지금처럼 도전을 받은 때가 없다. 리더십 관련된 논문을 봐도 리더십이 조직성과에 미치는 영향력이 전 같지 않다. 다양한 이유가 있겠지만 갈수록 초라해지는 리더에게 이러쿵저러쿵 더 잘해야 한다고 떠들어 댈 염치가 없다. 리더보고 무엇을 더 하라고 할 수 있을까? 리더만 죽을 죄를 지었단 말인가? 한 번만 실수해도 밀리는 판국에 불안감을 품고 사는 리더에게 조직의 모든 문제를 떠넘기고 몰아붙이는 의리 없는 상황은 이미 익숙하다. 물론 과거에 리더가 범하는 실수도 적지 않았다. 직위를 빌미로 권위적이거나 유치한 갑질 그리고 책임전가와 독단적 의사결정 등 리더의 부당한 행위는 비난을 받아도 할말이 없다.

그러나 지금은 전혀 먹히지 않는 배짱이다. 리더를 통제하는 법까지 생겼다. '직장 내 괴롭힘 방지법'이 예가 될 수 있다. 직장 내 괴롭힘이란 사용자 또는 근로자가 직장에서 지위나 관계 등의 우위를 이용하여 업무상 적정범위를 넘어 다른 근로자에게 신체적, 정신적 고통을 주거나 근무환경을 악화시키는 행위라고 법에서 정의하고 있다. 좋은 법이다. 그러나 리더를 힘겹게 만드는 또 하나의 충분한 법이기도 하다. 우리사회가 어쩌다가 이런 법까지 만들게 된 걸까? 성희롱 방지법과 부패방지법도 마찬가지다. 우리는 이제 법 없이는 살 수 없는 걸까? 법에 의존하지 않으면 성희롱을 방지할 수 없고 부정부패를 뿌리 뽑지 못하며 직장 내 괴롭힘을 근절할 수 없단 말인가? 이 정도면 다된 사회 아닐까? 누구라도 걸리기만 하면 한방에 가버리는 세상이다. 리더를 겨냥한 많은 통제들은 리더의 용기를 꺾는다. 리더의 무능함보다 무기력이 더 문제가 되고 있다.

슬픈 리더들의 슬픈 리더십 이야기를 하지 않을 수 없다. 솔직히 말하자면 처음부터 나쁜 리더는 드물다. 나빠졌을 뿐이다. 리더가 나빠진 배경에는 리더만의 잘못이 있는 것이 아님을 말하고 싶다. 리더가 처음 되던 날 세상에서 가장 기뻤던 사람은 바로 리더 본인이고 조직을 구하겠다는 심정으로 훌륭한 리더십을 꿈꾼 사람도 있을 것이다. 어쩌면 조직이 목표달성을 위해 주문했던 모든 명령과 지시는 처음부터 순수한 리더를 나쁘게 변질시키는 특성을 잉태하고 있었는지도 모른다.

조직생활 과정에서 많은 것을 관찰하며 리더가 되고 또한 더 높은 리더가 되면서 자기도 모르게 어디서 본 듯한 매우 익숙한 리더로 변해간다. 조직을 위해 헌신했던 선배들이 성공했던 사례를 관찰한 리더는 조직에 대한 헌신을 가치로 학습하며 조직의 모든 요구를 수용하지만 헌신했던 조직으로부터 버림을 받은 선배를 관찰한 리더는 자기를 위해서만 일하게 된다. 이렇게 조직에서 리더가 조직의 논리를 맹목적으로 추종하는 과정에서 피해자는 분명해지는 반면에 가해자는 불분명해진다. 기꺼이 나빠진 리더는 때때로 본인의 의지와 상관없이 나쁜 짓을 한다. 성희롱으로 해석되는 나쁜 짓을 감행하거나 얼떨결에 부정부패에 동참하기도 하며 종종 직장 내 괴롭힘의 가해자가 되기도 한다. 슬픈 일이다. 물론 해당 법의 탄생을 부정하거나 잘못을 저지른 리더를 비롯한 인물들을 옹호할 생각은 추호도 없다. 잘못된 것은 잘못된 것이니까 말이다.

그러나 조직의 목표는 반드시 달성하되 착하게 구성원을 다루기를 바라는 조직이 더 나쁘다는 생각이 든다. 그것도 아주 고약한 욕심쟁이처럼 말이다. 조직이 리더들을 과대평가했는지는 모르겠지만 일을 해서 높은 성과도 내고 직원들 만족도도 최고조로 만들면서 리더 자신은 절대 나빠지면 안된다는 가정을 조직이 품고 있었다면 그것은 지나친 욕심이란 생각이 든다. 이와 관련한 법도 만들었으면 좋겠다. '직장 내 리더의 타락 방조죄'를 만들어서 조직이 리더를 나쁘게 만들면 해당 조직의 주인을 벌하는 법이다. 이 법이 생긴 후에도 나쁜 리더가 출몰한다면 해당 리더에게 보다 엄중한 처벌을 해도 무관하다고 본다. 리더에게 모든 책임을 지우는 현재의 상황을 고발하고 싶은 심정이다. **조직은 리더를 도와야 한다.** 과거에는 그래도 양심이 있었다. 도덕적으로 바람직하지는 않다 할지라도 권위주의에 가까운 권한부여, 사적인 사용이 우려되기는 했지만 눈치 보며 사용했던 법인카드, 스스로 가져봤던 성공한 인생에 대한 만족감 등은 모두 사라졌다.

이제 리더들에게 남은 것은 별로 없다. 이러한 주장에 대하여 어떤 분들은 반대하거나 비난을 할 것이다. 최근에도 나쁜 리더 때문에 고통받는 분들이 있기 때문이다. 단지 필자가 주장하고 싶은 것은 진짜 가해자는 조직인데 조직은 늘 리더 뒤에 숨어 있다는 점을 지적하고 싶었다. 개처럼 버는 일은 리더가 하고 정승처럼 쓰는 일만 조직이 한다면 조직은 나쁘고 리더는 불쌍하다. 이런 조직이라면 조직에 들어오기 전에 말을 했어야 한다. 우리는 이 모양이니 오지 말라고. 그리고 미래의 리더가 될 구성원들이 그 조직을 선택하지 말 것을 말이다. 그러나 모든 일은 지나고 난 뒤에 명확해지는 문제라는 점에서 인간의 한계를 또 한번 실감한다.

이젠 세상도 많이 변했다. 더 이상 나빠질 리더도 별로 없다. 버려지는 리더가 더 많기 때문이다. 더 정확히 말하자면 리더라 불리우는 사람은 있어도 리더로서 대접받거나 스스로 리더라고 자부하는 사람이 점차 자신감을 잃고 리더의 자리를 거부하는 사람이 늘고 있다는 현실이다. 어차피 권한도 없고 책임만 남았는데 공연히 힘만 쓰고 고생할 이유가 없다. 권력욕 있는 사람들끼리 해먹으라는 식으로 리더가 되기를 거부하는 현상은 늘었다. 과거에는 힘없는 구성원을 괴롭히는 힘센 리더가 가해자였는지는 몰라도 지금은 힘없는 리더에게 가차없이 도전하는 힘 있는 구성원들의 세상이 되었는지도 모른다. 과거의 리더가 힘 자랑하던 시절의 잘못을 지금 힘 빠진 리더들에게 따진다면 조직이 먼저 매를 맞아야 하지 않을까?

지금의 리더는 무척 슬프다. 더 슬퍼질 여유도 없다. 모두가 리더의 잘못이라고 해도 조직은 비겁하게 모른 척한다. 조직이 먼저 리더에게 사과하고 힘겨운 리더가 자신의 권리를 찾도록 도와야 한다. 지금까지 리더를 앞세워 성과를 얻었다면 이제는 성과를 내는 과정에서 희생된 리더의 명예를 조직이 회복해 주어야 한다. 그렇지 않고 슬픈 리더의 슬픈 이야기를 조직이 외면한다면 조직도 슬퍼질 공산이 크다. 법 앞에 리더를 홀로 남겨 두지 말고 조직이 리더 곁에 머물러야 한다. 또한 리더가 조직에 머물러 있을 때 잘해야 한다. '있을 때 잘 하라'는 유행가 가사보다 못하게 리더를 방치한다면 조직의 운명도 슬퍼질 수 있음을 잘 인식해야 한다. 비록 리더는 조직보다 약하지만 조직에 치명적인 흠집을 낼 수 있는 조직의 위험한 약점은 방치된 리더가 가장 많이 잘 알고 있음을 잊지 말아야 한다.

**( Part 2 )**

몰입과 성장을 지원하는
# 공감형 리더

# 일하고 싶은 일터를
# 먼저 만들어야

## 1
### 심리적 계약이 구성원의 몰입을 결정한다

'조용한 사직quiet quitting'이란 표현이 유행이다. 조용한 사직이란 실제로 회사를 그만두는 것은 아니지만 정해진 시간 동안 주어진 일만 하겠다는 뜻이다. 즉 1인분만 하겠다는 강한 의지로 월급만큼만 일하겠다는 거다. 그 이유는 다양하겠지만 손해 보지 않겠다는 의지만큼은 분명해 보인다. 회사입장에서는 공짜로 일시키는 것도 아닌데 조용한 사직을 고집하는 직원이 야속하다 못해 얄미운 생각도 들 것이다. 더욱이 '조용한 사직'을 넘어 '분노의 구직'이란 말도 있다. 마음에 들지 않는 회사에 대한 분노를 참지 못하고 쉬운 이직을 선택하는 것이다. J방송국의 조사 결과에 따르면 MZ세대 이직률이 45.5%나 된다고 한다.

어렵게 들어간 회사를 왜 그토록 쉽게 떠나는 걸까? MZ세대만 그런 것도 아니다. 오랫동안 조직생활을 해왔던 일부 고 연차 직원들 가운데 미래의 불확실성에 대한 불안감은 큰데 별다른 대안을 찾지 못해서 무기력한 상태의 방관자로 전락하는 경우도 흔한 일이 되었다. 물론 개인마다 다양한 이유로 심란하고 불안한 상황에 있겠지만 가장 큰 문제는 직원에 대한 조직의 기대와 조직에 대한 직원의 기대가 점점 달라지고 있다는 점이다. 자신이 다니는 회사를 사랑하지 않는 직원은 없을 것이다. 단지, 회사에 대한 기대감이 큰 반면에 회사가 직원들의 기대감을 외면하거나 너무나 몰라주기 때문이다.

그렇다면 회사의 기대와 직원의 기대는 왜 다를까? 회사는 직원이 입사할 때 합의된 고용계약에 따라 보상하고 그만큼의 역할과 책임을 요구한다. 직원들은 매달 입금되는 급여가 고맙기도 하지만 급여 외 다른 기대를 하게 된다. 고용계약처럼 문서화되어 있지는 않지만 **회사생활을 하면서 급여 외 일의 의미와 가치, 재미와 성장 그리고 비전을 직원들은 더 기대한다.** 이러한 기대감을 학계에서는 '심리적 계약psychological contract'이라고 정의한다. 심리적 계약이 지켜지면 열심히 일하고 몰입하겠지만 회사가 약속을 지키지 않거나 공정하지 않고 일만 시키려 든다면 직원들은 퇴사를 선택하거나 몰입을 철회하게 되는 것이다. 급여가 지급되지 않아서 떠나는 경우보다 비전이 없어 떠나는 직원이 더 많은 이유가 바로 심리적 계약 때문이다. 급여에 목숨을 걸고 일만하던 과거에는 고용계약이 곧 생존이고 몸값이며 자존심이었다. 그때는 급여 외 별다른 경제활동의 수단이 없었고 평생직장 인식이 강했기 때문에 조직이 종종 범하는 심리적 계약 위반도 기꺼이 참았다. 물론 지금도 급여 수준이 퇴사와 몰입의 중요한 동기요인이 되기도 하지만 온전한 이유는 아니다. 만약 급여가 결정적인 몰입의 동기요인이라면 급여를 많이 주는 회사의 이직률은 제로에 가까워야 한다. 그러나 현실은 그렇지 않다. 당장의 급여도 필요하지만 자신의 미래에 대한 불안과 염려는 조용한 사직이나 분노의 이직에 대한 두려움을 초월한다. 여전히 많은 회사에서는 열심히 일하는 직원에게 보상을 하면 당연히 몰입할 것이고 몰입하면 성과는 저절로 나온다고 믿고 있다. 과연 그럴까? 세상이 변했고 우리 직원들이 변했다. 그렇다면 직원들의 마음을 움직이려는 시도 자체도 변해야 한다.

예를 들어 성과는 직원들의 능력과 내적동기의 곱$^x$이란 가정을 검증한 연구를 일부 살펴보면 **직원들의 능력보다 '내적동기'가 더 성과에 영향을 미친다.** 능력은 채용할 때 이미 요구되는 전공과 학력 그리고 경력 등 채용기준에 맞춰 선발을 하기 때문에 개인차가 존재한다 할지라도 그 차이는 생각보다 크지 않았다. 반면에 내적동기는 능력에 관계없이 매우 가변적으로 변했다. 따라서 회사는 직원들의 능력평가에 따른 보상에 집중하기보다는 직원들이 진심으로 기대하는 바를 명확히 파악하고 소통하며 적극적으로 개입하고 대응해야 한다. 일 못하는 직원을 관리하는 것보다 일 잘하는 직원이 떠나지 않도록 하는 문제가 더 중요하니까 말이다.

더 이상 당근과 채찍만으로 직원들을 통제하거나 관리하는 일은 불가능하다. 특히 지난 세월 동안 회사가 단기성과만 강조하면서 직원들을 시달리게 한 탓일까? 모두들 단기성과를 생존의 증거로 믿고 있는 것은 모든 회사가 공통적이지만 그럼에도 불구하고 결연한 의지와 몰입을 기꺼이 발휘하는 회사와 직원은 있다. 그 이유는 일을 통해 얻는 것이 있기 때문이다. 얻을 것이 없으면 기대감은 사라지는 법이다. 직원들은 공짜를 원하지 않는다. 단지 일만 하는 것이 아니라 일도 하면서 비전과 성장감을 갖고 싶어 한다. 특히 중간관리자들이 힘들어 하는데, 핵심인재는 젊은 직원이 차지하고 핵심임원은 외부에서 데려오며 핵심목표로는 단기성과만 강조하니 즐거울 리가 없다. 회사에 대한 애사심보다 자부심이 먼저다. 자부심이 있어야 애사심도 생기는 법이다. 따라서 심리적 계약이 전제가 되어야 고용계약도 지켜진다.

만약 직원들의 사명감이 책임감으로 변질되고 그 책임감이 상실감으로 추락한다면 회사가 끔찍할 정도로 다니고 싶은 생각이 사라진다. 회사도 직원들이 즐겁게 일하는 모습을 보고 싶지 않을까? 그렇다면 회사는 어떻게 대응을 해야 할까? 직원도 일에 몰입해야 하겠지만 회사도 직원들에게 예의를 지켜야 한다. 가장 먼저 직원들이 진정으로 원하는 심리적 계약을 살펴보고 그들의 질문에 답을 해야 한다. 이제는 현재의 회사가 싫어서 떠나는 것이 아니라 더 좋은 선택을 위해 떠나기 때문이다. 따라서 과거처럼 월급쟁이 다루던 관점에서 벗어나 개인의 가치 있는 삶을 추구하고 성장을 갈망하는 자존심 강한 존재로 직원을 바라봐야 한다. 그래야 그들의 마음을 움직이고 몰입을 이끌 수 있다. 직원들이 알고 싶은 것만 잘 살펴도 심리적 계약의 수준과 중요성을 어느 정도 이해할 수 있다. 자신의 미래와 성장을 위한 **심리적 계약을 기대하는 직원들이 조직과 리더에게 묻고 싶은 3가지 질문**이 있다.

첫째, 우리회사가 왜 다닐 만한 곳인가? 둘째, 우리회사에서 어떻게 성장할 수 있나? 셋째, 우리의 일은 어떤 의미와 가치가 있나? 의외로 단순한 질문처럼 들릴지 모르겠지만 답변은 만만치가 않다. 적어도 이 세 가지 질문에 대한 답변에 따라 직원들은 조직에 대한 자신의 관점을 결정하고 행동으로 표출할 것이다. 만약 다닐 만한 이유가 없거나 성장 가능성이 의심되면 몰입은 힘든 일이 되고 몰입이 힘들면 당연히 떠날 생각부터 하게 되는 법이다. 아울러 하는 일까지 의미를 찾지 못한다면 그 일이 즐거울 리 없다. 직원이 떠나는 이유를 탓하기 전에 남아야 할 이유를 회사가 먼저 제공해야 한다. 조직에 몰입할 수 있다면 얼마나 좋을까? 물론 조직에 남는다고만 해서 조직에 도움이 되는 것은 아니지만 머물러야 몰입의 기회도 있다. 이젠 계층과 상관없이 회사를 먼저 챙기는 여유가 없다. 모두가 불안하기 때문이다. 젊은 직원은 언제 떠날지를 고민하고 나이 든 직원은 조직으로부터 언제 버림을 받을까 불안해한다. 불안한 사람에게 일이 손에 잡힐 리 없다. 따라서 심리적 계약을 개인의 속 좁은 이기심으로 치부할 것이 아니라 회사차원의 문제로 인식하고 선제적 대응을 해야 한다.

심리적 계약은 세 가지 측면에서 살펴볼 수 있다. '회사에 대한 심리적 계약', '리더에 대한 심리적 계약', '일을 통한 심리적 계약'이다. 국내 대기업 C그룹에서 실시한 설문조사에서 회사에 대한 심리적 계약은 회사에 대한 '자부심'이 가장 높았고 연봉과 복지수준이 그 뒤를 이었다. 리더에 대한 심리적 계약은 '공정성'이 가장 높게 평가되었다. 평가의 공정성, 업무분배에 대한 공정성, 관계에 대한 공정성이 대부분을 차지했다고 한다. 마지막으로 일을 통한 심리적 계약은 '성장감'이 단연 높았다. 굳이 우선순위를 따진다면 일을 통한 성장감이 가장 높았다. 결국 회사는 회사를 위해 직원이 무엇을 할 것인가에 우선순위를 두지만 직원은 일을 통해 어떻게 의미 있게 성장할 수 있는지를 중요하게 생각한다. 그렇다면 회사는 어디에 집중해야 할까? 리더는 어떤 선택을 해야 할까?

심리적 계약을 충족시키기 위해서는 회사의 역할이 무엇보다 중요하다. 떠나는 직원을 배신자로 치부하면 배신자는 계속 늘 것이고 배신자만 골라서 뽑는 바보 같은 회사가 되고 만다. **직원들의 참여와 몰입을 이끌 수 있는 집단지성**collective genius**의 기회를 제공해야 한다.** 집단지성은 직원들의 몰입과 회사의 성과에 큰 도움이 된다. 세계적인 명품 브랜드 구찌Gucci는 MZ세대의 구매력을 높이기 위해 사내 MZ세대 직원들로 구성된 '그림자 위원회shadow committee'를 통하여 그들의 참여를 통한 재미, 몰입 그리고 성장감을 지원하였고 회사는 돈을 버는 일거양득의 효과를 거두었다. 이외에도 직원들의 다양성을 포용한 참여적 의사결정으로 고 성과를 달성한 사례는 많다. 일하고 싶은 조직을 만들려면 회사에 대한 기대와 즐거움 그리고 자부심을 가질 수 있는 기회를 회사가 만들어야 한다. 직원의 몰입과 성과를 동시에 창출한다면 이보다 더 지혜로운 전략도 없을 것이다.

리더에 대한 심리적 계약도 마찬가지다. 직원들의 심리적 계약에 가장 직접적으로 영향을 미치는 것이 바로 리더다. 리더 때문에 회사를 떠나는 직원도 얼마든지 있다. 회사에서 어떤 리더를 만나는가에 따라 직원들의 운명은 많이 달라진다. 보통 자신의 리더를 관찰하고 학습하며 모방하기 때문이다. 또한 리더에 대한 신뢰가 몰입으로 이어지는 경우도 많다. 따라서 리더는 공정한 경쟁을 보장하고 직원들 '위'에 있지 말고 '옆'에서 지원하고 응원하며 함께 성장한다는 자세로 이끌어야 직원들의 심리적 계약을 충족시키는 큰 힘을 발휘할 수 있다.

마지막으로 일을 통한 성장은 아무리 강조해도 지나치지 않다. 리더의 역할이 다시 강조되는 부분이다. 권한을 위임하거나 업무를 지시할 때 누구에게 무엇을 어떻게 맡길 것인가에 따라 직원들의 몰입과 성과는 달라진다. 경험이 경력이 아니고 경력이 실력이 아닐 수 있다. 일만 하는 것이 아니라 일을 통해 전문가로 거듭나고자 하는 직원들이 많다. 일만 하면 조직만 좋은 일이 되지만 일을 통해 성장하면 조직도 좋지만 직원도 좋고 미래에 대한 불안감도 줄일 수 있기 때문이다. 결국 **직원들의 심리적 계약을 파악하고 이에 대응하며 점검과 피드백을 하는 일은 리더의 몫이다.** 리더의 전파력과 솔선수범을 통해 직원에게 회사에 대한 긍정적 감정은 전달되고 공정성 또한 리더의 생각과 행동에 따라 직원들은 리더를 추종한다. 아울러 일을 통한 성장도 리더의 태도에 달려 있다고 해도 과언이 아니다.

모두가 힘겨운 시절이다. '다 죽을 수 없기 때문에 다 살릴 수 없다'는 어느 경영자의 절박한 변명도 이해는 가지만 멀쩡한 직원에게 줄 돈 다 주면서 고맙다는 소리도 못 듣고 이들을 떠나게 한다면 어리석은 리더십이 분명하다. 직원들은 예민하고 똑똑하다. 심리적 계약이 충족되면 직원들의 마음은 움직일 것이고 마음이 움직이면 몰입은 저절로 달성된다. 결국 회사에 대한 이해는 인간에 대한 이해가 아닐까 생각한다.

# 2
## 방관자를 추종자로 만드는 노하우

어느 조직에나 방관자는 존재한다. 방관자는 몇 가지 행동특성을 보인다. 첫째, 대안은 제시하지 않고 습관적으로 조직에 대한 부정적인 말을 거침없이 해댄다. 둘째, 불평불만이 많지만 정작 떠나지는 않으면서 비협조적으로 일한다. 대안이 없기 때문이다. 셋째, 일을 안 하지는 않지만 더하지는 않는다. 손해보기 싫은 탓이다. 넷째, 자신의 불만을 온 동네 사람들에게 떠들고 다니면서 오염시킨다. 자신이 마치 정의의 사도인 양 행동한다. 특히 냉소적 방관자는 조직에 전혀 도움이 안되며 개선도 쉽지 않다. 조직이 어려워지면 방관자는 더욱 늘어난다. 자기부터 보호해야 하기 때문이다. 조직이 잘 나갈 때는 모두가 나서려 한다. 더 많은 기회를 얻기 위해서다. 조직의 이익은 개인의 이익을 넘지 못한다는 말이 새삼스럽다. 요즘처럼 경영환경이 급변하고 불확실성이 높아져 앞으로도 상당기간 힘겹게 버텨야 한다면 방관자의 증가는 불 보듯 뻔하다.

방관자bystander란 주변에 사람이 많아서 책임감이 분산되어 마땅히 해야 할 행위를 철회하는 사람을 뜻하며 이러한 방관자의 출현을 심리학에서는 '방관자 효과bystander effect'라고 정의한다. 방관자는 기본적으로 침묵을 무기로 조직 내 어떤 일과도 엮기는 것을 싫어하며 필요 이상으로 개입하는 것 또한 강력히 거부한다. 아울러 방관자는 직급과 관계없이 전 직급에서 발생 가능하다는 점에서 그냥 지나칠 문제가 결코 아니다.

그렇다면 우리 조직에는 방관자 효과로부터 자유로울 수 있을까? 조직에 집중하며 미래를 대응해도 모자랄 판국에 팔짱만 끼고 앉아서 자기 조직을 남의 조직처럼 대하는 구성원 또는 일부러 태만하며 밥값은 하지 않고 몸값만 요구하는 방관자가 늘어난다면 리더는 어떻게 해야 할까? 방관자가 조직에 도움이 안되는 존재인 것만은 분명하다. 방관자는 조직은 물론이고 동료들에게도 나쁜 영향력을 미칠 뿐만 아니라 리더에게는 가장 치명적인 걸림돌이 될 수 있다.

리더는 방관자를 방관해서는 안된다. 방관자의 확산을 근본적으로 통제할 수는 없다 할지라도 현재의 방관자에 적절히 대응하여 조직의 에너지가 불필요하게 낭비되거나 또 다른 불평등을 초래하는 것만은 막아야 한다. 따라서 방관자의 유형을 이해하고 적절히 대응하는 것이 필요하다는 관점에서 조직에 대한 관심과 방관적 행동의 수준에 따라 4가지의 유형으로 구분하고 유형별 특징과 리더의 대응에 대하여 살펴보고자 한다.

### 유형 1. 무기력형 방관자

조직에 대한 관심이 낮고 방관적 행동이 소극적인 유형이다. 이들에게는 조직의 모든 것이 귀찮다. 조직도 싫고 일도 싫고 다 싫다. 최소한의 노력만으로 자신에게 주어진 일만 할 뿐, 조직과 관련된 그 어떤 일에도 관심을 갖으려 하지 않는다. 나쁜 의도는 아니라 할지라도 일을 덜 하지는 않지만 더 하지도 않는다. 오래 묵은 매너리즘이 무기력을 습관으로 만든 것이 첫 번째 원인이고 좌절을 경험한 후 무방비 상태로 소외된 경우도 있다. 또한 승진을 진작에 포기하고 정년까지 버틸 목적으로 지내는 고 연차 구성원들의 경우일 수도 있다. 이들에게 리더는 새로운 경험을 통해 조직생활의 환기를 시켜줄 필요가 있다. 조직에 대한 기대와 몰입을 유도할 수 있는 동기부여 수단을 제공해 주어야 한다. 새로운 이슈를 제시하고 의사결정에 참여시킴으로써 그들의 가치와 존재감을 체감하게 해 주는 것이다. 방관자는 방관하며 강화되는 습성이 있기 때문이다.

### 유형 2. 친조직형 방관자

조직에 대한 관심이 높고 방관적 행동이 소극적인 유형이다. 이들은 조직에 매우 순종하는 유형이다. 자신에게 주어진 일도 열심히 하고 불만이 다소 있다 할지라도 별다른 저항이나 도전을 하지 않는다. 힘들어도 묵묵히 자신의 임무에 충실히 임한다. 단 이들은 종종 해야 할 말을 지나치게 절제하고 침묵하는 경향이 있다. 나쁘지는 않지만 결정적인 순간에도 말을 너무 아낀다. 조직을 위한다고는 하지만 그 침묵 때문에 잘못된 일이 반복되거나 위험한 상황이 전개되기도 한다. 그러니 이들은 착하기는 하지만 특유의 침묵으로 조직의 위기를 방관하는지도 모른다. 따라서 이들에게는 자신들의 목소리voice를 내도록 설득하여 어떠한 발언이라도 불안감없이 목소리를 낼 수 있는 안전한 문화적 또는 제도적 장치를 마련해 주어야 한다.

### 유형 3. 철부지형 방관자

조직에 대한 관심은 낮고 방관적 행동은 적극적인 유형이다. 본래부터 이들은 방관자가 아니었으나 어떤 계기로 인하여 방관자로 변질된 유형이다. 조직에 대한 섭섭함으로 인해 방관자가 된 것이다. 피해의식이 강하고 자기만 손해 볼 수 없다는 생각으로 방관자가 될 것을 스스로 선언한 구성원이다. 조직의 일보다 보란 듯이 외부 일에 많은 관심과 에너지를 투자하며 관심을 끌기 위해 삐진 아이가 투정을 부리듯이 조직의 기대에 어긋나는 행동만 골라서 한다. 실제로 조직을 떠나고 싶어 하지는 않으면서 자신의 불만을 강하게 드러낸다. 이들에게는 리더의 배려심 있는 사과와 설득을 병행하며 다시 조직에 몰입하도록 명분을 제공해 주고 조직차원에서 지원하는 모습을 보여주어야 한다. 그들은 조직을 사랑했던 사람들이고 그들의 속마음은 다시 조직에 몰입하고 싶어 하기 때문이다.

### 유형 4. 배신자형 방관자

조직에 대한 관심도가 높고 방관적 행동도 적극적인 유형이다. 이 유형은 매우 이기적이고 자기 이익만 추구하는 타입이다. 기본적으로 조직에 대한 분노가 있으며 의도적으로 조직에 피해를 주고자 한다. 조직 변화에 민감하게 반응을 보이면서 매사에 반대와 불만을 제기한다. 다른 유형에 비해 조직으로부터 많은 혜택을 누렸음에도 불구하고 조금이라도 자신에게 손해를 끼치거나 더 많은 혜택이 돌아오지 않으면 이를 참지 못하고 불만과 저항의 태도를 염치없이 표출하는 타입이다. 아울러 주변에 불만 가득한 동조자를 확보하여 조직에 반하는 세력을 만들며 없는 말을 만들고 유포하는 등 치사한 행동을 한다. 불필요한 갈등과 불안감을 조장하고 조직의 어두운 모습만을 들추며 비겁하고 치사한 방관을 은밀하게 진행시킨다. 냉소적 방관자가 바로 이들이다. 자신에게 주어진 일과 임무는 당연히 뒷전이고 오로지 조직은 틀렸고 자신이 억울하다는 논리로 가득한 트러블메이커다. 종종 외부의 힘을 빌려서라도 조직을 상대로 조직의 약점을 트집 잡아 협박에 가까운 경고와 불만을 거침없이 쏟아 내기도 한다. 이들에게는 리더 혼자만의 대응은 위험하다. 조직차원에서 사실을 입증하고 필요하다면 법적인 대응도 불사해야 할지도 모른다. 철저하게 준비되고 의도된 배신자형 방관자의 특성은 바로 공격성이고 조직에 흉터를 남기는 것이 목적이기 때문에 그들이 과거의 모습으로 회귀할 가능성은 전혀 없다. 적절한 꼬리 자르기와 피해의 최소화를 위한 조치를 할 필요가 있다.

어쩌면 현실에서는 더 많은 방관자가 존재할지도 모른다. 그러나 분명한 사실은 갈수록 방관자는 늘고 그 강도는 다양하고 강해질 공산이 크다. 새로운 조직문화의 구축과 건전한 조직몰입의 보완이 어느 때보다 시급히 요구된다고 생각한다.

## 3
## 구성원이 조직을 배신하는 이유는
## 조직이 먼저 직원을 배신했기 때문이다

대안이 없어 조직에 남아 있는 직원도 많지만 대안을 찾아 떠나는 직원도 많아졌다. 어쩌면 떠났으면 하는 직원은 버티고 있고 남았으면 하는 직원은 떠나는 일이 종종 발생한다. 특히 젊고 유능한 직원들의 이직은 너무나 쉽고 가벼워졌다. 왜 그럴까? 과거에 직원이 조직을 떠나는 이유는 뻔했다. 더 큰 조직으로 가야 더 많은 보상을 받을 수 있고 더 안정적인 삶을 보장받을 수 있다고 믿었기 때문이다. 과연 지금도 그럴까? 답은 당연히 아니다. 큰 조직에 대한 기대감은 갈수록 약화되고 있는 것이 현실이다.

대기업을 비롯한 큰 조직을 떠나 규모와 상관없이 기회가 많은 조직으로의 이직은 경쟁적으로 확산되고 있으며 앞으로도 지속될 가능성이 크다. 노련한 경력직만을 골라서 고용하려는 절박한 선택에 집중하면서도 기껏 키운 직원을 너무나 쉽게 떠나게 하는 제로섬 게임을 지금도 많은 조직들이 반복하고 있다. 갑자기 떠나는 직원들은 조직에 흉터를 남기기 마련이다. 더욱이 젊고 유능한 직원의 이직은 베르테르 효과처럼 남아 있는 직원들과 조직에 막연한 허무함과 불만을 심어줄 수 있다.

이러한 이유로 조직에서는 이직하는 직원들을 종종 배신자로 정의하기도 한다. 갑작스러운 이직이 조직에 많은 부작용을 초래한다는 점에서 부정적인 측면이 강한 것은 사실이다. 그러나 문제는 떠나는 직원을 배신자로만 본다면 배신자의 증가를 막을 길이 없다는 점이다. 직원이 떠나면 사람만 떠나는 것이 아니라 그 조직의 중요한 정보와 지식도 함께 떠난다. 따라서 조직을 떠나는 이유는 다양하겠지만 이직의 전염만큼은 막아야 한다. 떠나는 이유보다 남아야 하는 이유를 점검하고 대응하여 유행병 같은 이직만큼은 예방해야 한다. 조직차원의 대안도 중요하지만 조직단위의 리더들이 평소 단기성과만을 강조하기보다는 **직원들이 간절히 소망하는 심리적 가치**에 먼저 답을 해야 한다.

어쩌면 조직을 떠나는 직원들이 조직을 배신한 것이 아니라 조직이 먼저 직원을 떠나게 만드는 구실을 제공했는지 모른다. 이직을 직원의 도덕적 결함에 의한 문제로 치부하여 배신자라는 주홍글씨로 그들의 목에 걸고자 한다면 조만간 걷잡을 수 없는 배신의 릴레이를 감당해야 할지도 모른다. 가장 위험한 가정假定은 '능력 있는 직원은 떠나고 능력 없는 직원은 남는다'이다. 이러한 가정이 조직을 지배하면 그 조직은 이미 끝난 것이다.

따라서 떠나는 직원을 배신자가 아니라 조직을 건강하게 만드는 '촉진자'로 만들어야 한다. 넷플릭스에는 직원들이 떠나기 전에 자신의 이직 이유를 직원들에게 메일을 통해 전달하는 제도가 있다. 소위 **'부검메일**postmortem e-mail**'**이라고 한다. 부검메일을 작성하는 과정에는 이직하는 직원 당사자와 그의 직속상사 그리고 인사담당 직원이 함께 참여한다. 부검메일에는 총 **5가지 내용(1. 왜 떠나는지 2. 회사에서 배운 것 3. 회사에 대해 아쉬운 점 4. 앞으로의 계획 5. 넷플릭스의 메시지)**으로 구성된다. 아울러 부검메일은 3가지 원칙을 따라야 한다. 첫째, 넷플릭스의 10가지 가치에 입각하여 떠나는 이유를 작성하기, 둘째, 직원의 잘못된 행동으로 떠나는 경우를 제외하고는 직원들이 원치 않는 내용은 넣지 않기, 셋째, 회사는 퇴사하는 직원에게 감사함을 전하기이다.

넷플릭스의 부검메일 제도는 직원들의 76%가 찬성한다고 한다. 그 이유로는 부검메일 제도를 통해 직원들에 대한 회사의 투명성을 높여 준다는 믿음, 조직운영에 도움이 된다는 믿음, 위기를 예방해 준다는 믿음, 그리고 퇴사하려는 직원을 붙잡을 수도 있다는 믿음을 강하게 제공해 주기 때문이다. 이처럼 이직의 이유를 조직내부에 공유하는 동시에 개선점을 제시하여 이를 다시 직원들과 공유함으로써 이직의 위기를 기회로 만든다는 점에서 깊은 고민을 해 볼 필요가 있다. 떠나는 이유도 이해가 가지만 남아야 할 이유도 강해진다면 비생산적인 이직을 예방할 수 있지 않을까?

이직하는 직원을 배신자로만 보면 유사한 배신자를 계속 산출하게 되지만 그들을 촉진자로 정의하고 끊임없이 조직의 문제를 개선한다면 이직이 쉬워진 시절에 조직을 더욱 굳건히 지키는 해법이 되리라 본다. 적어도 사람은 가치 있는 조직과 의미 있는 일에 매력을 더 느끼기 때문이다. **배신자를 지우려 하지 말고 배신자를 촉진자로 인식하여 불필요한 이직을 억제하는 지혜가 조직과 리더에게 더 필요**하지 않을까 생각한다.

아울러 리더는 정보를 독점할 것이 아니라 조직에 대해 직원이 궁금해할 만한 정보를 공유하고 설명하며 필요한 경우에 설득도 해야 한다. 조직은 많은 변수가 존재한다. 직원들에게 말 못할 사정도 있다. 그래서 설명이 부족하고 설득이 빈약할 수 있다. 이해는 가지만 수용은 어렵다. 이러한 점을 고려하여 리더가 차분히 그리고 진정성 있게 설명하고 설득하는 수고를 수행해야 한다. 적어도 조직이 먼저 직원을 배신했다는 오해를 주지 않기 위해서다.

# 4
## 배려는 가장 안전한 투자가 될 수 있다

세상에 변하지 않는 것이 있을까? 변화는 늘 우리의 의지와 상관없이 먼저 찾아온다. 변화가 두려운 때는 준비가 덜 되었는데 갑자기 찾아왔을 때다. 조직도 예외는 아니다. 말도 많고 탈도 많은 곳이 조직이다. 조직을 둘러싼 외부 환경 변화는 갈수록 불확실해지고 조직내부 변화 또한 만만치 않게 복잡해지고 있다.

일만 하던 시절에서 일도 하는 시절로 일에 대한 패러다임이 변했다. 직원은 일을 더하지 않아도 될 명분이 생겼고 조직은 일을 더시킬 수 있는 명분을 잃었다. 근무시간의 변화는 직업관의 변화를 가져왔고 직업관의 변화는 조직의 가치에 대한 의식마저 변화시키고 있다. 설상가상으로 빈익빈 부익부와 같은 불평등이 사회 전반에 확산되는 것과 더불어 기성세대에 대한 불신은 조직 내 세대 간 갈등으로 이어졌다. 이러한 급격한 변화를 따라잡지 못하는 리더십과 조직문화는 직원들을 영리하고 야속한 존재로 만들었다. 직원들의 변화를 그들만의 탓으로 돌리기보다는 현재 우리 조직의 리더십과 문화를 심각하게 돌아봐야 한다.

세상은 변하는데 조직의 리더십과 조직문화가 정체되어 있다면 어쩌면 혼란은 당연한지도 모른다. 과거의 관점에서 보면 직원이 야속하지만 현재의 관점에서 보면 조직이 야속한 것이다. 서로가 섭섭해만 한다면 해법은 없다. 만약 조직이 직원을 의심하고 있다면 이미 직원은 조직을 의심하고 있었는지 모른다. 월급은 노동의 대가일 뿐 월급을 준다고 해서 조직에 대한 애정까지 강요하는 것은 조직의 지나친 욕심으로 치부된다. 상사의 지시는 갑질에 가까운 간섭으로 해석되는 것이 현실이다. 어쩌면 CEO 눈에는 내 돈 주고도 고맙다는 소리를 듣지 못하는 억울한 현실이 답답할 만도 하다. 그러나 조직 구성원들이 얄밉기도 하지만 그들의 도움이 없다면 조직도 없고 CEO도 없다. 그렇다면 어떻게 해야 할까?

요즘 직원들을 먼저 자세히 관찰할 필요가 있다. 모든 직원들이 일을 할 때 항상 얄밉고 영리한 선택만 하는 것은 당연히 아니다. 물론 개인차는 있겠지만 과거와 달리 요즘 직원들은 자신의 가치가 존중되고 공정한 대우를 받는 것을 가장 소중하게 생각한다. 앞서 언급했듯이 이를 심리적 계약psychological contract이라고 학계에서는 정의하고 있다. 급여와 같이 물적 보상만이 아니라 존중과 인정을 받는 것 그리고 성장과 같은 가치중심적 심리를 더욱 중시하는 것이 심리적 계약이다. 과거처럼 전통적인 계급사회에서는 개인의 가치는 조직의 논리에 종종 양보를 강요당했다. 나쁜 의도는 아니지만 개인보다 조직을 우선시했던 시절이었기 때문이다. 당연히 개인에 대한 고려는 너무나 쉽게 무시되었다. 이러한 상황이 직원들에게는 '심리적 계약 위반'이 되는 것이다. 심리적 계약이 위배되었다고 판단되면 직원들은 월급을 받고 일은 하지만 진심으로 일하지 않고 억지로 일을 하게 되어 기대했던 성과는 이미 물 건너 간 상태가 된다. 상황이 이쯤 되면 누가 더 손해일까?

Part 2 몰입과 성장을 지원하는 공감형 리더

직원들이 기대하는 심리적 계약 가운데 하나는 바로 '배려'다. 존중받는 느낌을 모두가 기대한다. 배려에 대한 기대감은 모멸감에 대한 저항감에 비례한다고 보면 배려가 없는 조직에는 아무리 많은 돈을 준다 해도 충성할 생각도 이유도 없는 것이다. 만약 요즘 직원들의 심리를 잘 알고 잘 대응한다면 절대로 손해를 보지는 않는다. 조직의 경영자가 직원에 대한 배려를 불쾌해하거나 자기만 손해 보는 일이라고 믿는다면 시간이 갈수록 스스로에 대한 분노에서 벗어나기 힘들 것이다.

반면에 조직의 성과는 직원들의 몰입과 헌신에서 비롯되고 직원들의 몰입과 헌신은 조직의 배려에서 나온다고 생각한다면 모든 문제는 간단하다. 리더십도 수준이 있다. 하수와 선수 그리고 고수가 있다. 하수는 줄 돈 다 주고도 원망 듣는 리더다. 선수는 준 돈만큼 부려먹는 리더다. 고수는 작은 돈으로도 자발적 추종을 이끌어내는 리더다. 고수의 기본자세는 본전만 따지는 구두쇠 수전노가 아니다. 직원과 조직의 가치를 일체화하고 자발적 헌신을 문화로 만드는 리더십의 소유자가 바로 고수이다. 그 고수의 전략이 바로 먼저 '주는 자'가 되는 것이고 주는 자의 대표적인 행위가 바로 '배려'라고 할 수 있다. 무조건 퍼주는 배려는 그 자체가 낭비다. 가치가 생략되어 있기 때문이다.

**진정한 배려의 첫 번째 행위는 '약속'이다.** 처음에 했던 약속을 조직이 일관성 있게 지키는 것이 가장 중요하다. 물론 급격한 환경변화 또는 사정상 약속을 이행하기 어렵다면 사전에 양해를 구하고 협조를 요청해야 재약속이 가능해지고 신뢰는 오히려 단단해진다. 정직한 조직을 향해 염치없이 배은망덕한 행위를 하는 직원은 드물다. 그래도 조직이 먼저 잘하고 조직이 먼저 손 내밀면 선량한 직원들은 조직이 먼저 지킨 약속에 비겁한 배신을 하지 않을 것으로 확신한다. 만약 비겁한 직원이 있다면 동료들로부터 곧장 극심한 왕따로 고통받을 것이다.

**두 번째 행위는 '소통'이다.** 침묵에는 오해와 갈등이 감춰져 있다. 소통이 없으면 고통만 남는다. 고통은 침묵을 낳고 침묵은 오해와 갈등을 낳으며 오해와 갈등은 바로 불신과 원망으로 변한다. 직원의 목소리를 반드시 조직은 들어야 한다. 처음부터 침묵하는 직원은 없다. 조직에 말해 봐야 통하지 않거나 들으려 하지 않는다면 절망한 직원 또한 말하려 하기를 포기하게 된다. 소통 없는 조직에 좋은 결과가 있을 리 없다. 배려는 주기만 하는 것이 아니라 들어주는 것도 큰 배려다.

**세 번째 배려행위는 '리더십'이다.** 직원은 자신의 리더를 관찰하고 학습하며 모방한다. 자신의 조직을 배려하지 않고 지극히 이기적인 행위만 하는 직원이 있다면 자신의 리더로부터 배려를 관찰하고 학습해 본 적이 없기 때문에 배려행위를 모방하지 못하는 것이다. **직원은 자신의 리더를 통해 조직을 해석한다.** 리더의 배려를 감사하게 경험한 직원은 자신의 조직을 위해 무엇이든 할 용의가 있지만 희생과 분노를 은근히 강요하는 리더를 경험한 직원은 꼴 보기 싫은 자신의 리더와 조직을 동일시할 공산이 크다.

결국 힘겨운 시절에 직원들의 헌신과 몰입을 이끌어내기 위한 가장 바람직한 방법은 '배려'이고 배려는 조직이 먼저 베푸는 약속과 소통 그리고 리더십을 통해 안전해진다고 볼 수 있다. 결국 배려는 가장 안전한 투자가 아닐까 생각해 본다.

# 5
## 알아서 기는 구성원이 위험한 이유

조직에서 예의가 바른 사람은 당연히 환영을 받는다. 수평조직을 지향하고 탈권위주의를 권장하는 요즘 상황에서 윗사람에게 잘하는 구성원은 참 고마운 존재가 아닐 수 없다. 특히 리더에게 잘하는 구성원이 리더의 눈에는 얼마나 이쁘고 고마울까?

『오리지널스』란 베스트 셀러의 작가인 애덤 글랜트<sup>Adam Grant</sup> 교수는 '가까운 사람의 무례함이 더 큰 분노를 자아낸다'고 저서에서 밝혔다. 공감이 가는 말이다. 가깝다고 너무 편하게 대하다 보면 종종 상대방에게 마음의 상처를 주거나 불편함을 줄 수 있다는 점에서 가까운 사람에 대한 예의는 반드시 필요하다.

조직도 예외는 아니다. 조직에서 윗사람의 아랫사람에 대한 예의도 중요하지만 요즘은 아랫사람의 윗사람에 대한 예의도 매우 중요하다. 많은 조직에서 직급파괴가 이루어지고 있다. 위아래는 없어지고 서로에 대한 섭섭함은 커졌다. 서로에 대한 관심은 줄고 낯섦은 익숙해졌다. 기대감도 별로 없다. 이런 상황에서 말 잘 듣고 잘 따르는 구성원은 무척이나 사랑스럽고 고마운 존재다.

그런데 조직에서 종종 진심이 의심될 정도로 자신의 **리더에게 과잉으로 충성심을 표출하는 구성원**이 있다. 물론 사람에 따라서 자신의 리더에게 예의를 갖추는 형태와 수준은 다를 수 있겠지만 자신의 이익을 위해 진정성 없는 과잉 충성심을 드러내는 행위는 리더와 동료 그리고 조직 모두에게 부정적인 영향을 미칠 수 있다는 점에서 알아서 기는 구성원을 리더는 경계할 필요가 있다. 그들은 자신의 이익을 가장 먼저 고려하기 때문에 평소에는 별다른 움직임이 없다가 선택의 순간이 오면 자기의 이익만 챙기며 필요하다면 배신행위도 기꺼이 실행한다. 물론 선입견을 가질 필요는 없지만 무조건 좋은 발언만 하는 구성원을 한번쯤 의심해 보는 것도 나쁘지는 않다고 본다. 그렇다면 알아서 기는 구성원은 어떤 특징이 있을까?

**첫째, 진실을 절대 말하지 않는다.** 더 정확히 말한다면 리더가 싫어할 만한 정보나 자신에게 불리한 정보는 절대로 말하지 않는다. 만약 다른 경로를 통해 리더에게 전달된다 할지라도 자기 입으로는 절대 하지 않는다. 조금이라도 부정적인 감정을 리더에게 제공하고 싶지 않기 때문이다. 만약 피할 수 없는 상황이라면 리더가 물을 때만 절제된 말을 한다. 당장 밝혀지는 정보가 아니라면 당연히 더욱 감추려 할 것이다.

**둘째, 리더의 고립을 가속화한다.** 정확한 정보가 전달되지 않는 일이 지속되다 보면 리더는 제한된 정보에 의해 의사결정을 할 것이고 그 과정이 반복되면 리더는 오판을 하게 되고 다른 추종자들의 비난과 원망을 사게 되어 점차 고립된다. 이 또한 진실을 말하지 않고 알아서 기는 자들의 공통된 특성이다. 입으로는 리더를 배려한 선택이라고 떠들지만 결국 리더만 고립시키는 위험한 행동이다.

**셋째, 다양한 인재의 접근을 용납하지 않는다.** 알아서 기는 구성원은 리더의 총애를 독점하려 하기 때문에 다른 사람의 접근을 극도로 경계한다. 리더의 사랑을 나누고 싶지 않기 때문이다. 필요하다면 집단을 이루어 다른 인재의 접근을 체계적이고 근본적으로 차단한다. 이러한 욕구와 의도는 점차 리더의 눈과 귀를 멀게 하여 결국 리더를 바보로 만들고 만다. 거의 식물인간으로 만드는 경우도 있다. 소위 상향적 가스라이팅이다.

**넷째, 잘못된 소신을 굽히지 않는다.** 알아서 기는 일이 비난을 받거나 피할 수 없는 상황에 직면하게 되면 리더를 위한 어쩔 수 없는 불가피한 충성심이었다고 핑계를 댄다. 이미 그들의 아부에 길들여져 판단력이 흐려진 리더라면 그들의 핑계는 소신으로 해석되고 사유화된 권력은 용감한 충성심으로 변질되어 개선은 불가능해지고 리더만 결국 희생되는 것이다.

**다섯째, 절대복종을 반복적으로 포장하며 개인적 실속을 챙긴다.** 절대복종은 절대신뢰로 이어질 가능성이 높다. 리더의 믿음을 기회주의로 바꾸면 공짜로 얻는 것이 많아진다. 알아서 기는 구성원은 믿음을 얻으면 리더의 의심도 줄고 확인도 줄어든다는 점을 잘 알고 있다. 그래서 조직에서 주인보다 더 무서운 사람은 주인행세

하는 사람이다. 주인을 빙자하여 대리권력을 휘두를 수 있기 때문이다.

**여섯째, 습관적인 자기합리화로 반성할 줄 모른다.** 알아서 기는 구성원은 목표가 조직이나 리더에게 충성하는 것이 아니라 돈이나 권력 같은 탐욕에 가까운 것에 충성한다. 따라서 그 위험한 신념은 자신을 돌아보지 못하게 하고 죄책감이 없으니 반성도 없다. 매우 위험한 습관이다.

**일곱째, 막연한 낙관주의로 리더의 판단력을 흐린다.** 리더의 걱정을 덜어주는 것은 가상한 일이다. 그러나 리더가 위험할 수 있음을 알면서도 진실을 감추는 바람에 리더가 위험을 감지하거나 대응할 수 있는 시간과 기회를 놓치게 만든다. 그래서 리더가 위기를 인지할 때는 이미 늦은 경우가 많다.

**여덟 번째, 만약의 경우를 위해 리더의 약점을 확보해 둔다.** 알아서 기는 구성원은 진정성이 없기 때문에 의심이 많다. 리더로부터 믿음은 갈구하지만 정작 자신은 누구도 믿지 않는다. 리더도 예외는 아니다. 지금 곁에 있는 리더가 자신을 외면할 수 있다는 것을 전제로 리더의 치명적인 약점을 보험 들듯이 은밀하게 확보하는 습성이 있다. 대단히 위험한 일이다. 리더 입장에서는 폭탄을 품에 안고 사는 것과 같은 일이다.

왜 이러는 걸까? 자신의 리더보다 자신을 더 위하며 리더가 자신을 위해 필요한 하나의 도구라는 생각을 하기 때문이다. 자신의 감정은 이익의 뒤편에 두고 어떤 경우라도 쉽게 자기 감정을 드러내지 않는다. 누구도 믿지 않으면서 자신의 이익을 챙긴다. 물론 처음부터 불경한 마음을 가질 수도 있겠지만 대부분 리더를 경험하는 과정에서 발생하기도 한다. 중요한 사실은 알아서 기는 구성원은 결국 리더가 만드는 경우가 많은 이유도 여기에 있다.

# 공감적 소통이
# 존경을 부른다

## 1
### 리더의 소통은 권력이 아니라 실력이다

세상의 변화는 리더십의 변화를 가져왔다. 조직이 리더에게 부여한 직급은 권한이고 권한은 곧 권력이었다. 그래서 직급이 높아지면 리더 노릇도 할 만했다. 더욱이 개인차는 있겠지만 직급이 높은 리더일수록 경험도 많을 공산이 크기 때문에 조직에서 반복되는 문제점들에 대한 해법을 멋지게 제공하고 그 대가로 존경과 권한을 받았다. 리더의 직급과 권력이 동일시되는 시절이 있었다. 리더는 '성과'로 살고 부하직원은 '성장'으로 살며 조직은 '성공'으로 살았던 좋은 시절의 좋은 일이었다.

그러나 지금은 많은 변화가 먼저 우리의 의지와 상관없이 곁에 다가왔다. 미래의 불확실성이 높아만지는 현실에서 내부 직원들의 결속과 몰입을 창출하는 조직문화는 허약해지고 있다. 이제는 더 더욱 추가비용의 투입이 없이 고성과를 창출하는 혁신이 무엇보다 필요하며 고객의 니즈를 보다 잘 파악하고 대응하기 위해 전방위 소통이 강하게 요구된다. 다소 부정적 시각이란 비난도 받을 수 있겠지만 현재 여유 있는 상황이 아님은 모두가 알고 있다.

이런 상황에서 리더의 권력은 안전할까? 지금 우리의 조직은 피라미드 조직구조에서 변형되어 원통형 또는 역삼각형 구조로 변한 지 오래다. 승진은 포기해도 생존은 포기 못하는 불안의 연속, 연상 부하 연하상사는 흔한 현상이 되었다. 나이와 권력서열은 상관관계가 전혀 없다. 임원 승진의 연령은 점차 낮아지고 조직을 떠나는 연령도 점차 낮아졌다. 임원은커녕 팀장도 하기 싫다. 책임만 있는 자리가 무슨 의미가 있단 말인가? 리더는 고독하다. 더 높은 상사에게 바칠 답을 찾아야 하고 그들을 궁금하지 않게 해야 하며 책임지는 자세를 유지해야 생존할 수 있다고 자의 반 타의 반 믿고 있는 처절함이 슬프도록 힘겨운 것이 리더의 현주소가 아닐까?

리더에게 권력이란 어떤 의미일까? 리더의 권력은 조직으로부터 빌려온 권한이며 부하직원들의 추종에 대한 대가이다. 즉 리더의 권력은 조직에 성과를 제공하고 부하직원들에게 추종의 명분을 제공하지 않는다면 그 힘은 잃게 된다. 어쩌면 아노미에 가까운 혼란과 복잡함이 조직을 흔들어 대고 있는 지금의 시점에서 리더는 성과를 내야 한다. 이러한 변화는 리더에게 필요한 다양한 정보와 지식의 확보를 강요하고 있다. 리더의 경험과 경력이 보장해 주던 화려했던 칭송은 사라졌다. 경험은 경력이 아니고 경력은 실력이 아니다. 가속화되고 있는 정보와 지식의 변화는 이미 리더가 따라 잡기 힘들게 되었다.

그렇다면 급변하는 변화에서 리더에게 필요한 정보와 지식은 어디서 어떻게 얻을 수 있을까? 불행하게도 대학에는 그 해답이 없다. 적어도 경영과 관련된 학문의 진화속도가 현장의 문제를 앞서 가지 못하고 있다. 상사의 자문은 왕년의 기억일 뿐 오히려 위험할 수 있다. 하수는 과거가 절실하고 선수는 현재가 절실하며 고수는 미래가 절실한 법이다. 과거는 과거일 뿐이다. 혼자 공부하기에는 마음의 여유도 없고 의욕도 없다. 마음만 불안하다. 청년은 기회가 없고 중년은 미래가 없으며 노년은 돈이 없다고들 말한다. 답답한 상황이다. 살아남아야 한다. 리더가 살아남는 방법으로 '몸값'도 중요하지만 '밥값'을 해야 억울한 공격을 피할 수 있다. 성과를 내야 살아남으니까 말이다.

리더의 성과는 성공적인 의사결정에서 비롯된다. 성공적인 의사결정은 신속하고 정확하며 충분한 정보와 지식에서 온다. 그렇다면 이러한 정보와 지식은 어디서 구하는 것이 가장 안전하고 바람직할까? 바로 부하직원이다. 변하지 않는 것은 선배에게 배우고 변하는 것은 후배한테 배우라고 했다. 이젠 밑천이 바닥난 것을 더 이상 감추면 안된다. 모르는 것을 들키지 않는 것보다 감추지 않아야 살아남을 수 있다. 다행히 리더에게 남은 강력한 무기는 '판단력'이다. 부하직원들이 제공하는 정보와 지식을 일단 접수하고 나면 그 정보와 지식이 도움이 되는지를 판단하는 데 오랜 시간이 걸리지 않을 것이다. 그래도 리더는 리더이므로 한칼은 있다. 문제는 부하로부터 많은 정보와 지식을 구할 수 있어야 한다는 것이다. 그래야 리더가 더욱 안전해진다. 결국 **부하직원과의 소통은 리더가 베푸는 배부른 배려가 아니라 리더의 생존을 보장해 주는 강력한 수단이라는 점에서 소통은 리더에게 권력이 아니라 실력이어야 한다.**

리더의 소통이 실력인 이유는 더 있다. 부하직원들에게 필요한 정보와 지식을 요구하면 그들이 기다렸다는 듯이 선뜻 그들의 정보와 지식을 제공하지는 않는다. 요즘 직원들은 영리해졌다. 그들은 절대로 밑지는 장사는 하지 않는다. 똑똑한 부하가 얄미운 리더를 골탕 먹이는 방법 중 하나는 고급정보를 의도적으로 차단하는 일이다. 즉 부하직원의 의도적인 침묵은 리더의 실패와 깊은 관련성을 갖는다. 꼴 보기 싫은 리더에게 기꺼이 고급정보를 제공할 만큼 오지랖 넓은 바보는 없기 때문이다. **리더가 진정성 있게 제공해 주는 성장의 기회와 학습 그리고 배려는 부하직원이 보답하는 정보와 지식 그리고 추종의 대가라는 점에서 소통은 일련의 거래인 셈이다.** 거래를 잘 하는 사람은 실력이 있다고 봐야 한다. 그래서 리더의 실력이 곧 소통의 조건이고 다시 소통이 리더의 성공을 보장해 준다는 점에서 선순환 거래의 구조를 갖는다.

최근 갑질을 한다고 판단되는 상사에게 저항하는 방법에 관한 가벼운 설문결과가 있다. 저항의 방법은 5가지다. 첫째, 회식 같은 공식적인 자리에서 불만을 말하며 따지듯이 저항한다. 둘째, 블라인드에 실명을 거론하며 노골적으로 맹비난을 한다. 셋째, 갑질을 당했던 증거를 확보하여 투서를 해서 정면승부를 선택한다. 넷째, 중요한 정보나 지식을 은폐한다. 다섯째, 그냥 퇴직해 버린다. 가장 높은 선택을 받은 내용은 무엇일까? 정답은 넷째, 지식은폐라고 한다. 얼마 전까지는 '블라인드를 통해 비난한다'가 1등이었지만 코로나를 겪은 후에는 지식은폐가 가장 흔한 저항의 표현으로 나타난 것이다. 즉 자기 일만 하겠다는 소위 1인분 업무수행은 하겠지만 상사에게 착한 마음으로 또는 돕고자 하는 마음으로 중요한 정보와 지식을 보고하고 싶지 않은 것이다. 놀라운 일은 설문 응답자의 70.2%가 고의적으로 정보나 지식을 은폐한 경험이 있다고 한다. 물론 과거에도 지식은폐는 있었지만 그 비율이 상당히 높아진 것만큼은 분명해 보인다. 반면에 리더들은 구성원의 고의적 은폐를 감지하는 비율이 매우 낮았다는 점에서 의사결정을 하는 리더에게 소통이 없는 것은 곧 정보가 없는 것이고 정보가 없는 것은 해법이 없는 것이므로 리더가 위험해지는 것은 시간문제다.

보통 리더가 소통에 관한 교육을 받을 때 소통이란 권력 있는 리더가 강자의 입장에서 약자인 부하직원을 배려하는 리더십 행위의 하나라고 인식했다면 그것은 절대 오산이다. 리더의 소통은 조직을 관통하는 리더의 실력으로 정의되고 학습되어야 한다. 이렇게 고마운 소통이 반복되면 소통의 근원적 장점인 상호 간의 신뢰와 배려의 마음은 저절로 생성될 수 있다.

또한 요즘은 리더가 부하직원과의 소통에 총력을 다해야 한다.

요즘 부하직원들은 자신의 일에만 집중하지 자신의 리더와 불편한 소통을 하는 데 많은 시간과 노력을 기울이려 하지 않는다. 주 52시간 근무제도 이후로는 더욱 소통할 시간도 여유도 없다. 리더만 고립되는 경우가 왕왕 생긴다. 어쩌면 이제는 리더가 부하직원을 찾아다니면서 물어보고 배우고 고마워하는 모습이 흔하지 않을까 생각된다. 만약 이처럼 리더가 먼저 다가가는 행위를 거부한다면 그만큼 리더는 고독하고 위험한 의사결정의 당사자가 되고 말 것이다. 힘든 시절이다. 힘들다고 소통을 거부하면 더 힘들어진다. 하수는 스스로를 고립시키고 선수는 필요할 때만 사람을 요령 있게 찾지만 고수는 늘 정보제공자가 주변에 머문다는 점에서 리더십의 차이는 극명해진다.

따라서 현명한 리더라면 부하직원과의 소통의 기회를 늘려야 한다. 부하직원들도 자신의 도움을 진정성 있게 갈망하는 리더를 냉정히 외면하기는 어렵기 때문이다. 결론적으로 리더의 소통은 리더의 선택이고 노력이며 실력이라고 정의 내리고 싶다.

# 2
## 소통이 진화하면 리더십도 진화해야 한다

소통만큼 인간관계에서 중요한 도구도 드물다. 특히 조직생활에서 개인 간 또는 부서 간 소통은 조직의 성과 달성에 매우 중요한 역할을 한다. 원활한 소통이 구성원의 몰입과 부서 간 협업을 창출하여 자연스럽게 조직의 성과로 연결될 것이란 믿음 때문이다. 정말 그럴까? 소통만 잘하면 조직의 성과가 높아질까? 그럴 수도 있고 그렇지 않을 수도 있다.

소통이 잘되는 것과 조직의 성과는 다른 얘기다. 소통이 잘되어도 해결되지 않는 일은 많다. 예를 들어 리더의 관점에서 볼 때 구성원과 소통을 잘해서 별다른 문제가 없다고 믿고 싶겠지만 의외로 통제가 안되는 구성원도 있고 리더의 소통방식을 거부하는 경우도 있을 수 있다. 소통은 관점의 차이와 조직문화에 따라 다르게 해석되어 구성원 행동에 반영되기 때문이다. 구성원과 많은 대화를 해야 한다는 막연한 생각, 많은 개입을 통해 관심을 보여주어야 한다는 지나친 관심 표현 행위는 구성원 관점에서 귀찮은 간섭으로 해석될 수 있다. 갑자기 다가와 소통을 강요하면 부작용만 커지거나 거부감이 강화될 수 있다. 따라서 리더는 자신의 관점에서 소통의 방식을 선택하기보다는 불필요한 말을 줄이고 구성원 관점에서 정교하고 절제된 소통의 방식을 선택하여 구성원의 몰입과 성과 달성을 동시에 할 수 있는 소통전략을 고민할 필요가 있다. 구성원의 생각이 달라지면 소통의 방식도 진화해야 하고 소통이 진화하면 리더십도 진화해야 한다. 그렇다면 구성원 몰입과 조직의 성과를 동시에 달성할 수 있는 진화된 리더의 소통전략은 무엇일까? 리더의 실속 있는 소통전략 세 가지를 고민해 봤다.

**첫째, 계급의 소통에서 통섭의 소통으로.** 리더는 의사결정을 해야 하기 때문에 충분한 정보, 정확한 정보, 신속한 정보가 반드시 필요하다. 따라서 이러한 정보를 확보하는 것이 바로 리더의 실력이고 생존의 법칙이다. 그런데 리더가 보유하고 있는 정보는 세상의 정보를 초월하기 어렵다. 변화의 속도가 너무 빠르기 때문에 정보의 확장도 그만큼 빠르다. 모든 리더가 급속히 늘어나는 정보를 지속적으로 확보하는 것은 불가능하다. 오히려 리더가 보유하고 있던 기본의 정보에 의지하여 의사결정을 하면 위험할 수 있다. 따라서 리더 혼자만의 능력이 아니라 구성원과 지속적이고 안정적인 소통을 통해 정보를 확보하는 것이 필요하다. 이것을 통섭consilience이라고 한다. 통섭이란 지식의 통합을 의미한다. 만약 구성원이 정보를 은폐하거나 리더가 구성원과의 통섭을 자존심 때문에 거부한다면 리더만 정보의 사각지대에 고립될 수 있다. 리더가 먼저 다가가 구성원으로부터 중요한 정보를 겸손하게 확보하는 통섭의 지혜가 리더의 의사결정을 안전하게 만들 것이다.

**둘째, 관계의 소통에서 학습의 소통으로.** 소셜 네트워크social network는 사회생활에서 좋은 인맥을 쌓는 데 중요한 역할을 한다. 그러나 간혹 지나치거나 의미 없는 소셜 네트워크는 자칫 실속 없는 빛 좋은 개살구 같은 일이 될 수 있다. 소셜 네트워크를 통해 다양한 지식과 정보를 얻는 것도 좋은 일이지만 지식 네트워크knowledge network를 통한 학습의 기회를 넓혀 리더의 실력을 유지하는 것도 매우 중요한 일이다. 그것도 민첩하게 말이다. 이를 학계에서는 '학습 민첩성learning agility'라고 정의한다. 학습 민첩성을 통한 정보와 지식의 지속적인 업그레이드야말로 리더의 경쟁력을 확보하는 가장 좋은 소통의 전략이다. 리더가 아는 것도 별로 없는 상태에서 업무를 지시하고 적극적으로 소통만 하려 한다면 구성원 입장에서는 너무나 피곤하고 불안한 일이다. 따라서 리더는 지식 네트워크를 확보하기 위한 학습을 위한 절대시간을 먼저 확보하고 외부 또는 내부 전문가와 원활하게 교류하여 자신의 실력을 쌓고 점검하는 기회를 꼭 만들어야 한다.

**셋째, 독단의 소통에서 지성의 소통으로.** 미국 하버드 경영대학원 린다Linda 교수는 리더십 패러다임의 가장 큰 변화는 집단지성collective genius이라고 주장했다. 이제 리더 한 사람의 역량에 집중하는 것은 위험하기 때문에 집단의 역량에 집중해야 한다는 것이다. 10여 년간 사례를 통해 집단지성을 실천한 조직이 리더의 독단적인 의사결정을 따랐던 조직보다 더 높은 성과를 달성했다는 연구결과를 발표했다. 린다 교수는 자신의 연구에서 집단지성 조직의 세 가지 조건을 제시했다. **첫 번째 조건은 '창의적 갈등**creative abrasion**이다.** 창의적 갈등이란 조직에서 일부 빅 마우스가 소통을 독점하는 것이 아니라 구성원 모두의 수평적 소통이 보장되고 일과 관련하여 무슨 말을 해도 공격받지 않는 '심리적 안전감psychological safety'이 허락되는 조직이어야 한다는 것이다. **두 번째 조건은 '창의적 민첩성**creative agility' **이다.** 목표한 일에 대한 신속한 추진력, 반영 그리고 공정한 평가와 민첩하게 실행을 비롯하여 실패에 대한 지나친 염려나 책임 추궁에 대한 두려움으로 실행시기를 놓치는 경우를 예방하며 실행을 학습의 기회로 삼는 문화가 중요하다는 것이다. 마지막 **세 번째 조**

건은 '창의적 문제해결creative resolution'이다. 내부구성원 간 대립되는 아이디어를 통합하고 이해관계를 넘어 상호이익이 되는 협업을 모두가 우선시하여 문제를 창의적으로 해결하는 원칙과 기준을 만드는 것이 중요하다는 것이다.

모든 이론은 진화하듯이 소통은 지금도 진화하고 있다. 대인관계를 위한 소통에 머물지 않고 조직의 성과달성을 위해 리더가 먼저 구성원에게 다가가 겸손하게 정보를 공유하고 확보하는 소통전략, 리더의 끊임없은 학습노력 그리고 리더의 독단적인 의사결정이 아니라 집단지성을 통한 의사결정이 소통의 진화 방향이다. 그래서 소통이 진화하려면 리더십도 진화해야 한다.


# 3
## 잘 듣기만 해도 돈이 되는 리더의 의사결정 노하우

리더는 외롭다. 힘겨운 의사결정을 해야 하고 그 결과에 대한 책임도 져야 하기 때문이다. 성공한 의사결정이면 보람도 있고 존경도 받는다. 그러나 의사결정에 실패하면 책임이 따르며 무엇보다 용기를 잃기도 한다. 리더마다 개인차는 존재하기 마련이다. 능력있는 리더라면 의사결정에 실패할 가능성은 그만큼 줄어들고 그 결과는 리더와 구성원 모두의 혜택이 된다.

그런데 요즘 리더의 의사결정을 어렵게 만드는 장애요인은 (개인차도 있지만) 경영환경의 변화속도다. 너무 빨리 변해가는 세상은 의사결정 변수의 급격한 확산을 초래했다. 경험 많은 리더마저 당황스럽지 않을 수 없다. 코로나 사태가 초래한 불확실성은 처음 겪어보는 블랙스완black swan 위기를 몰고 왔다. 어쩌면 이미 오래전부터 진행되어 왔던 변화가 코로나를 만나 가속화되었다고 보는 것이 타당할 것이다. 이러한 변화 속에서 리더는 어떻게 성공적인 의사결정을 할 수 있을까? 방법은 있다. **성공하는 리더는 절대로 혼자 일하지 않는다.** 리더 혼자만의 의사결정은 위험하기 때문이다. 이제는 구성원들의 협조를 구하기 위해 의사결정에 그들을 참여시켜야 한다.

조직의 성과는 구성원의 능력ability과 동기수준motivation 그리고 참여기회opportunity의 합성으로 더욱 높아진다. 아무리 구성원의 능력이 뛰어나도 동기부여가 안되면 몰입은 불가능하고 그들의 몰입을 이끌어 내지 못하면 자연히 성과는 떨어지기 마련이다. 특히 요즘 구성원들은 자신이 존중받는 것을 중요하게 생각하고 의미 있는 일을 하기를 원하며 소외되지 않기를 간절히 바란다. 따라서 훌륭한 리더는 유능한 구성원을 모으기만 할 것이 아니라 그들의 참여와 몰입을 통해 조직의 성과를 창출한다. 구성원은 조직의 자원이고 자원은 활용되어야 가치를 발하며 그 역할은 리더의 몫이다.

리더의 의사결정은 많은 정보를 필요로 한다. 돈이 되는 정보, 충분한 정보, 신속한 정보, 정확한 정보, 수용가능한 정보가 양질의 의사결정을 보장해 준다. 그런데 이러한 정보들을 리더 혼자서 지속적으로 수집하고 분석하여 의사결정하기란 어려운 일이고 지나치게 자신의 경험에 의존한 분석이라면 더욱 위험한 일이다. 따라서 구성원들의 참여와 몰입을 유도하여 그들의 말에 귀를 기울여야 위험을 줄일 수 있다. 물론 구성원들의 능력과 열정에 대한 개인차는 있다. 이 또한 그들의 자발적 참여와 몰입을 이끌어내는 것은 리더의 몫이다.

공짜로 구성원의 협력을 얻을 수는 없다. 리더가 구성원의 말만 잘 들어도 의사결정은 덜 위험해지고 명확해진다. 공자가 불치하문不恥下問이라고 했다. 아랫사람에게 묻는 것을 부끄럽게 생각하지 말라는 뜻이다. 리더가 진정성 있게 구성원에게 도움을 청한다면 그들도 응답할 것이다. 리더도 모르면 모른다고 솔직하게 고백하고 도움이 필요하다면 솔직하게 도움을 청해야 한다. 꼼수가 아니라 진수를 보여주어야 한다. **리더가 머리를 쓰면 구성원은 마음을 닫고 리더가 마음을 쓰면 구성원은 머리를 연다.** 어쩌면 자신에게 물어봐 주고 자신의 말에 귀를 기울이는 리더를 외면하는 구성원은 많지 않을 것이다. 리더가 구성원의 말을 듣기만 해도 돈을 벌 수 있는 이유가 여기에 있다.

세상이 복잡해지면 변수도 많아진다. 변수가 많아지면 다양한 관점의 판단이 필요하고 다양한 관점의 판단이 수용될수록 위험은 줄고 내부 결속은 강해진다. 하수는 구성원 위에 서 있고자 하며 선수는 구성원 앞에 있으며 고수는 구성원 옆에 함께 하는 법이다. 성공하는 리더라면 혼자서 고독한 의사결정을 고민하지 말자. 구성원의 말에 귀를 기울이면 대안도 많아지고 대안이 많아지면 실패할 가능성도 낮아져 높은 성과를 올릴 수 있다. **참여적 의사결정이야말로 잘 듣기만 해도 돈이 되는 리더의 노하우**가 아닐까 생각한다.

아울러 리더가 명심할 한 가지가 더 있다. 구성원의 헌신적인 정보제공에 포용적인 리더십으로 경청을 하는 것은 마땅히 아름다운 일이다. 이 과정에서 귀중한 정보를 이해하고 응용하며 생산적 결과로 구체화하려면 리더가 실력이 있어야 한다. 구성원의 말만 잘 들어주는 것만으로는 2% 부족하다. 덕장德將 보다 지장智將이 필요한 시절이다. 사람만 좋고 포용은 잘하는데 가시적 결과가 없다면 정말 말 그대로 빛 좋은 개살구다. 남는 게 없기 때문이다. 리더가 경계해야 할 속담인 '콩 한쪽도 나눠먹는 리더'는 과연 좋은 리더일까? 물론 콩 한 조각까지 나눠 먹는 배려심은 칭찬받을 만하지만 콩 한 개만 남을 때까지 무방비로 버텼다면 심각한 문제다. 이런 리더 곁에 남아 있을 구성원은 아무도 없다. 잘 듣고 잘 이해하며 잘 활용하여 가시적 성과를 만들어 내려면 리더의 실력을 반드시 점검하고 확인해야 한다. 요리법도 잘 모르는 사람이 좋은 식재료를 모두 한 냄비에 담고 끓이기만 한다면 그 좋은 식재료는 인스턴트 음식에 지나지 않는다. 좋은 소통의 자세와 탁월한 실력이 만나면 금상첨화錦上添花가 아닐까.

# 4
## 막말에는 감추고 싶은 열등감이 숨어 있다

어느 사회나 '막말'은 심각한 문제로 인식된다. 말이 많은 사람보다 막말하는 사람이 더 스트레스를 유발한다. 왜들 그러는 걸까? 못난 사람의 막말은 어느 정도 이해할 수 있다. 자기 마음대로 되는 것도 없으니 답답한 심정에 막말을 해서라도 자신의 감정을 푸는 것이라고 가볍게 생각해도 큰 문제는 없다. 그런데 정작 막말을 일삼는 사람들은 대부분 힘 있는 강자인 경우가 더 많다는 점에서 지금 우리 사회는 심각한 몸살을 앓고 있다. 사회적 파급효과가 크기 때문이다.

더욱이 막말하는 강자들은 혼자인 경우보다는 자신을 포함한 커다란 집단을 이루고 있는 경우가 많기 때문에 막말은 전염되고 악화되어 나름의 정당성을 형성하는 경우도 있다. 막말의 집단화가 무서운 또 다른 이유는 경쟁적으로 막말을 함으로써 집단의 충성도를 가늠하기도 한다는 점에서 막말은 늘 거칠고 위험하다. 때로는 파급효과를 노리고 고의적으로 막말을 해서 집단의 색깔을 명확히 드러내거나 상대방에게 치명타를 주기 위한 수단으로 사용하기 때문에 후속 막말을 쏟아내는 악순환의 고리가 생기는 것이다.

말은 '사람의 생각이나 느낌 따위를 표현하고 전달하는 데 쓰는 음성 기호'라고 사전에서 정의하고 있다. 따라서 막말은 자신의 생각이나 느낌을 무례하고 일방적으로 함부로 표현하는 행위로 보면 된다. 즉 막말은 판단력을 상실한 흥분모드에서 무례한 사람이 떠들어대는 소음으로 치부해도 무리는 없을 듯하다. 그럼에도 불구하고 막말의 유형을 분류해 보고 막말의 근원을 고민해 봄으로써 막말하는 사람에 대한 적절히 대응방안을 모색해 볼 필요가 있다. 그래서 **막말의 유형**에는 어떤 것들이 있는가를 탐색해 보고자 한다.

**첫째, 교만형 막말.** 누구나 자신의 성공을 과시하고 싶어 한다. 물론 개인차는 있겠지만 누구나 자신에게 익숙하거나 흔한 것 또는 남들도 갖고 있는 것은 자랑하지 않는 법이다. 자랑거리가 안된다고 생각하기 때문이다. 그런데 어쩌다 갑자기 부자가 되거나 우연히 유명해졌다면 자신의 성공을 자랑하고 싶은 마음에 강하게 자신의 의사를 표현하고자 한다. 즉 막말을 해도 상대방이 저항하지 못하는 것을 알기에 은근히 즐기는 것이다. 막말에는 교만한 쾌락이 담겨 있다. 막말이 별다른 저항없이 안전해지면 반드시 반복된다. 상대방을 제압했다는 기분 좋은 느낌이 막말에 용기를 주는 셈이다. 그것도 상대방에 대한 예의나 공감없이 막말을 하고 그 막말이 초래하는 부정적 결과를 알지 못하기에 본인에게 돌아오는 후폭풍 또한 눈치채지 못하는 경우가 많다. 그래서 잘나가는 사람이 막말하다 한방에 훅 가는 것이다. 뒷일을 예상했다면 그리하지는 못했을 것이지만 말이다.

**둘째, 무능형 막말.** 실력이 부족한 사람이 자신을 지키는 방법은 우기면 된다. 그것도 큰소리로 말이다. 강하게 나가면 방어를 잘한 것으로 생각할 수 있다. 보통 강하게 나가려면 남들이 두려워하는 행위를 선택한다. 두려운 행위는 남들이 접근하기 싫어하거나 그런 행위를 하는 사람을 건드리고 싶어하지 않는다. 그래서 자신의 무능함을 들키지 않기 위해 선택하는 두려운 행위가 바로 막말이다. 실력이 있다면 의미가 있는 대화나 논쟁을 먼저 시도하겠지만 무능한 사람의 최종병기는 거침없는 막말이다. 자신을 돋보이게 하는 방법은 저급한 막말이 최고다. 막말을 하는 사람은 무능할수록 불안하니까 더욱 거칠게 막말을 쏟아내는 경우가 많다. 확실하게 우위를 점하기 위해서 억지를 부리듯 막말을 하는 이유가 바로 그것이다. 즉 남들이 겁내어 쉽게 도전하지 못하도록 하기 위함이다. 막말도 자꾸 하면 강도도 세지고 내성이 생겨서 웬만한 충격이 아니고는 막말의 수위가 조절되지 않는다는 점에서 막말은 일종의 자살행위다.

**셋째, 뻔뻔형 막말.** 품위 없는 사람의 특징은 기본이 안되어 있다는 점이다. 그래서 기본적인 예의가 없는 사람이 즐겨 하는 행위가 바로 막말이다. 상대방에 대한 예의나 체면은 애초에 없다. 자신이 잘못을 했다 할지라도 이 점을 절대로 인정하지 않고 오히려 뻔뻔스럽게 품위 없는 막말을 쏟아내며 상대방을 공격한다. 뻔뻔형의 또 다른 특징은 반성이 없다는 점이다. 죄책감이 없기 때문이다. 큰 이익이 눈앞에 있다고 판단되면 뻔뻔스러움은 용기로 변한다. 이들에게 부끄러움은 사치이고 쉬운 먹이감을 포기하는 바보가 갖는 어리석은 감정이라고 생각한다. 더욱이 같은 뜻을 지향하는 동지들이 있으면 자신의 막말을 정당화하거나 자기 막말에 스스로 매몰되어 지나친 신념으로 막말은 일관성을 갖게 되고 그 일관성 때문에 막말이 수정되거나 개선될 가능성은 매우 낮아진다. 평범한 사람들 눈에는 정말 이해가 가지 않는 상황이 된다. 근본적으로 상식적인 사고를 하지 못하기 때문에 이들과는 대화 자체가 불가능하거나 상대방이 먼저 질려버려 대화를 포기하는 경우가 다반사다. 그러면 막말은 승리감으로 해석되고 다시 강하게 반복된다. 성공 경험이 교훈을 주기 때문이다. 그래서 막말은 개과천선<sup>改過遷善</sup>이 어렵다.

**넷째, 배신형 막말.** 막말하는 사람은 자신의 이익을 늘 우선시하기 때문에 자신의 이익에 위배되면 언제든지 자신의 가치와 소신을 바꾼다. 바로 눈앞의 이익만을 보기 때문에 남의 시선도 부끄러움도 고려의 대상이 되지 않는다. 어차피 염치도 없는데 배신이 그들에게 불편할 리 없다. 오히려 배신의 명분을 상대의 탓으로 돌리고 자신은 매우 공정하고 합리적인 선택을 한 것처럼 자신을 보상하고 방어한다. 언성만 높다고 다 막말은 아니다. 낮은 톤으로도 있지도 않은 근거와 거짓으로 막말을 하며 자신을 변호하는 영리함도 갖고 있다. 그러다 보니 자신과 뜻을 같이 했던 사람들을 상대로 기꺼이 배신을 즐겨하는 '말갈족'이 그들이다. 말갈족은 언제든지 자신의 이익을 위해 말을 갈아탄다는 의미다. 그들은 오로지 자기 이익을 따라 행동하기 때문에 다행히 조직에서 쉽게 관찰되거나 파악하기 쉽다. 그들은 욕심은 많지만 주의력이 부족하기 때문이다. 속내가 금방 드러나는 저급한 막말로 변명을 즐기는 유형이다.

바보같이. 그래서 이들과의 만남은 너무나 쉽고 헤어짐은 더럽다.

**다섯째, 비열형 막말.** 몰라서 타인에 대한 감정이나 분노를 자극하는 것이 아니라 고의적으로 상대방에게 깊은 상처와 흉터를 남기려는 목적으로 막말을 하는 유형이다. 고약한 유형이다. 특히 상대방 본인은 물론이고 그의 가족과 동료 등 가장 아픈 곳을 건드린다. 그래야 제대로 상처를 줄 수 있다고 판단하기 때문이다. 막말 중 가장 악질에 가까운 이유다. 특히 자신이 속해 있는 집단의 이익만을 위하거나 그 집단 내에서 본인이 주목받고 영웅대접을 받기 위해 더욱 못된 막말을 자랑하듯 하는 사람이 비열형에 속한다. 비열형은 자기가 믿는 구석에 집착하고 판단하기 때문에 막말의 강도를 결코 낮추지 않는다. 이성적 판단은 없고 집단의 논리와 집단의 이익을 대변하는 것이 자신의 생존이라고 믿는 어리석은 유형이다. 비열형은 충성만 다하고 집단에서 희생양이 되는 토사구팽兎死狗烹의 경우도 종종 있다는 점에서 순박한 멍청이다.

**여섯째, 변신형 막말.** 막말 유형 중 가장 비현실적이고도 우려가 되는 예측불허형이다. 막말의 근원이 다양하고 변화무쌍하다. 매우 교만하고 무능하면서 때로는 뻔뻔스러움을 무기로 변신을 잘한다. 속마음을 주지도 않으면서 손해도 보지 않는다. 배신은 이들의 다양한 재능 중 하나일 뿐이다. 만약 변신형이 존재하는 집단이거나 다수의 변신형이 모여 있는 집단이라면 그 집단 자체가 매우 정치적이고 필요에 의한 신뢰로 뭉친 사회의 악悪이다. 변신형 막말이 난무하는 집단의 구성원들은 경쟁자에게 습관적으로 분노를 표출하거나 약점만 골라 골탕을 먹이는 데 총력을 다한다. 누구든 이들의 타깃이 될 수 있다. 누가 봐도 이들의 도덕적 건강도는 제로에 가깝다. 해체가 답이다. 그러나 그들은 그렇게 살아야 만족해하고 자신들의 이익을 포기하지 않기에 막말은 생존 수단이며 포기할 수 없는 그들만의 행복감이다.

막말에는 이기심이 숨어 있다. 누구에게도 도움이 안되며 가해자와 피해자 모두에게 흉터를 남긴다. 막말도 반복하면 습관이 되고 습관이 된 막말은 내성이 생겨 더욱 치명적인 독이 되어 되돌아온다는 점에서 어느 조직에서나 막말을 억제하는 조직문화와 예의가 필요하다. 결국 막말에는 막말하는 사람의 깊은 열등감이 숨어 있다.

# 5
## 소통의 이중성을 고발한다

소통의 다른 표현은 고통이 아닐까? 다른 사람의 말에 공감하고 감정을 교환하는 과정에는 듣는 이의 수고와 집중이 요구되기 때문이다. 좋은 단어가 좋은 의미도 있지만 반대의 결과도 있다. 소통은 좋은 행위이지만 다 좋은 것은 아니다. 소통도 이중성을 갖고 있다. 상대방에게 기쁨과 위안을 주는 '선의적 소통'과 슬픔과 상처를 안겨주는 '악의적 소통'이 있다. 선의적 소통은 고통스럽지만 상대에게 많은 가능성과 긍정 에너지를 제공한다는 점에서 아름다운 소통이다. 반면에 **악의적 소통**은 말 그대로 고통만 준다. 서로에게 크나큰 상처와 깊은 흉터를 남긴다. 소통은 하는 것도 중요하지만 어떤 단어로, 어떤 표현으로, 어떤 톤으로, 어떤 마무리를 할 것인가에 따라 가치가 달라진다.

최근 SNS의 발달은 사람들 사이를 연결해 주는 없어서는 안될 중요한 소통수단이 되었다. 참 편하고 재밌다. 멀리 있어도 가까워질 수 있고 말하기 불편한 이야기도 문자로 전달할 수 있으니 이보다 더 좋은 소통수단이 없다. 그런데 SNS의 발달이 꼭 소통의 발달일까? 어쩌면 우리는 편리함을 선택한 덕에 재능을 희생시켰는지도 모른다. 노래방 기계의 보급으로 예전처럼 4절까지 외워서 부를 수 있는 노래가 없다. 보지 않고는 노래가 안된다. 네비게이션의 확산은 우리의 공감지각 능력을 희생시켰다. 그런 면에서 SNS의 발달이 사람들 사이의 관계를 방해하는 부분도 있지 않을까 염려된다. 직접 대면하지 않기 때문에 편하게 불편한 말도 쉽게 하고 깊은 생각없이 거칠게 표현하는 일도 쉬워졌다. 책임도 못 질 말을 아무 생각없이 내뱉는 경우도 적지 않다. 악의적 고통의 단면을 SNS는 갖고 있다. 조직에도 이 같은 악의적 소통이 드물지 않다. 그렇지 않아도 힘겨운 조직생활에서 악의적 소통은 고통스러운 소음에 지나지 않는다. 화풀이성 뒷담화와 가십 그리고 확인되지 않은 무차별적 루머 등은 누구에게도 도움이 되질 않는다.

그렇다면 악의적 소통의 배경에는 어떤 의도가 숨어 있을까? 다양한 이유들이 있을 수 있다. 사회에 대한 불만, 조직에 대한 서운

함 그리고 상사 또는 동료에 대한 불만과 분노 등의 이유가 있을 수 있다. 그 외에 자기 자신으로부터 비롯된 이유도 크다고 생각한다. 힘겨운 삶 속에 쌓여만 가는 스트레스가 타인에 대한 적개심으로 전이되는 경우도 결정적인 이유가 될 수 있다. 직접적으로 자신이 느낀 불만과 분노를 표출할 용기는 없지만 풀고는 싶은 자신의 억눌린 감정을 SNS에 거침없이 쏟아붓는 것이다. 물론 자신의 답답한 심정을 해소하기 위해 상대방을 불문하고 악의적 소통을 표출하는 것 자체는 막기 어려운 일이다.

그런데 적개심 가득한 악의적 소통을 함부로 드러내는 사람들이 알아야 할 것이 있다. 그것은 바로 악의적 소통의 대상자보다 당사자가 겪어야 할 손실이 더 크다는 점이다. 악의적 소통으로 적개심을 드러내면 그 적개심이 해소될 것으로 판단하겠지만 그것은 오산이다. 미국 유타 대학의 한 실험은 이러한 점을 잘 보여준다. 4개의 철조망에 원숭이 4마리씩 넣었다. 한 철조망에 갇힌 원숭이들은 그들 간의 서열을 정하기 위해 살벌한 권력싸움을 한다. 싸움이 끝나고 시간이 지나 그들 간 서열이 정해지면 안정을 찾는다. 그런데 몇 달 후 각 철조망에서 한 마리씩 무작위로 선택하여 다른 철조망으로 이동을 시켰다. 이미 서열이 정해졌던 기존의 원숭이들이 가만 있을 리 없다. 특히 대장 원숭이는 새로 들어온 원숭이를 제압하기 위해 자신의 적개심을 여과없이 드러내며 공격성을 보였다. 새로 들어온 원숭이가 고통받았을 것은 자명하다. 모든 철조망에서 같은 현상이 벌어졌다. 서열 싸움은 죽음도 불사하며 진행되었다.

그런데 놀라운 사실은 이 실험이 끝난 후 다른 철조망으로 이동된 불쌍한 원숭이와 이들을 제압하기 위해 적개심을 드러냈던 대장 원숭이의 배를 갈라서 살펴보니 놀랍게도 이동하여 집단폭력의 희생양이 된 원숭이보다 이를 제압하려고 적개심을 보였던 대장 원숭이의 동맥경화가 5배나 더 진행되었다는 점이다. 결국 상대방에 대한 적개심을 품고 공격성을 보인 원숭이가 더 치명적인 손실을 입은 것이다.

이 실험 결과가 시사해 주는 교훈은 매우 크다. 적개심과 분노를 너무 쉽게 표출하는 것은 모두를 불행하게 만든다는 점에서 SNS를 통한 악의적 소통은 절제되어야 한다. 만약 억울한 일이 있고 조직의 부당한 차별에 분노하고 있다면 공식적이고 당당하게 저항을 해야 한다. SNS에 의지하여 자신의 적개심과 불만 그리고 분노를 과장되거나 무책임하게 표출하는 것은 본인의 영혼만 망가질 수 있다. 물론 어느 조직이나 구성원들의 억울함이나 불만을 잘 수용해 주거나 개선해 주는 조직이 많지 않을 수 있다. 그러나 화풀이하듯이 SNS 뒤에 숨어서 근거 없는 정보를 퍼뜨리거나 악의적 소통을 자행하는 것은 비겁한 행동이며 범죄행위다. 억울한 피해자가 생길 수 있기 때문이다. 자신을 위해서라도 악의적 소통은 절제되어야 한다.

이러한 악의적 소통에는 조직의 책임도 크다. 어쩌면 악의적 소통의 출발은 조직이 제공했다고도 볼 수 있다. 조직 내 원활한 소통을 위한 노력을 충분히 했다면 유능한 직원들이 SNS에만 의존하여 악의적 소통을 자행할 이유는 없다. 이제라도 조직은 조직 내부의 리스크 관리차원에서 진정성 있는 내부 소통의 장을 만들어야 한다. 구성원들이 SNS 뒤에 숨지 않고 솔직하게 자신과 조직을 위한 소통을 표현할 수 있는 길을 열어야 한다. 침묵은 은폐된 불만이고 가려진 위험이다. 악의적 소통은 진실게임 이전에 확인되지 않은 불필요한 나쁜 정보를 순식간에 불특정 다수에게 오염시킨다는 점에서 빨리 조직차원에서 이를 막아야 한다. 구성원들 또한 냉소주의를 지양하고 현명한 판단으로 자신의 말에 책임을 져야 한다고 본다. 소통이 고통만 주는 것이 아니라 구성원 모두를 행복하고 신뢰하는 관계로 만들어주는 소중한 수단임을 모두가 인식하고 양보와 협력을 회복해야 한다고 생각한다. 더 슬퍼지기 전에 말이다.

THEME
**7**

# 분노한 구성원은
# 결코 빈손으로
# 리더 곁을 떠나지 않는다

**1**
## 유능한 부하를 경쟁자로 인식하면 리더만 힘들어진다

조직에서 직급보다 직능이 더 중요해졌다. 혁신이란 이름으로 감행된 수많은 변화는 과거의 많은 것들을 바꾸어 놓았다. 그 가운데 하나가 바로 직급과 직능의 문제다. 연령이 높아지면 직급도 높아지던 시절은 이미 왕년의 이야기가 되었다. 특히 최근의 애자일agile 조직을 선호하는 과정에서 직급은 더욱 의미가 없어졌다. 불필요한 계층이 불필요한 절차를 만들고 불필요한 절차가 의사소통과 의사결정의 속도를 방해한다는 믿음에 기인한 것이다.

따라서 직급의 단계가 줄어들다 보니 나이와 직급의 상관관계도 낮아진 셈이다. 더욱이 직급의 조건 또한 나이가 아닌 직능에 따라 결정되는 경우가 보편화되었다. 나이는 위아래가 있어도 승진은 위아래가 없어진 것이다. 유능한 부하가 불안한 리더를 추월하는 사례는 흔한 일이 되었다. 그래서 예전과 달리 자신의 유능한 부하를 경쟁자로 인식하여 어이없는 질투를 하거나 부당한 대우를 자행하는 경우도 종종 발생하고 있다. 예전에는 유능한 부하를 가진 리더라면 천군만마千軍萬馬를 가진 것과 같았다. 가끔 소유욕까지 발동되어 지나칠 정도로 유능한 부하를 독점하고자 했다. 자신의 자산처럼 말이다. 그러나 이러한 현상은 유능한 부하가 자신의 상사가 될 수 있다는 가정이 철저하게 부정됐을 때 이야기다.

최근 연상부하 또는 연하상사라는 단어가 전혀 낯설지 않다. 자신보다 나이가 많은 부하직원을 이끌거나 나이가 더 어린 상사를 모셔야 하는 역전의 상황들이 전개되어 기존의 리더들은 혼란스럽기까지 하다. 이런 상황에서 리더들은 딜레마를 경험하게 된다. 유능한 부하는 리더의 생존을 위해 필요한 존재이지만 리더의 생존에 위협이 될 수도 있다고 판단될 수 있다. 유능한 부하가 고맙기도 하지만 그로 인한 불안감 또한 감추기 어렵다. 특히 경험과 경력은 많지만 실제적인 역량이 부족하거나 리더십의 한계를 스스로 지각하고 있는 리더는 더 심란하다. 유능한 부하를 경쟁자로 인식하여 갑질을 하거나 부당한 업무지시 또는 책임전가 등 이유 없이 시비를 걸기도 한다. 더욱이 본인의 자리가 위협을 받는다는 공포감을 갖고 있는 리더라면 부하는 더 이상 마음 편한 협력자가 아니라 리더 본인의 약점을 잘 아는 미래의 경쟁자 또는 미래의 가해자로 인식할 수 있다.

이런 상황이 전개되면 유능한 부하는 경계해야만 하는 질투의 대상이 되고 만다. 질투심에 불타는 리더는 판단력을 가장 먼저 상실한다. 사람이 질투심을 품게 되면 본래의 역할은 망각하고 불안정한 감정에 휩싸여 정상적인 판단을 하기 어려워진다. 이런 현상을 '살리에리 증후군Salieri Syndrome'이라고 한다. '살리에리 증후군'이란 '천재성을 가진 주변의 뛰어난 인물로 인해 질투와 시기, 열등감을 느끼는 증상'을 말한다. 1984년 영화 〈아마데우스〉에서 살리에리는 천재 음악가이자 친구인 모짜르트에게 극심한 열등감을 느끼며 자신의 열등감을 이기지 못해 모짜르트를 죽음으로 몰아가는 것으로 나온다. 이처럼 끔찍한 결과는 질투에 희생된 기존 기득권자의 오만한 불안감의 표현이라고 볼 수 있다. 이처럼 누군가에 대한 질투심을 감추지 못하고 열등감과 증오심을 드러내는 사람이 정상적인 판단과 행위를 하기는 어려운 일이다

더욱이 최근 힘겨워진 조직의 현실 속에서는 어쩌면 자신의 상사가 될 수도 있는 유능한 부하가 이쁘게만 보이지는 않을 수 있고 그 상상만으로도 죄 없는 부하는 일단 밉상 그 자체가 된다. 아울러 살리에리의 경우처럼 자신을 인정해 주었던 더 높은 리더가 자신을 제치고 자신의 유능한 부하를 직접 챙기거나 더 아낀다는 생각이 드는 순간 견디기 힘든 상황이 될 수 있다.

물론 유능한 부하를 둔 모든 리더가 살리에리 증후군에 빠지는 것은 아니다. 그렇다면 리더는 언제 살리에리 증후군을 보일까? 첫째, 오래전에는 본인도 경쟁력이 있다고 믿었으나 세월이 지나 직

급은 높아졌는데 새로운 지식과 정보를 꾸준히 학습하지 못해 유능한 부하에게 의존하던 중 낯선 과업이 주어졌다고 가정하자. 정작 리더 본인은 당황스러운데 유능한 부하가 너무나 능숙하게 그 과업을 수행할 때, 둘째, 유능한 부하의 탁월한 기여와 업적에 대하여 다른 부하직원들이 감탄하거나 그를 진심으로 추종하는 모습을 보았을 때, 셋째, 더 높은 상사가 자신을 건너뛰어 유능한 부하를 더 인정하며 직접 찾거나 그를 곁에 두고자 할 때, 넷째, 부끄러운 질투심으로 유능한 부하직원의 말 한마디와 행동 하나에도 민감해지는 초조한 자기 모습에 마음이 상하게 되는 때로 나누어 볼 수 있다.

이쯤 되면 리더는 이미 제정신이 아니다. 결국 유능한 부하에 대한 살리에리 증후군은 누가 만드는 것이 아니라 결국 리더 자신이 초래한 부주의와 의존적 관성의 탓으로 봐야 한다. 리더는 보통 세 가지로 분류된다. 하수는 유능한 부하를 질투하고 선수는 유능한 부하를 활용하며 고수는 유능한 부하를 지원한다. 유능한 부하는 어떤 리더를 만나는가에 따라 그 가치가 달라지는 법이다. 그래서 탁월한 부하는 자신이 따를 만한 주군을 보는 눈이 있다. 또한 유능한 부하 중 눈치가 빠른 사람은 리더가 자신을 질투하기 시작했다는 것을 눈치채는 순간 떠나려 할 것이다. 앞으로 전개될 리더의 복수극을 가만히 앉아서 고스란히 당할 바보는 없기 때문이다. 질투심 가득한 리더의 불안한 표정과 행동은 리더 본인만 모를 뿐이지 유능한 부하의 눈을 피하기 어렵다.

이처럼 살리에리 증후군이 리더 본인에게 미치는 부정적 피해는 무엇일까? 첫째, 자신이 미워하는 부하직원의 미운 행동만 보려 하기 때문에 자신의 행동은 돌아보지 못하고 같은 실수를 반복할 가능성이 크다. 둘째, 조직 내 공정한 경쟁을 유지하지 못하게 되어 리더의 편견과 불공정에 대한 다른 추종자들의 저항에 직면하게 된다. 셋째, 유능한 인재를 잃고 기회주의자에게 기회를 줄 수 있다. 넷째, 유능한 부하의 당연한 기여와 몰입을 희생시키기 때문에 기대했던 성과를 달성하기 어려워진다. 다섯째, 유능한 부하를 망가뜨린다는 나쁜 리더라는 평판을 받게 되어 누구도 곁에 머물려 하지 않고 리더 본인만 고립된다.

능력을 발휘하고 그 대가로 인정을 받고 사랑도 받고 싶은 것이 사람이다. 그런데 그 능력 때문에 미움을 받고 고통을 겪게 된다면 얼마나 황당할까? 오히려 예전에는 무능한 리더가 자신의 무능함을 감추고 유능한 직원을 이용하던 시절에 살리에리 증후군은 힘 있고 비겁한 리더의 행위로 해석되었는지는 모르겠지만 지금은 위험한 행위가 될 수 있다. 성과에 도움이 되는 유능한 부하의 능력을 활용하지 못한다는 안타까움 외에도 리더가 소외되거나 심한 경우에는 조직내부 SNS 등을 통한 투서나 직접적인 공격성 저항으로 리더가 불행해질 가능성은 커졌다. 유능한 부하는 자신을 공격하고 미워하는 리더 곁을 결코 빈손으로 떠나지는 않는다는 점을 명심해야 한다.

따라서 리더가 살리에리 증후군에 빠지지 않기 위해서는 가장 먼저 부하에 대한 지금까지의 생각을 바꿔야 한다. 부하직원은 리더의 소유도 아니고 성격대로 다룰 수 있는 대상이 아니다. 적어도 지금은 그렇다. 마음대로 다루면 리더만 낭한다. '내가 전에 데리고 있었던 직원'과 같은 표현은 금물이다. 물론 요즘 리더들은 젊은 세대와 화해가 필요하며 좋은 관계를 유지해야 한다는 것은 잘 알고 있다. 그러나 자신보다 유능한 부하를 바라보는 심정은 좀 다른 접근이 필요하다. **이제는 변화의 속도를 따라잡기는 힘들어졌다. 차라리 변화의 방향으로 변하는 것이 안전하다.** 유능한 부하는 꼭 필요한 존재이고 배울 점이 많으며 함께 할 일도 많다. 따라서 유능한 부하는 경쟁자가 아니라 파트너이며 리더의 또 다른 멘토가 될 수 있음을 명심한다면 유능한 부하는 든든한 버팀목이며 조력자가 될 수 있다. 하수는 직원들 위에 있고 선수는 직원들 앞에 있으며 고수는 직원들 옆에 있다는 말이 틀리지 않다. 지배하려 하지 말고 지속하려 한다면 좋은 관계는 지속될 수 있다.

# 2
## 리더의 발목을 잡는 '후견지명'을 경계하라

존경받는 리더는 누구라도 아름답다. 구성원이 힘들거나 피하고 싶은 일을 흔쾌히 돕고 함께 감당해 주는 리더라면 존경은 마땅히 따라오는 덤이다. 리더는 반드시 탁월할 필요는 없지만 비겁해서도 안된다. 리더는 책임을 져야 할 사람이 있고 막중한 일이 있기 때문이다. 솔선수범은 오랫동안 중요한 리더십 덕목 중 하나로 인정된다. 솔선수범이란 '구성원의 자발적 추종에 대한 리더의 용기 있는 선제적 실행력'이라고 정의한다. 따라서 과거를 점검하고 현재를 직시하며 미래에 선제적으로 대응하는 리더의 '선견지명先見之明'은 솔선수범하는 리더의 행위라고 볼 수 있다.

그런데 만약 리더가 선견지명이 아닌 '후견지명後見之明, hindsight bias' 행위를 선택한다면 원망의 대상이 되지 않을까? '후견지명'이란 '어떤 사건의 결과를 알고 난 후 마치 처음부터 그 일의 결과가 그렇게 될 것이라는 걸 이미 알고 있었던 것처럼 생각하는 경향'이라고 정의한다. 마땅히 리더가 먼저 나서서 먼저 의사결정 해주고 먼저 책임감 있게 행동해야 하는데 이러한 기능이 정지되었거나 철회한 상태를 의미한다. 즉 어떤 업무를 추진할 때 책임지기 싫어서 가이드를 제시하지 않고 의사결정도 회피하며 구성원을 앞세워 업무를 추진한 후 그 결과가 바람직하지 않을 경우에 처음부터 그럴 줄 알았다는 식으로 책임을 구성원 탓으로 전가하는 품위 없는 리더의 대표적인 행위라고 할 수 있다.

조직에서 구성원이 리더를 존경하는 이유 가운데 하나는 본인보다 더 뛰어난 실력과 경험을 바탕으로 미래를 예측하고 책임감 있는 의사결정으로 조직의 성과를 높이고 구성원들의 성공을 지원해 주는 존재라는 강한 믿음이 있기 때문이다. 만약 반대로 리더가 먼저 자신의 과거를 과장하면서 현재의 문제에는 무관심하며 미래를 회피한다면 그 리더를 따를 구성원은 당연히 없다. 구성원들에게도 이기심과 판단력은 있다. 무작정 책임을 억울하게 떠안을 생각이 전혀 없으며 실력 없고 비겁한 자신의 리더에게 변함없이 기대감을 갖는 정신 나간 구성원은 없다.

따라서 리더의 후견지명은 구성원들에게 쉽게 들키는 리더의 치명적인 약점이 될 수 있다. 후견지명을 습관적으로 반복하는 리더도 있겠지만 의사결정의 순간이 많은 리더에게는 본인의 의지와 상관없이 후견지명으로 오해를 받는 선택을 해야 할 경우가 종종 있다. 리더는 평소 자신의 일을 대하는 태도와 의사결정에 대해 신중하게 접근해야 한다. 리더의 진심은 부하의 해석을 넘지 못한다는 말이 있다. 리더의 생각과 구성원의 생각이 늘 같을 수는 없기 때문이다. 요즘 사라진 표현이 바로 "우리 직원들은 내 마음을 알겠지?"이다. 전혀 모른다. 기대도 하지 말아야 한다. 그들도 바쁘고 자신이 먼저다.

리더의 완벽주의는 후견지명을 초래하는 요인이라고 볼 수 있다. 완벽을 추구하는 행동은 종종 실수와 실패에 대한 공포감을 유발하여 그 어떠한 책임도 지지 않으려는 강력한 욕구를 갖게 한다. 실패에 익숙하지 않은 완벽주의가 강한 리더는 그동안 쌓아온 노력의 결과가 아까워 지금의 책임을 간절히 회피하고 싶은 것이다. 이러한 욕구는 선견지명을 위험으로 인식하게 만들고 후견지명은 생존방법으로 인식하게 만들기 때문에, 리더의 후견지명은 구성원들의 눈을 속이기 어렵고 그들의 의심을 피할 수 없어 쉽게 노출된다. 본래 리더는 베푼 일을 먼저 생각하고 구성원은 섭섭함을 먼저 생각하는 법이다. 구성원의 눈은 더 무서워졌다. 리더의 선견지명은 리더를 존경하는 유일한 기준이 되었고 후견지명은 리더를 의심하는 분명한 이유가 되었다.

리더의 후견지명이 위험한 또 다른 이유는 '습관화'된다는 점이다. 후견지명을 반복하다 보면 책임 전가에 대한 내성이 생기고 내성이 생기면 무감각해지고 흔한 일이 되어 죄책감이 사라진다. 이정도 되면 후견지명은 강박증을 넘어 정신병 수준으로 변질된다. 아울러 후견지명에는 구성원에 대한 비정한 무관심과 염치없는 이기심에서 기인한다고도 볼 수 있다. 불확실성이 높아지면 불안감도 높아지고 불안감이 높아지면 책임에 대한 부담도 높아지기 마련이다. 그래서 갈수록 리더가 자신을 보호하기 위해 후견지명을 불가피하게 선택하여 구성원의 희생을 거침없이 초래하는 경우가 늘어날 수 있다는 조심스러운 예측을 해본다. 이해는 가지만 용서는 안된다.

그런데 후견지명에 경계심이 부족한 리더가 명심할 것이 있다. 후견지명이 오히려 소탐대실小貪大失을 불러올 수 있다는 점이다. 즉 바다 위를 표류하는 사람이 갈증을 해소하기 위해 바닷물을 마구 마시는 것과 같다. 일시적 위험은 피할 수 있을지 몰라도 더 큰 불행을 야기할 수 있다. 그 근거는 후견지명을 경험한 구성원의 반응을 살펴보면 간단히 알 수 있다. 첫째, 리더에 대한 신뢰가 사라져 리더의 어떤 말도 믿으려 하지 않는다. 둘째, 리더의 약점을 파악하고 확보하여 후견지명에 대한 복수심으로 반격을 준비한다. 셋째, 리더의 후견지명을 나쁜 인간성으로 포장하여 주변에 은밀히 홍보하며 동지들을 확보한다. 넷째, 리더의 모든 행위를 나쁜 의도를 가진 것으로 치부해 버린다. 따라서 후견지명은 단순히 책임을 전가하는 수준이 아니라 리더의 인간성 자체를 강하게 의심받게 만드는 위험한 행위다. 사람들의 예민함은 높아졌고 인내심은 낮아졌다.

또한 리더가 마땅히 수행해야 할 의사결정을 지연시키거나 그 결과를 의도적으로 회피한다면 그 리더의 마지막 모습이 불행할 것이란 점은 충분히 예견된다. 후견지명은 한번 행해지면 반복될 위험이 있다는 점과 반복된 후견지명은 리더의 실력과 됨됨이를 부정적으로 인식하게 만드는 지울 수 없는 '주홍글씨'가 될 수 있다는 점에서 깊은 경각심이 요구된다.

물론 후견지명을 완벽하게 극복하기는 어렵다. 조직에서 생존을 위해 불가피하게 정치적 행위를 해야만 할 때도 있고 자신의 책임이 너무나 두려워 회피할 수도 있다. 문제는 후견지명이 반복을 피하려는 노력과 동시에 구성원과 신뢰관계를 구축하여 후견지명의 위험을 애초에 완화시켜야 한다. 불가피한 후견지명은 구성원의 불만을 피할 수는 없지만 신뢰가 있다면 설득은 가능하다. 그러나 평소 구성원과 신뢰가 없었다면 리더의 후견지명은 자신에 대한 저항을 정당화시켜 주는 확실한 근거가 되고 증거가 된다. 리더의 잘못에 대하여 실제보다 더 가혹하게 평가를 받기 때문에 후견지명은 리더의 불행을 초래하는 확실한 예측 변인이라고 보는 관점이 타당하다. 작은 책임을 피하려다 큰 책임을 감당해야 한다면 밑지는 장사가 아닐까 염려된다.

# 3
## 리더가 갑질만 하면 '을'만도 못해진다

미국 와튼스쿨 애덤 글랜트 교수는 자신의 저서『기브 앤 테이크 Give and Take』를 통해 '주는 자Giver'가 되라고 충고한다. 주는 자가 되어야 성공한다는 주장이다. 반면에 빼앗는 자Taker는 시간이 지날수록 손해를 보거나 위험하다고 한다. 그렇다면 왜 빼앗는 자가 오히려 손해를 보는 걸까? 빼앗는 자를 용서하지 않는 세상이 되었기 때문이다. 물리적 또는 심리적으로 가혹한 착취를 감행하는 사람을 곱게 놔두지 않는다는 것이다. 물리적 또는 심리적 착취는 '갑질'로 표현해도 무리는 없을 것이다. 최근 갑질의 대가를 톡톡히 치르는 갑이 많아졌다. 외형은 갑이지만 을만도 못한 취급을 받는 꼴이 되는 것이다.

조직에도 예외 없이 갑질은 존재하며 갑질의 주체는 대부분 리더인 경우가 많다. 물론 능력이 좀 있다고 해서 임무를 거부하거나 부당하게 저항하는 부하직원의 행위도 일종의 갑질이다. 그러나 리더의 갑질 가능성은 정황상 더 크다고 볼 수 있다. 리더의 갑질은 어떻게 판단할 수 있을까? 갑질에는 반드시 그 대상이 있다. 리더의 갑질은 부하직원의 판단에 달려 있다고 볼 수 있다. 리더 본인은 부인한다 할지라도 부하직원이 갑질이라고 판단하면 갑질이 될 수 있다. 리더의 입장에서는 억울할 수 있다. 리더로서 역할을 하는 것이 갑질로 오해를 받는다면 유쾌할 리 없다.

그렇다면 리더 본인은 자신의 갑질을 어떻게 감지할 수 있을까? 부하의 관점에서 보면 갑질을 쉽게 판단할 수 있다. '그럴 수 있구나' 하고 말이다. 그런데 리더가 부하직원의 눈치까지 보면서 갑질을 고민해야 할까? 일을 하다 보면 갑질로 오해를 받을 수도 있고 다소 무리한 요구도 할 수 있지 않을까? 틀린 말은 아니다. 그런데 **부하직원이 리더의 행위를 갑질로 해석하는 순간 리더는 오히려 약자인 을이 될 수 있다.** 왜 그럴까? 리더가 갑질을 하는 순간 부하직원이 갑이 되었기 때문이다. 부하직원의 몰입과 헌신의 가장 큰 수혜자가 리더라고 본다면 분명 부하직원이 갑이고 리더가 을이다. 인정하고 싶지 않겠지만 세상은 그렇게 변하고 있다. 어쩌면 상전의 역전을 우리는 이미 겪고 있는지 모른다. 을의 반란이 거세진 반면에 갑의 대응력은 그만큼 약해졌다. 본래 갑질은 무례한 강자가 선량한 약자를 의도적으로 괴롭히는 행동이지만 한 가지 더 추가하면 갑질은 잘나서 하는 행위로 보이나 가슴 깊이 숨겨 놓은 열등감의 다른 표현일 수 있다. 갑질에는 잘난 척하고 싶은 욕구, 들키고 싶지 않은 열등감, 부끄러운 무능함을 감추려는 의도가 함께 숨어 있다.

따라서 무리한 갑질로 위로를 받으려 하지 말고 성과를 창출하고 생존을 보장받으려면 부하를 갑처럼 모셔야 한다. 부하직원의 관점에서 그들의 이야기에 귀 기울이고 그들과 함께 할 때 부하 직원들은 을다운 자세로 돌아온다. 힘든 일이지만 이렇게 하지 않으면 더 힘든 세상이다. 괜히 갑질하다 을로 전락하여 원치 않는 꼴을 당하지 않기 위해서 리더는 자신의 리더십을 점검해야 한다. 그렇지 않아도 요즘 조직에서 많이 나가지 않고 덜 뽑다 보니 피라미드 구조에서 역삼격형의 구조로 조직이 변형되고 있다. 갑질을 하려 해도 을이 부족하다. 리더들끼리 또 다른 갑과 을이 생겨나는 형국이다. 세월이 지나 갑만 남는다면 정말 웃기는 일이 많이 발생할 것이다. 일할 사람은 없고 지시하는 사람만 있다면 더 이상 조직이 아니다.

을이 존재할 때 갑도 존재한다. 부하가 존재할 때 리더도 존재하는 것이다. 결국 리더가 권위를 누리려면 을과 같은 부하직원이 존재하도록 만들 수 있어야 한다. 그 최선의 방법은 심리적으로 리더가 을이 되는 것이다. 그래야 진정한 갑질을 할 수 있다. 아이러니한 논리지만 피할 수 없는 현실이다. 즉 부하직원을 본인이 갑이라 착각하도록 만드는 리더가 갑이 되고 반면에 부하직원 본인이 을임을 확신하게 만드는 리더는 반드시 을이 될 수 있다. 리더 노릇하기 힘들어진 시절이니까 말이다. 어떤 리더가 지혜로운 승자가 되는지 분명해 보인다.

이러한 주장을 뒷받침하는 점이 있다. 리더의 갑질은 리더의 불안에서 비롯된 경우가 많다. 미래에 대한 불안, 고용에 대한 불안 등 리더의 불안을 가중시키는 요인은 너무나 많다. 잘나갔던 리더이든 그 반대이든 불안한 것은 마찬가지다. 어차피 자신이 느끼는 불안이 세상에 가장 고통스러운 법이니까 말이다. 자신의 불안을 해소하거나 축소하고 싶은 욕심에 과거의 공적을 반복해서 떠들거나 아래 직원을 인정하지 않고 너무나 쉽게 비난을 하거나 무시하는 행위 등은 자신의 열등감을 감추기 위한 불안감의 몸부림에 지나지 않는다. 이제는 겸손이 살 길이다. 공짜로 리더를 도울 구성원은 없다. 조직은 기회를 줄였고 구성원은 영리하다. **리더를 돕는 유일한 도구는 성격이 아니라 품격과 실력이다.** 구성원은 자신의 성장을 지원해 주거나 지원해 줄 수 있는 리더를 따른다. 조직은 일만 잘하고 욕먹는 리더를 지켜줄 명분이 약해졌다. 리더는 리더만이 지킬 수 있음을 잊어서는 안된다. 실력과 품격 그리고 구성원에 대한 공감과 배려 마지막으로 정직과 용기가 필요하다. 그동안의 수고를 인정하고 격려하며 지금을 수용하고 미래를 위해 겸손해야 한다. 욱하는 마음에 행해지는 갑질은 외로운 리더를 더욱 고립시킬 것이다. 그럴 수 있음을 잊지 말고 모르면 묻고, 아는 것은 알려주며, 잘못한 것은 사과할 줄 아는 리더가 되어야 그나마 남은 자존심을 지킬 수 있지 않을까.

# 4
## 리더의 편애가 일 잘하는 구성원을
## 나쁜 사람으로 만들 수 있다

조직에서 일 잘하는 구성원은 리더에게 너무나 고마운 존재다. 성과로 평가받는 리더에게 일 잘하는 구성원은 일련의 보험이고 희망이기 때문이다. 예의까지 갖췄다면 혈맹에 가깝다.

그런데 리더가 일 잘하는 구성원을 아끼다 못해 편애를 하게 된다면 다른 구성원에게 실망감이나 피해의식을 주거나 일 잘하는 구성원을 오히려 불편하게 만들 수 있다. 한 가지 고려해 봐야 할 점이 있다. 과연 일 잘하는 구성원이 리더의 편애로 좋았던 사람이 변질되는 경우는 없을까? 누구나 자기 과신에 빠지면 나빠지기 마련이다. 리더만 그런 것이 아니라 구성원도 과잉 챙김을 받으면 나빠질 수 있다는 점에서 리더의 편애는 절제되고 경계해야 한다. 그렇다면 **일 잘하는 구성원을 나쁘게 만드는 리더의 실수**는 무엇일까? 리더십 관점에서 4가지 실수를 살펴보고자 한다.

### 실수 1. 규칙위반을 방치할 수 있다

일 잘하는 구성원은 리더도 눈치를 본다. 괜히 건드렸다가 문제가 생기면 손해볼 수 있기 때문이다. 리더가 일 잘하는 구성원을 편하게 해주는 방법 중 하나는 무관심이다. 감시하지 않는 것이다. 잔소리도 하지 않고 간섭도 하지 않으며 먼저 묻지도 않는 것이다. 즉 일 잘하는 구성원에 대한 감시를 리더가 철회하는 것이다. 믿지 못하는 구성원을 감시하는 리더의 행위를 감시비용monitoring cost이라고 한다. 일 잘하는 구성원은 알아서 잘하기 때문에 별도의 간섭이나 감시가 필요하지 않을 수 있다. 그런데 일 잘하는 구성원이 일하는 과정에서 조직의 제도와 규칙이 잘 적용되면 다행이지만 그렇지 않다면 일 잘하는 구성원은 리더의 기대에 부응하기 위해 조직의 규칙을 초월하거나 위배하는 일을 과감히 시도할 가능성이 있다. 더 잘하기 위해서 말이다. 일을 더 잘 해내기 위한 가상한 의지는 이해가 가지만 절차와 규칙을 준수하지 않으면 반드시 문제가 생기며 그 문제는 구성원 개인의 문제로 끝나지 않는다. 따라서 리더는 일 잘하는 구성원일수록 응원해 주고 지원해 주는 동시에 조직의 규칙과 기준을 준수할 수 있도록 곁에서 관찰하고 점검하며 피드백해 주어야 한다.

### 실수 2. 도덕불감증을 키울 수 있다

일 잘하는 구성원은 칭찬받아 마땅하지만 반드시 도덕적 마인드를 갖고 있는 것은 아니다. 일 잘한다는 이유만으로 고의적 실수나 잘못을 눈 감아주거나 원인을 다른 곳으로 돌린다면 일시적 실수는 가려질 수 있겠지만 그를 오만한 존재로 만들 수 있다는 점에서 위험하다. 나쁘게 만드는 것이다. 오만한 사람은 반성이 없다. 그래서 나쁘다. 원인을 늘 남들에게서 찾기 때문이고 자기 잘못은 없다. 늘 자기는 그래도 된다는 뻔뻔스러운 착각을 한다. 리더가 자신을 믿어주는 것은 고마운 일이고 자기 의지대로 일할 수 있는 것은 당연한 권리라는 오해를 한다면 '일을 잘하는' 구성원에서 '일만 잘하는' 구성원으로 변질되고 만다. 리더가 그렇게 만든 것이고 리더의 책임이다. 따라서 리더는 읍참마속泣斬馬謖의 교훈을 가슴 깊이 새기며 일 잘하는 구성원이 나빠지지 않도록 미리미리 주의하여 문제가 작을 때 바로잡아 줄 수 있는 원칙과 용기가 필요하며 일 잘하는 구성원에게 교훈을 줄 수 있어야 한다.

## 실수 3. 불필요한 저항을 초래할 수 있다

배고픈 것은 참아도 배 아픈 것은 참기 어려운 법이다. 누구나 한 번쯤 경험해 본 적이 있을 것이다. 잘 알지 못하는 사람의 성공도 배가 아프지만 잘 아는 사람의 성공은 곧 나의 불행일 수 있다. 조직에는 한정된 자원으로 성과를 도출해야 하는 딜레마가 있다. 모든 자원을 완벽하고 공정하게 배분하기란 쉬운 일이 아니다. 그 점을 잘 알면서도 나만 손해 보기 싫어하는 것은 어쩌면 당연한 일이다. 그런데 리더가 특정 구성원을 편애한다면 이 또한 공정하지 못한 리더의 처사가 아닐 수 없다. 일 잘하는 구성원 자체가 미운 것이 아니라 리더가 편애하는 꼴이 더 미운 것이다. 편애하는 리더 때문에 손해를 본 것 같은 마음이 들어서 다른 동료들은 자신의 손해를 보상받기 위해 일 잘하는 구성원을 집단적으로 미워하거나 편애하는 리더에 대한 저항감을 드러낸다. 예를 들어 비공식적인 방법으로 비난을 하거나 일 거부하기, 지식은폐, 심지어는 일탈행위도 과감히 실행할 수 있다는 점에서 리더의 편애는 일 잘하는 구성원은 물론이고 리더 본인도 매우 불리한 평판의 대상이 될 수 있다. 편애의 오해로 불필요한 저항을 불러올 이유는 없다.


## 실수 4. 지나친 의존을 하게 된다

사람은 모두가 외로운 존재이다. 리더도 사람이다. 그래서 리더도 외로운 존재다. 일 잘하는 구성원은 반갑기도 하지만 의지도 된다. 리더 자신에게 도움을 주는 존재로 인식하기 때문이다. 과거에는 일 잘하는 구성원은 리더의 자산이고 자랑이었다. 부서를 옮기거나 퇴사를 해도 데려가는 경우도 많았다. 소위 일 잘하는 구성원은 리더의 측근이 될 공산이 컸다. 리더로부터 받은 혜택도 많을 테니 일 잘하는 구성원도 기꺼이 자신을 인정해 주는 리더를 따르는 경우가 많았다. 누이 좋고 매부 좋은 일이다. 그런데 지금은 전혀 다른 개념이다. 일 잘하는 구성원은 자신을 끌어주는 리더가 고맙기는 하지만 자신의 롤모델이 아닐 수 있는 것이다. 배신이 아니라 애초부터 리더에 대한 관념이 리더의 생각과는 다른 것이다. 따라서 리더만 짝사랑하는 꼴이라면 일 잘하는 구성원에게만 의존해 온 리더만 쓸쓸한 이별을 준비해야 할지도 모른다. 따라서 다양한 구성원을 균형감 있게 존중하고 편애 없는 리더십을 발휘해야 한다.

이상과 같이 구성원을 편애하는 리더의 실수에 대하여 생각해 봤다. 결론적으로 일 잘하는 구성원은 필요하지만 일만 잘하는 구성원은 오히려 조직에 피해가 될 수 있으며 그 책임은 고스란히 리더의 몫으로 남는다. 스펙이 중시되는 풍토를 탓하고 싶지는 않지만 공부만 잘하는 자식이 밖에서 반드시 존중을 받는다는 증거는 없다. 일만 잘한다고 리더가 편애를 한다면 리더 또한 가해자가 된다. 좋은 취지의 애정도 통제와 정도는 필요해 보인다. 성과를 내고자 하는 리더의 순박한 의지가 궁극적으로 구성원의 저항을 불러온다면 소탐대실小貪大失의 교훈을 입증하는 계기가 될 뿐이라는 점에서 리더는 공정한 경쟁을 보장해야 한다.

# 5
## 고생한 구성원의 희생증후군을 외면하지 말라

　조직에는 별별 사람이 다 있다. 잘나가는 사람, 대접받지 못하는 사람, 방관하는 사람 그리고 저항하는 사람과 아무 생각이 없는 사람도 있다. 조직은 복잡하고 불합리해 보이지만 그래도 돌아간다. 그것이 조직이다. 그러다 보니 조직에서 억울한 사연이 어디 한 둘이겠는가? 사람이 많다 보면 모두가 만족하기란 불가능에 가깝다. 특히 잘나가지 못하는 사람들이 겪는 억울함은 더욱 크다. 그들의 억울함은 다양한 방식으로 표출되지만 주목받지 못하거나 시간이 지나 그냥 사라져 잊혀지는 경우가 많다. 소외된 사람이 조직에서 흔히 겪는 어쩔 수 없는 상황이다. 그런데 정작 조직에 치명적인 피해를 주는 사람이 의외의 인물인 경우가 있다. 소외된 사람이 아니라 조직을 위해 최선을 다했던 사람이 어떤 계기로 자신이 사랑했던 조직을 향해 총구를 겨누는 경우다.

　'희생 증후군sacrifice syndrome'이란 개념이 있다. 조직을 위해 많은 것을 희생한 사람이 어느 날 극심한 배신감을 겪게 되는 정신적 고통이다. 희생증후군은 성실하고 잘나갔던 사람일수록 발생 후 후유증이 심할 수 있다. 조직을 위해 개인적 시간과 노력, 가족과의 생이별은 물론이고 적과의 동침을 즐겨야 했으며 원치 않는 감정 조절과 비겁한 추종을 인내했음에도 불구하고 이 모든 행동이 의미가 없고 헛고생했다는 생각이 든다면 '희생 증후군'은 심각한 수준에 도달한 것이다.

그동안 희생을 당연한 것으로 받아들였고 뼈를 갈아 조직에 쏟아 넣었다. 그런데 어느 날 갑자기 조직으로부터 갑작스럽고 의리 없는 뒤통수를 맞게 된다면 '희생증후군'은 발동되고 엄청난 충격으로 지금까지의 희생에 대한 후회가 밀려오면서 인내의 한계 수준을 넘게 된다. 예를 들어 면직, 이동, 권고사직 등등 생각하지도 못했던 조직의 일방적 통보를 접했을 때 당황하지 않을 수 없다. 여러 가지 복잡한 기억들이 떠오르며 침통함을 감추기 어려워진다. 특히 잘나갔던 사람들은 완벽주의자인 경우가 많은데 희생증후군은 완벽주의자들에게 더욱 치명적이다. 자신의 노력과 열정이 조롱을 당했다는 생각이 드는 순간 모욕감이 밀려오고 개인차는 있겠지만 어떤 형태로든 조직에 대응하고자 할 것이다. 일반적으로 **'희생증후군'을 인지하게 된 리더의 반응**은 몇 가지 형태로 나타난다.

**첫 번째는 '절망형'이다.** 갑자기 조직으로부터 배신을 당했다고 판단되면 심하게 좌절하거나 우울증에 가까운 혼란을 겪거나 또는 탈진burnout 상태에서 직감한 모멸감을 견디기 힘들어 한다. 심한 경우는 자살까지도 서슴지 않는 경우도 있다. 열심히 살아왔던 마음의 기둥이 무너졌기 때문이다. 또한 자신이 이룩했던 업적들이 내것이 아니라는 절망도 한몫한다. 조직의 목표를 자신의 목표라고 여기며 정신없이 살았던 자신을 생각하면 억울하고 서글프다. 조직내부에서 위로해 주는 사람이 없거나 기꺼이 돕겠다는 사람이 없다면 마음의 상처는 두 배가 된다. 이미 자신이 잊힌 존재란 생각이 들기 때문에 스스로를 자학하는 유형이다.

**두 번째는 '저항형'이다.** 아무리 생각해도 억울한 것이다. 전혀 양보할 생각이 없다. 지금 저항하지 않으면 다 잃는다는 생각이 머리를 채우는 경우다. 잘 나갈 때 자신이 잘 알고 있던 조직의 비밀스러운 정보나 치명적인 약점 등을 동원하여 조직에 결정타를 주려는 강한 의도를 갖게 된다. 소위 '너 죽고 나 죽자'식을 추구하는 유형이다. 그런데 슬프게도 이 경우는 대부분 조직이 이긴다. 조직은 다수이고 개인은 혼자이기 때문이다. 하지만 결정적인 문제는 조직은 문제에 직면하면 이성적으로 원칙대로 접근하려 하지만 개인은 매우 감정적인 상황에 처하기 쉽다. 감정적 흥분상태가 의사결정에 오류를 범할 수 있기 때문이다. 무리수를 두거나 상황을 고려하지 않은 판단 등이 불리하게 작동할 가능성이 크기 때문이다.

**세 번째는 '비굴형'이다.** 자신을 맥없이 내려놓고 존재감 없이 생존을 구걸하는 타입이다. 더 이상 과거의 영광에 대한 미련도 없고 그저 남겨진 시간을 침묵하며 이대로 남기를 희망하는 측은형이다. 그저 운명이라 생각하고 많은 것을 포기하는 것이다. 몸은 남지만 애정은 남지 않은 조직 생활을 무료하게 이어간다. 기분은 나쁘지만 당장 대안도 없으니 일단 비굴한 생존을 구걸하면서 기회를 보고자 한다. 스스로를 위로하며 상황을 견디며 참는다. 그러나 이들은 '학습된 무기력'에서 벗어나지 못한다.

조직에는 늘 깜짝 쇼가 많다. 외부 상황 또는 내부 상황 그리고 의사결정자의 의지에 따라 변화가 많다. 눈치가 빠르다면 예측은 가능하지만 어차피 힘은 없다. 그렇다면 조직은 굳이 열심히 일하며 살아온 구성원을 저항군으로 만들어야 할까? 잘나가던 사람들의 저항을 조직은 대비하지 않아도 되는 걸까? 능력과 실적 위주의 시절에 불편한 주장일지 모르겠지만 영리한 조직의 성급한 의사결정이 어리석은 소탐대실로 돌아오지 않기를 바란다면 '희생증후군'의 위험을 조직은 경계해야 하지 않을까?

사람을 함부로 대해서 성공한 조직은 없다. 조직의 일방적이고 의리 없는 결단을 무작정 참을 만큼 정신 나간 구성원은 지구상 어디에도 없다. 사회적 교환이론social exchange theory은 자신이 상대로부터 받은 만큼 보답하고 싶고 당한 만큼 되갚아주고 싶은 심리의 개념이다. 분노는 인내의 개념보다 복수의 개념에 더 가깝다. 조직이 철저하게 투명하여 구성원의 희생증후군 가능성이 전혀 없다면 모를까 조직은 이제라도 구성원의 희생 증후군을 한번쯤 고민해 봐야 하지 않을까? 신정성 리더십이 관심을 받는 이유가 바로 여기에 있다.

예를 들어 조직 고령화로 고 연차 구성원이 늘고 있는 상황에서 그들을 비용으로 판단하여 빨리 나가 주기만을 바라거나 몸값은 높은데 밥값을 못한다고 구박하면 고 연차 구성원은 극심한 모욕감을 느끼게 된다. 이때 희생증후군으로 인하여 오히려 자신들이 그토록 사랑했던 조직을 상대로 불리한 행동을 과감히 실행한다면 과연 조직에 어떤 이득이 있을까?

고 연차 구성원의 가슴에는 그렇지 않아도 '내면화된 수치심inter-

**Part 2** 몰입과 성장을 지원하는 공감형 리더

nalized shame'이 있다. 기분은 나쁘지만 조직이 잘되기 위해 양보하라고 해서 양보했고 나이 어린 상사를 모시라고 해서 모셨지만 수치심을 견디는 것은 너무나 고통스럽다. 조직이나 리더가 그들의 내면화된 수치심을 포용하고 응원해 주는 지혜가 필요하다. 고 연차 구성원의 지금의 모습만 보지 말고 오랜 세월 조직을 위해 일했던 헌신에 감사하며 그 과정에서 축적된 노하우를 재활용할 기회를 제공하는 방법을 선택해야 한다.

아직도 그들은 자신의 청춘을 바친 조직을 사랑한다. 그들의 남은 애정을 분노로 변질시키지 말고 헌신한 사람에게 희생증후군을 주기보다는 헌신에 감사하고 조력자 역할을 연구하고 제안해야 한다. 그래야 이 과정을 지켜보는 많은 저 연차 구성원들이 현재의 고연차 구성원을 대하는 조직의 태도를 보며 자신의 미래를 긍정적으로 예측하지 않을까 생각한다.

# THEME
## 8

# 당근은 먹고 채찍은 피하는
# 영리한 구성원
# 몰입을 이끄는 방법

## 1
### 리더의 권위주의가 부하의 기회주의를 키운다

조직에서 리더가 권위적이면 누가 힘들까? 바로 리더 본인이다. 언뜻 보기에는 권위적인 리더가 상사로 보일 수 있지만 실제로는 리더 본인만 손해를 본다. 권위적인 리더가 손해를 보는 이유는 다양하다. 그중에서 가장 치명적인 것은 부하직원의 기회주의를 키운다는 점이다. 처음에는 권위적인 리더에게 공포감을 갖거나 맹목적인 복종을 하지만 부하는 나름의 자기방어를 위해 기회주의적 행동으로 저항할 수 있기 때문이다.

예를 들어 권위적인 리더의 강압적 행위를 핑계로 마땅히 해야할 일을 철회하거나 마땅히 해야 할 의무를 소홀이 하는 부하가 생길 수 있다. 어차피 평소에 권위적이던 리더의 무례함은 구성원 모두에게 각인되어 있기 때문에 권위적인 리더에 대한 과장된 부정적 표현도 별 의심없이 받아들여진다. 더욱이 권위적인 리더에게 당해 본 부하가 많거나 리더의 권위적 행위가 일관되게 반복되었다면 권위적인 리더에 대한 부정적 인식은 '확증편향'이 되어 권위적인 리더는 작은 실수에도 큰 비난을 받게 되고 본인이 유발하지도 않은 억울한 원망도 고스란히 감당해야 한다. 본인도 모르는 사이에 말이다.

그렇다면 권위적인 리더는 자신만 손해 보는 그러한 행위를 왜 하는 걸까? 잘못된 소신 때문이다. 보통 권위적인 리더는 성격상 거칠거나 지배욕구가 선천적으로 강한 경우도 있지만 대부분 오랜 조직생활을 통해 학습된 경우가 더 많다. 과거 상사의 권위주의적 행동을 관찰했을 것이고 이를 학습하게 되어 결국 모방까지 하게 된다. 시쳇말로 마른 수건도 쥐어짜면 물이 나온다는 잘못된 생각이 고착된 것이다. 특히 일하는 방식에 대한 철 지난 집착, 아랫사람은 무조건 쪼아야 말을 듣는다는 위험한 착오, 2인자를 키우면 본인이 위험해진다는 옹졸함, 성과만 달성하면 자신이 살아남는다는 비겁함, 윗사람에게는 맹목적인 복종을 해야 살아남는다는 비굴함, 애사심을 빙자하여 자신이 이익을 먼저 챙기는 주인행세, 습관적으로 책임을 전가하는 것이 노련한 생존기술이라고 믿는 치졸함 등은 잘못된 소신을 가진 리더의 특성이다.

그러나 지금은 세상이 무섭게 변했다. 부럽게만 보이던 멋진 리더의 권위주의는 잘못된 소신으로 인식되어 오히려 리더십 역풍을 맞는 좋은 구실이 된다. 세상도 변했고 사람도 변했다. 세상에 공짜는 없다. 리더가 권위주의로 공격하면 부하도 기회주의로 반격을 한다. 그것도 공개적이지 않고 은밀하게 반격을 한다. 그것도 잘 들키지 않기 때문에 권위적인 리더는 위험을 감지하기 어렵다. 앞에서는 굴복하지만 뒤에서는 아무것도 하지 않거나 하려 하지 않는 기회주의를 권위적인 리더가 초래한 셈이 된다.

더욱 위험한 것은 이러한 권위적인 리더에 대한 부하의 기회주의가 시간이 갈수록 정교해지고 조직 내 확산되어 부하 간 학습이 되며 아래 계층으로 점차 전이되면 바꾸기 힘든 조직문화로 전락할 수 있다. 예를 들어 만약 CEO가 권위적이면 임원들의 기회주의가 발동되고 임원이 권위적이면 그 아래 중간 리더들 또한 기회주의적 행동으로 선택할 가능성이 높아진다. 물론 개인차도 있고 조직문화 차이에 따라 그 정도는 달라질 수 있겠지만 **리더의 권위주의가 강하게 인지되고 공유된 조식에서는 부하의 기회주의는 정당한 선택이 되고 떳떳한 명분이 된다.** 따라서 권위적 리더는 점차 자신의 의지가 통하지 않는 이유를 찾지 못하고 답답한 마음에 오히려 더욱 강력한 권위주의적 행동을 반복하게 된다. 그러면 리더십의 회복은 더욱 어려워지고 유능한 부하들의 이직과 저항은 강해지기 마련이다.

리더십도 이론이다. 모든 이론은 진화한다. 세상이 변하고 조직이 변하기 때문이다. 그렇다면 조직 내 리더의 모습도 변해야 한다. 현명한 리더라면 변화를 정확히 감지하고 선제적 대응을 감행해야 한다. 리더의 역할 변화는 리더가 모든 것을 통제하고 장악해야 한다는 '갓 콤플렉스god complex에서 리더가 모든 책임을 지고 헌신해야 한다는 '희생적 솔선수범first there, last out'을 경유하여 최근에는 부하와 끊임없이 소통하고 정보를 공유하며 참여를 통한 의사결정으로 성과와 신뢰를 동시에 추구하는 **'집단지성collective genius'을 실천하는 공감 리더십**으로 진화했다. 강한 리더보다 부드러운 리더, 똑똑한 리더보다 지혜로운 리더로 거듭나는 길이 리더가 생존하는 길이 된 것이다.

## 2
## 권한위임은 가장 높은 수준의 리더십 기술이다

권한위임empowerment은 구성원 성장과 조직성과에 긍정적인 영향을 제공한다는 점에서 매력적인 개념이다. 그러나 실제로 조직현장에서 권한위임은 다양하게 해석되고 발휘되어 왔다. 자신의 권한을 남과 나눈다는 것은 쉬운 일이 아니다. 일을 끌어안고 사는 리더들의 대부분은 일을 독점해야 자신의 생존이 보장된다고 믿기 때문이다. 그래서 마음에 드는 구성원에게도 주기 아까운 일을 마음에 들지 않는 구성원에게까지 기꺼이 나눠줄 이유는 없는 것이다. 익숙한 일만 하려는 리더에게 일은 몸값이고 밥값이며 권력인 동시에 생존인 것이다. 자신이 위험해지면 안된다는 강박증 때문이다. 물론 단기 성과만 강조하는 요즘 조직현실에서 이러한 강박증과 같은 절박한 생존본능을 탓할 생각은 없다.

그러나 리더가 변하지 않아도 안전했던 시절은 사라졌다. 변하지 않으면 곧장 위험해지는 시절이다. 변화는 리더의 생각보다 빠르고 다양하며 갑자기 다가온다. 예를 들어 **업무를 지시는 방법에도 네 단계에 변화가** 있다. **첫 단계는 '무능한 전달형' 업무지시다.** 과거에는 업무를 그냥 지시만 해도 별문제가 없던 시절이 있었다. 리더가 업무를 잘 모르는 상태라도 감히 별다른 저항은 없다. 시쳇말로 '리더가 개떡같이 말해도 부하는 찰떡같이 알아들어야 한다'는 어이없는 말이 통용되던 시절이다. 리더의 유형은 무능형에 가깝다. **두 번째 단계는 '독단적 지시형'이다.** 리더가 자신의 의지대로 업무를 분배하고 지시하는 경우다. 일방적이고 독단적인 유형으로 구성원은 그저 참아야 했다. **세 번째 단계는 '자상한 공유형'이다.** 업무의 배경과 목표 그리고 관련정보를 공유해 주는 친절한 리더다. 가끔은 우유부단하고 공정성 이슈를 유발하기는 하지만 고마운 덕장형 리더다. **네 번째 단계는 '공감적 성장형'이다.** 가장 구성원을 동기부여 시킬 수 있는 강력한 리더십의 비법이다. 이 유형의 목적은 일과 사람의 궁합을 최적화하는 것이다. 일을 통한 성장가능성을 가장 중요한 원칙으로 하고 일의 목적과 내용 그리고 성장성 등을 고려하여 치밀하게 가이드해 주는 말 그대로 성장형 리더의 업무지시 유형이다. 이 경우 구성원은 성장을 얻고 리더는 성과를 얻는다. 이처럼 업무를 지시하는 유형에도 지혜가 있다. 좀 더 구체적으로 살펴보면 권한위임과 깊은 관련성을 갖는다.

권한위임도 진화하고 있다. 리더중심에서 구성원중심으로 변화하고 있다. **현재 권한위임 3.0시대를 맞고 있다.** 권한위임 1.0시대는 일과 사람의 최적화보다는 리더의 의지가 중요했다. 즉 리더가 원하는 사람에게 리더가 원하는 일을 부여하는 것이 결정적 기준이 된다. 그래서 구성원은 리더의 입만 바라보며 그의 결정을 받아들인다. 불만족스럽거나 조정을 요청하고 싶어도 받아들여지지 않는다는 것을 잘 알던 시절의 형태다. 권한위임 2.0은 리더로부터 자신이 인정받았다는 생각이 들 때 일에 대한 몰입도가 가장 높았던 시절이다. 리더의 인정은 '심리적 권한위임psychological empowerment'이란 단어로 학계는 정의한다. 즉 자기를 인정해 주는 리더를 위해 해보지 않은 일일지라도 기꺼이 몰입하여 리더가 기대하는 결과를 산출하고자 노력한다. 권한위임 3.0은 판단의 기준이 구성원 성장에 있다. 부여된 권한이 자신의 성장에 실제적으로 도움이 된다고 판단될 때 가장 높은 몰입감을 갖는다는 관점이다. 리더에 대한 신뢰는 당연히 높아지고 구성원의 몰입도 높아져 성과로 연결될 가능성이 커지는 것이다.

결국 권한위임은 하는 것이 중요한 것이 아니라 어떻게 하느냐가 더 중요한다. 과거에는 업무분배delegation와 권한위임empowerment을 구분하지 못하는 경우가 많았다. 그래서 리더는 권한위임을 했는데 구성원이 결과를 가져오지 않는다고 투덜대는 경우가 있다. 권한위임은 구성원의 성장을 기준으로 적합한 일의 설정과 배분 그리고 충분한 설명을 통해 고성과를 창출하는 리더의 수준 높은 리더십 기술이라고 해도 과언이 아니다. 만약 리더가 권한위임의 진정한 의미를 모르고 과거의 습관대로 구성원을 이끌고자 한다면 리더만 손해를 보는 것은 뻔한 일이다. 그렇다면 **리더가 권한위임에 실패하면 어떤 손해를 보는 걸까?**

**첫째, '학습'이 멈춘다.** 조직에서 능숙하게 잘해 왔던 일만 할 수 있다면 다행이지만 리더의 경험보다 세상의 변화가 더 빠르고 조직의 요구도 다양하다. 하던 일만 하다 보면 새로운 정보와 지식을 민첩하게 학습할 시간과 기회를 놓칠 수 있다. 구성원과 열린 소통의 기회마저 부족하다면 과거의 경험에 갇혀 리더 홀로 고립될 공산이 크다. 리더는 위임이 필요한 일과 직접해야 할 일을 구분하여 권한위임을 실천하고 자기만을 위한 학습의 절대시간을 확보하는 것이 무엇보다 중요하다. 조직은 리더가 알고 있는 일만을 시키지 않기 때문이다. 조직의 질문에 답을 해야 하고 문제를 해결해야 한다. 그래야 살아남을 수 있다. 따라서 권한위임을 통해 자기만의 시간을 확보하고 자신이 무엇을 모르고 무엇을 알며 무엇을 학습해야 하는가를 끊임없이 고민해야 한다.

**둘째, '추종'이 멈춘다.** 배려 없는 리더보다 공정하지 않거나 얻을 것이 없는 리더를 구성원은 맹목적으로 추종하지 않는다. 자신의 성장을 외면하는 리더를 따르는 바보 같은 구성원은 없다. 고용계약보다 더 중요한 것이 바로 심리적 계약psychological contract이다. 월급도 중요하지만 비전도 중요하다. 조직에서 성장하고 행복해질 가능성에 따라 조직과 리더에 대한 추종을 구성원은 결정한다. 이러한 현실이 리더의 마음을 서운하게 할지는 몰라도 원치 않는 수치심을 리더만 품게 된다면 더 견디기 힘든 일이다. 리더는 구성원의 성장을 의도적으로 역설하며 권한위임의 기회를 기꺼이 제공해야 한다. 이미 내 부하가 내 편이 아닐 수 있고 리더 본인이 그들의 롤 모델이 아닐 수 있다는 것을 인정해야 한다. 이익 없는 추종은 없다.

**셋째, '용기'가 멈춘다.** 일이 사람을 길들인다. 하던 일을 잘하면 그 일만 하고 싶어지기 마련이다. 누구나 '고정 마인드셋'에 빠지기 쉽다. 잘하는 일만 하려는 심리다. 이정도면 이미 자기가 무엇을 알고 무엇을 모르는가를 생각하지 못하는 메타인지metacognition 장애 상태가 된다. 머리와 가슴이 아니라 몸이 자동적으로 일을 하는 것이다. 그래서 다른 일을 새롭게 할 용기는 이내 사라진다. 비워야 채울 수 있고 넘겨야 받을 수 있다. 겉으로는 숙련가지만 실제로는 이미 용기를 잃고 불안한 마음을 들키지 않으려는 셀프 꼰대에 지나지 않을 수 있다. 이들에게 새로운 도전은 두렵고 불안하기 그지없다. 세상 사람들은 남에게 관심이 없다. 누구도 믿을 수 없는 세상이다. 리더 또한 자신을 돌아보고 위로하며 스스로 용기를 부여해야 한다.

**넷째, '성장'이 멈춘다.** 쉬운 일에는 경쟁이 많고 힘든 일에는 기회가 많은 법이다. 권한위임에 실패한 대부분의 리더는 자신이 덜 위험해지기 위해 아무런 시도도 하지 않는 경우가 많다. 하던 일을 잘하는 것도 중요한 일이고 다행이지만 리더 자신의 성장에 필요한 기회를 거부하면 생존의 기회도 사라진다. 자신 없는 일이 두려워 구성원들에게 그냥 던지거나 강요하면 저항에 직면할 뿐 아니라 리더 본인의 성장은 멈추고 조식도 더 이상 기회를 주지 않게 되어 점차 잊히는 존재가 될 수 있다.

결국 권한위임은 리더를 위한 기회다. 리더의 자신감 넘치는 권한위임을 조직이 응원해 주는 일도 필요하지만 리더 스스로 지금까지 열심히 살아왔던 자신의 역사와 경력을 점검하여 자신감을 가지고 권한위임에 임하는 것이 새로운 기회를 만드는 일일 것이다. **어쩌면 권한위임은 헌혈과도 같다.** 피를 빼면 손해 보는 것 같지만 헌혈을 통해 건강한 피를 다시 얻을 수 있다. 권한위임을 하려면 리더가 먼저 일을 잘 알아야 하니 일에 대한 정보와 지식을 확보할 수 있다. 다음으로는 일을 잘 알기 때문에 누가 이 일에 적합한 구성원인가를 파악하기 쉬우며 충분한 설명도 가능하다. 일의 목표와 내용 그리고 의미를 잘 들은 구성원은 일에 몰입할 가능성은 커지며 일을 잘 아는 리더가 결괴에 대한 평가 또한 소홀히 할 리가 없다. 이러한 과정에서 성과는 높아지고 리더도 안전해지고 구성원도 성장감을 갖게 된다. 따라서 **권한위임은 가장 높은 수준의 리더십 기술이다.**


# 3
## 구성원은 리더를 보고 일할 마음을 결정한다

권한위임<sup>empowerment</sup>은 성과증진과 구성원 성장을 도모한다는 점에서 오래전부터 중요시되었던 개념이다. 권한위임은 구성원 성장 기회뿐 아니라 리더에 대한 신뢰를 확인하는 증거다. 권한위임을 하지 않는 리더는 구성원 성장에 무관심한 야속한 리더로 인식될 수 있기 때문이다. 아울러 구성원이 권한위임을 진심으로 수용하면 더욱 높은 성과를 달성할 수 있다는 연구결과는 많다. 권한위임은 리더의 일방적인 일의 분배나 지시가 아니라 리더와 구성원 간 호혜적 신뢰가 전제되어야 한다.

권한위임은 그 자체도 중요하지만 누가 위임하는가, 어떻게 위임하는가, 무엇을 위임하는가에 따라 권한위임에 대한 구성원의 해석이 달라질 수 있다. 지금까지 권한위임은 리더의 특권이고 리더마다 접근법이 다르기 때문에 자의적이었고, 리더의 편견이나 잘못된 소신으로 인해 상하간 인식차이가 컸다. 따라서 기존 권한위임에 대한 불편한 진실을 반성하고 새로운 관점의 권한위임을 고민해 볼 필요가 있다.

권한위임empowerment과 업무분배delegation를 구분하지 못하고 구성원이 할당된 일을 수행할 시간을 할애해 주는 것만으로 권한위임을 다했다고 착각하는 리더를 어렵지 않게 관찰할 수 있다. 좋은 결과가 나올 리 없다. 더군다나 사전에 상세한 설명이나 의미부여 없이 일방적으로 일을 할당한 경우에는 기대했던 성과는 달성하기 어려워진다. 구성원에 대한 배려가 고려되지 않았기 때문이다. 그래서 권한위임은 리더와 구성원 양쪽의 상대에 대한 인식이 매우 중요하다. 리더와 구성원 모두가 마음이 맞는 경우와 한쪽의 일방적인 요구로 인한 충돌이나 저항은 권한위임을 하지 않는 것보다 못한 결과를 초래할 수 있다. 따라서 **성공적인 권한위임은 리더에 대한 신뢰**$^{trust}$**와 구성원의 수용도**$^{acceptance}$**에 의해 결정된다**고 볼 수 있다는 점에서 4가지 유형으로 구분해 보고자 한다.

**첫째, 성장형 권한위임.** 리더에 대한 신뢰가 높고 구성원 수용도가 높기 때문에 권한위임에 대한 기대감이 높고 성장감을 구성원이 높게 인식하는 유형이다. 특히 실력과 품격을 갖춘 리더의 권한위임이라면 아무리 힘겨운 일도 자기성장의 기회로 해석하여 일에 더욱 몰입할 가능성이 높다. 신뢰는 공감과 몰입을 유도하는 강력한 요인이기 때문이다. 결국 리더의 구체적이고 의미 있는 설득과 잦은 소통이 리더에 대한 신뢰를 높여 구성원의 긍정적 수용을 가능케하여 권한위임의 성공을 보장해 주는 것이다. 특히 성장형 권한위임은 신뢰가 기반이 되기 때문에 구성원이 다른 걱정이나 염려없이 일에 몰입할 수 있으며 시간이 갈수록 강화된다는 점에서 성과창출에 강력한 예측요인이 된다.

**둘째, 부담형 권한위임.** 리더에 대한 신뢰가 부족한 상태에서 일방적으로 일이 할당되어 구성원은 어쩔 수 없이 이를 수용해야 하는 경우다. 아무리 익숙한 일이거나 쉬운 일일지라도 신뢰하지 못하는 리더의 지시는 부담 그 자체가 될 수 있다. 리더의 의도를 정확히 모르기도 하지만 의심부터 들기 때문이다. 평소 일을 잘하거나 복종해 온 구성원이라고 해서 신뢰가 부족하다면 자신의 리더가 과도한 일을 반복해서 지시하고 별다른 지원이 없다는 생각이 들기 쉽기 때문에 가혹한 부담으로 인식되어 몰입을 철회하거나 저항 또는 도피를 선택할 수 있다. 일 잘하면 일을 더 시킨다는 선입견을 갖게 한다.

**셋째, 배신형 권한위임.** 리더와 관계에 좋다고 믿었는데 기대했던 빛나는 일은 엉뚱한 사람에게 부여되고 정작 본인에게는 마음에 들지 않는 일이 배분되었다면 억울한 일이 아닐 수 없다. 그동안 잘 따랐는데 좋은 기회는 남에게만 베푼다면 리더에게 서운함과 배신감이 들고 마음의 상처가 된다. 더욱이 사전 양해도 없었다면 상처는 흉터가 된다. 리더 입장에서는 그 구성원을 믿기 때문에 이해하리라 생각할지 몰라도 그것은 본인의 생각이고 구성원 입장은 다를 수 있다. **리더는 베푼 것을 먼저 생각하지만 구성원은 서운함 것을 먼저 생각하는 법이다.** 말을 잘 듣던 구성원이 어느 순간부터 리더를 피하거나 인상이 밝지 않다면 확인을 해야 한다. 가까운 사람의 마음을 먼저 헤아리는 지혜는 리더에게 기본이다.

**넷째, 저항형 권한위임.** 리더와 구성원 간 서로에 대한 믿음도 소통도 없는 상황에서 불편한 권한위임은 위험한 갈등으로 전락할 가능성 높다. 당연히 구성원 입장에서는 어떤 일도 수용할 생각이 없다. 리더의 의도에 대한 선입견을 가지고 있을 가능성이 있기 때문이다. 평소 구성원에 대한 공감이나 배려없이 갑자기 일을 할당하면 의심은 갈등을 낳고 갈등은 저항으로 이어질 수 있다. 갈등이 드러나도 문제지만 서로 눈치만 보면서 갈등을 덮고 간다면 해결의 기회도 없는 시한폭탄이 되는 것이다. 예를 들어 불편한 연상부하에 대한 모욕적인 지시나 비정한 대우, 외부영입 구성원에 대한 불친절한 대응 그리고 얄미운 젊은 구성원에 내한 무례한 갑질 등이 그 예가 될 수 있다.

이상과 같이 리더에 대한 신뢰와 구성원 수용도 관점에서 권한 위임의 유형을 살펴봤다. 성과는 구성원의 능력과 동기수준에 따라 결정된다고 본다면 리더는 일방적으로 업무를 지시하기보다는 리더에 대한 구성원의 신뢰수준을 점검하고 사전에 충분한 설명과 이해를 통해 권한을 위임하는 것이 필요해 보인다. 더욱이 위임된 권한에 대한 정기적이고 적절한 점검과 개입으로 신뢰관계를 유지하며 권한위임의 성공가능성을 높이는 것이 리더에게 중요한 태도가 아닐까 생각한다. 구성원은 리더를 보고 일할 마음을 정하니까.

# 4
## 고 연차 직원의 불안을 커리어 멘토링으로 대응하라

퇴직을 앞둔 고 연차 직원은 불안하다. 불안한 첫 번째 이유는 각자의 상황에 따라 다르겠지만 무엇보다 퇴직 후 대안이 없기 때문이다. 꼬박꼬박 들어오던 월급이 중단될 수 있다는 두려움이 크다. 두 번째 이유는 자신감 상실이다. 고 연차 직원은 말 그대로 나이가 적지 않다. 경제활동을 할 수 있는 체력은 문제가 없다 할지라도 미래에 대한 준비가 덜 되어 있다면 불안은 커질 수밖에 없다. 멀쩡한 사람도 불안해지면 자신감이 약해지기 마련이다. 세 번째 이유는

Part 2 몰입과 성장을 지원하는 공감형 리더

조직에 대한 섭섭함이다. 청춘을 바쳐 일해 왔던 조직인데 언제부터인가 이방인 취급을 한다는 생각에 섭섭함을 넘어 분노가 일기도 한다. 최근 들어 불확실성이 심화되면서 핵심인재는 소위 젊은 세대에 집중되고 임원의 생존주기는 짧아졌으며 더 젊은 직원이나 외부사람이 그 자리를 차지한다. 고 연차 직원의 설 자리는 점점 줄어들고 후배를 상전으로 모시거나 알아서 승진을 포기해야 하는 기막힌 현실은 불안을 가중시키기에 충분하다. 조직이 너무나 서운하고 괘씸한 것이다.

더욱이 조직의 침묵과 무관심은 고 연차 직원의 불안을 더욱 가중시킨다. 지금까지 일만 시켜놓고 어느 날 갑자기 역량을 운운하며 경쟁력을 키우지 못한 것은 개인의 문제라며 그 책임을 고 연차 직원에게 떠넘기니 갑자기 뒤통수를 맞은 듯한 충격은 너무나 크다. 이 답답함을 누구에게 하소연해야 할까? 고 연차 직원은 이제 어떻게 해야 할까? 조직차원에서도 별다른 해법은 없어 보인다. 조직의 관점은 다 죽을 수 없으니 다 살릴 수 없다는 것일까? 그렇다면 조직은 과연 고 연차 직원의 불안에 대해 침묵해도 전혀 문제가 없는 걸까? 대답은 결코 아니다.

고 연차 직원을 소홀히 대하면 조직이 먼저 피해를 보는 이유가 있다. **첫째, 고 연차 직원은 매년 양산된다.** 당장의 고 연차 직원이 다가 아니다. 매년 양산되는 고 연차 직원이 모두 꼴 보기 싫은 존재라면 매년 그 꼴을 봐야 한다. **둘째, 현재 고 연차 직원은 한때는 저 연차 직원이었고 조직에 헌신했던 영웅들이다.** 고 연차 직원을 대하는 조직의 의리 없는 태도를 보면서 자신들의 미래를 강하게 예측하지 않을까? 다음은 자신늘의 자례라고 생각할지 모른다. **셋째, 고 연차 선배를 부하직원으로 두고 있는 젊은 리더가 고 연차 직원들의 공격대상이 되거나 화풀이 대상이 된다면 죄 없는 리더에게 과도한 부담을 전가하는 경우가 될 수 있다.** '조직의 고령화를 왜 직원들 탓으로 돌리는가?' 하는 문제를 따져보지 않을 수 없다. 피해자는 있는데 가해자가 없는 기괴한 일들이 벌어진다. **넷째, 앞만 보고 달려온 고 연차 직원들의 좋은 경험과 시행착오를 조직에 교훈으로 남기지 못하고 그냥 소실해 버린다면 조직도 분명 손해가 된다.** 조직은 회사비용으로 갈고닦은 고 연차 직원의 노하우와 경험을 물어보지도 않고 챙기지도 않는다. 그러면 같은 노하우와 경험을 찾기 위해 비용을 쓰는데도 앞에서 남고 뒤에서 손해를 보는 경우가 발생할 수 있다. **다섯째, 고 연차 직원이 몸값은 높은데 밥값을 못한다고 해서 월급을 중단할 수 없기 때문이다.** 그렇게 줄 돈 더 주면서 일은 덜 시킨다면 그 자체도 경제적 손실이 된다. 고 연차 직원은 광산과 같다. 개발하지 않으면 드러나지 않는 금덩어리다. 금은 개발되고 사용되어야 가치가 있는 법이다. 그냥 묻혀 있으면 존재는 하지만 가치가 없는 돌과 같다.

그리고 언제부터인가 고 연차 직원에 대한 책임을 아무도 지지 않는다. 의욕은 없는데 조직에 기대가 큰 젊은 직원과 불안하지만 아직 의욕은 남아 있는 고 연차 직원 간 불편한 동거가 지속되고 있지는 않은지 걱정된다. 물론 고 연차 직원도 조직에 대한 서운함과 분노로 인하여 얼마 남지 않은 시간을 허비하여 냉소적 방관자로 변질되는 것을 경계해야 한다. 어쩌면 임금피크제도는 퇴직을 위해 미래를 준비하는 시간이지 생명연장의 기회만은 아니다. 만약 지나온 세월 동안 축적된 노하우를 점검하고 자기 것으로 만들지 못하고 퇴사한다면 정말 조직 좋은 일만 하고 떠나게 된다. 조직의 지원이 없다 할지라도 차분히 지금까지 해왔던 일들을 기록하고 그중에 가장 잘했던 일을 잘할 수 있는 일로 정의하고 정비하여 소유해야 한다. 필요하다면 점검받는 기회를 만들어야 한다. 자영업만이 해법은 아니니까 말이다.

결국 고 연차 직원의 노력도 중요하지만 조직이 먼저 적극적인 대응을 해야 한다. 고 연차 직원을 위한 '커리어 멘토링$^{career\ mentoring}$을 시도해 보는 것이 바람직하다. 잘못하면 퇴직금 또는 명퇴금이 고생한 사람에 대한 감사한 보답이 아니라 합의금처럼 해석될 가능성이 크다. 고 연차 직원들이 조직에 있을 때 기회를 제공해야 한다. 퇴직 후 먹고사는 기회도 중요하지만 자신이 일해 온 조직에 대한 가치를 곱게 간직하고 떠날 수 있도록 도와야 한다. '커리어 멘토링'이 그 해법을 제공해 줄 수 있다. 내부 또는 외부 전문가를 통해 고 연차 직원들이 명예롭고 보람 있게 떠날 준비를 지원해야 한다. 고 연차 직원과 조직이 이혼하기 직전의 부부의 모습처럼 악화된 사이가 될 것인가 아니면 고생한 동지에게 새로운 기회를 제공하기 위한 아름다운 이별이 될 것인가는 조직에 달려 있다. 조직을 떠나서 조직이 그립다면 성공한 것이고 떠난 후에 후회를 한다면 승자는 없다. 그래서 **조직이 먼저 커리어 멘토링으로 고 연차 직원들의 불안에 적극 대응해야 한다.** 처음부터 고 연차 식원을 만들지 않을 수 있다면 모르겠지만 그렇지 않다면 조직의 미래를 위해 고 연차 직원들의 불안을 외면하지 말고 그들에게 먼저 감사의 인사를 정중히 전하고 앞으로도 조력자로서 조직을 자랑스럽게 기억해 주기를 바라며 그들을 지원해야 한다.

# 5
## 고 연차 구성원의 잠재력을 자원으로 활용하는 리더십

조직이 늙고 있다. 조직하면 피라미드 모양을 떠올리던 시절은 옛이야기가 되었다. 있는 사람은 안 나가고 덜 뽑는다. 필요한 사람은 경력직이 대신했고 아직 막연하지만 상당수 일자리를 AI가 대신할 것이라고 한다. 그런데 현재 소식은 이리힌 변회에 비해 고령화 문제에 대해서만큼은 무방비라고 봐도 과언이 아니다.

신세대의 몰입을 이끄는 문제만큼 고 연차 구성원에 대한 문제는 더 이상 외면하기 어려운 상황이다. 조직에서 신세대를 챙기려하면서 고 연차 구성원은 줄여야 하는 비용으로 바라보는 시각이 많은 것도 사실이다. MZ세대는 붙잡고 고 연차 구성원은 떠미는 현실은 이미 익숙한 일이 되었다.

그런데 한 가지 짚고 넘어가고 싶은 점이 있다. 그토록 나갔으면 하는 고 연차 구성원이 품고 있는 축적된 잠재력과 노하우는 조직이 챙기고 있는지 묻고 싶다. 회사돈으로 갈고닦은 고 연차 구성원의 잠재력과 노하우는 아무도 챙기지 않으면서 몇 푼의 퇴직금이나 명퇴금과 함께 그냥 방출하는 것은 아닌지 우려된다. 고 연차 구성원도 왕년에는 저 연차 구성원이었고 주목받던 왕년도 있었을 것이다. 그때 축적된 경험은 잠재력이 되었고 성공과 실패의 반복은 노하우가 되어 아직 가려진 존재로 남아 있다. 특히 예전에는 개인보다 조직을 위해 헌신했던 시절이기 때문에 적어도 지금보다는 조직에 도움이 되는 일을 더 많이 했을 것이고 현재 관점에서의 활용가치는 잘 모르겠지만 적지 않은 공헌이 있었을 것은 확실하다. 그럼에도 불구하고 조직에서는 당장 밥값을 하느냐 못하느냐만 집중한다. 마치 멀쩡한 자동차를 외관이 녹슬었다고 거침없이 폐차해 버리는 꼴과 다르지 않다. 아깝게 말이다.

물론 고 연차 구성원의 가치도 모두 같지는 않다. 모두를 예전처럼 대우할 수 없고 다시 보직을 주기도 어려운 일이다. 그러나 조직의 리더라면 현재의 모습이 예전만은 못하지만 고 연차 구성원의 잠재력과 노하우를 먼저 파악하고 현 조직에 재활용하는 지혜가 적극적으로 필요해 보인다. 더욱이 어려운 시절에는 버리는 것이 먼저가 아니라 챙기는 것이 먼저 되어야 한다. 때로는 리더가 판단할 때 전혀 활용가치가 없는 고 연차 구성원도 있을지 모른다. 그러나 그 말이 사실이라면 그 오랜 세월 동안 활용가치 없는 구성원을 방치하고 월급까지 주면서 그냥 두었던 조직의 책임이 더 큰 것이다. 서운한 마음에 독한 소리도 내고 일을 거부할 수는 있겠지만 그들의 근본을 나쁘게 보는 일은 성급한 편견이다.

지혜로운 리더라면 오랜 세월 헌신해 온 고 연차 구성원을 외면하지 말고 그들에게 먼저 정중한 인사를 해야 한다. 그리고 그들이 가장 잘 할 수 있는 과거의 업적들을 면밀하게 파악하고 조직에 도움이 되는 자원으로 존중해 주며 리더를 지원할 수 있는 조력자 역할을 허락하고 기회를 제공해야 한다. 현재 고 연차 구성원에 대한 편견과 오해 그리고 조직의 무관심이 그들을 서운하게 만들었고 지금의 철부지로 만들었는지도 모른다.

조직에 필요 없는 기능은 없고 쓸데없는 사람은 없다. 더 정확히 말하면 쓸데없는 사람은 없었다. 그때는 그 나름의 중요한 사람이었고 그 중요한 역할은 현재에도 잠재력으로 남아 있다. 리더는 그 잠재력을 깨우고 활용해야 한다. 조직역량을 키워줄 수 있는 노련한 경험 제공자, 리스크를 예방할 수 있는 실패자의 직관, 저 연차 구성원의 몰입을 응원해 수는 멘토, 리더를 돕는 조력자, 대외협력과 대외홍보 역할 등이 제격이다. 그러한 활동을 통해 고 연차 구성원의 명예를 선배라는 이름으로 지켜주어야 한다. 모두에게 득이 되는 일이다. 저 연차 구성원은 짧은 시간에 경험하기 힘든 교훈을 얻을 수 있고 조직은 추가적인 비용을 들이지 않고 구성원 결속과 육성에 도움을 받을 수 있다. 고 연차 구성원 본인에게는 급여와 승진이 주어지지는 않지만 보람과 자부심 그리고 수치심을 극복할수 있다. 특히 리더에게는 내부 갈등의 단절과 협업 시너지 창출 그리고 가성비 좋고 내실이 든든한 조직력을 확보하게 되어 절대 손해 보지 않는다.

아울러 고 연차 구성원을 동기부여 시킬 수 있는 전략이 필요하다. 막연한 동정심이나 당부만으로 노련한 그들의 협조를 구하기는 어렵다. 정교하고 진정성이 있으며 인내도 필요하다. **총 6단계 전략을 활용하면 고 연차 구성원을 조력자로 만들 수 있다.**

**1단계 전략은 리더가 먼저 의지를 갖는 것이다.** 고 연차 구성원은 철이 없는 것이 아니라 섭섭한 마음에 먼저 움직이지 않는 것이다. 리더가 먼저 손을 잡아주어야 한다. 같이 하자고 말이다. **2단계 전략은 고 연차 구성원의 역량을 분석하는 일이다.** 익숙한 일도 정리하려면 본인도 잘 모르는 경우가 있다 도우려면 리더 또한 알아야 한다. 고 연차 구성원의 경력을 면밀히 살피고 보완할 점과 수정할 점을 찾고 확인해야 한다. **3단계는 개인업무에 대한 세부설계를 지원해주는 것이다.** 고 연차 구성원의 능력이 부족한 경우도 있겠지만 일에 대한 두려움이 더 클 수 있다. 리더가 가능한 일부터 그리고 해야 할 일을 구체적으로 격려해 주어야 한다. **4단계는 고 연차 구성원과 마음을 터놓는 일이다.** 존재감이 떨어진 고 연차 구성원을 위로하는 일은 넘어진 사람을 안아주는 것과 같다. 고마운 마음으로 빚을 지게 해야 한다. 리더를 위해서라도 해보겠다는 의지를 심어주어야 한다. 그 과정은 화려하거나 거창하지 않아도 된다. 작은 배려에도 고 연차 구성원은 감사할 것이다. **5단계는 집중 트레이닝의 시간을 갖는 것이다.** 새로운 도전은 시간이 필요하고 익숙해질 마음의 여유도 필요하다. 멘토를 지정해 주는 방법도 좋다. 누군가 돕고 함께하는 공간과 시간이 허락되어야 한다. **6단계는 이해관계자를 설득하고 협조를 구하는 것이다.** 고 연차 구성원이 조직에서 환영을 받지 못하는 경우가 많다. 리더는 상위 리더나 관련 부서에 현재 담당하고 있는 고 연차 구성원의 노력을 설명하고 지원을 부탁하며 협조를 정중히 요청하는 작업이 필요하다. 리더 혼자서 노력하는 모습만 보여주기보다 주변인들이 고 연차 구성원을 지원하고 명예를 응원하고 있음을 알려주는 일은 고도의 능력을 보유한 고수만이 할 수 있는 일이다. 도우면 언젠가 도움을 받을 수 있다.

**Part 3**

# 불확실성에 선제적으로 대응하는
# 리더의 용기

# THEME
# 9

# 예측력, 판단력, 실행력으로
# 승부하기

## 1
## 불확실성 시대, 위기극복을 위한 3-UP 리더십

전 세계는 지금껏 경험해 보지 못했던 불확실성의 위기로 몸살을 앓고 있다. 불확실성은 극에 달했고 글로벌 스탠다드는 리더십을 잃었다. 안전한 곳은 위험해졌고 위험했던 곳은 더 위험해졌다. 이 불행의 끝은 누구도 알 수 없다. 이런 급격한 변화에 조직도 무사할 리 없다. 생존의 위협 외 경제적 위협마저 동반했다. 그럼에도 불구하고 삶은 지속되어야 하듯 조직도 살아남아야 한다. 그 역할을 누군가는 해야 한다. 누가 해야 할까? 리더가 그 역할을 해야 한다고 말한다면 분노할 리더가 많을 것이다. 그러나 리더 외 대안이 없다. 정부는 국가를 방어하고 리더는 조직을 방어해야 한다. 물론 그렇다고 해서 리더에게 갑자기 큰 권한이 주어지거나 기대 이상의 보상이 제공될 가능성은 크지 않아 보인다. 그러나 리더에게는 고유의 '사명'이 있다. 어려운 시기일수록 무늬만 리더가 아닌 진정한 리더의 가치를 보여주어야 한다. 그렇다면 현재의 위기를 극복하려면 리더는 무엇에 집중해야 할까?

현재의 위기탈출을 위해 리더는 세 가지 숙제를 풀어야 한다. 먼저 리더가 중심을 잡고 마음의 각오를 단단히 하며 구성원들을 안정시켜야 한다. 리더가 먼저 흔들리면 다 죽는다. 그 다음으로는 위기극복을 위한 내부 보유역량 점검과 강화에 혼신을 다해야 한다. 위기는 입이 아니라 역량으로 살아남아야 하기 때문이다. 마지막으로 불확실성이 높아진 만큼 의사결정 하나에도 신중에 신중을 기해야 한다. 기회가 많지 않기 때문이다. 그럼 이 세 가지 숙제를 **위기극복을 위한 3Up-리더십**이란 이름으로 좀 더 구체적으로 살펴보고자 한다.

**첫째, Mind-Up. 리더가 먼저 녹한 마음으로 중심을 삽아야 한다.** 집안에 위기가 닥치면 가장은 강해져야 한다. 목숨을 걸고 가족을 지켜야 한다. 그것이 가장의 사명이고 운명이다. 조직도 마찬가지다. 위기가 닥치면 리더가 먼저 강해져야 한다. 조직을 지키고 구성원을 보호해야 하기 때문이다. 그것이 리더의 사명이고 운명이다. 위기일수록 리더가 자신의 정체성을 먼저 확고히 해야 한다. 나는 무엇을 해야 하는 리더인가? 리더는 구성원의 의지가 되고 롤모델이 되어야 한다. 불안한 구성원들의 심리적 안정을 챙겨야 한다. 공포에 떠는 리더를 관찰하게 된다면 구성원이 할 수 있는 일은 별로 없다. 책임을 회피하거나 도망치는 것뿐이다. 의미 없는 희생을 감행할 바보 같은 구성원은 없다. 다음으로 리더는 구성원과의 신뢰관계를 재확인하고 강화해야 한다. 만약 리더가 구성원을 의심하고 있다면 이미 구성원은 리더를 먼저 의심하고 있었을지도 모른다. 신뢰는 거래적 조건이 아니라 오래된 암묵적 약속이다. 신뢰관계가 있다면 굳이 말하지 않고 불안하더라도 구성원은 자신의 리더에게 자연스럽게 의지한다. 결국 **리더의 마음가짐과 구성원과의 신뢰 강화가 리더의 첫 번째 임무다.** 어려울 때 힘이 되는 리더가 진정한 리더의 자격이 있다. 반면에 좋을 때 폼 잡고 어려울 때 회피하는 리더는 이미 리더가 아니다.

**둘째, Skill-Up. 조직의 보유역량에 집중하고 끊임없이 학습하라.** 위기는 각오만 한다고 극복되는 것이 아니다. 위기가 닥쳤는데 고통을 분담해야 한다고 떠들어대고 막연하게 견디고 버티라고만 하려는 리더는 곤란하다. 완벽하게 극복하기는 어렵다 할지라도 적어도 위기의 속도를 늦추거나 강도를 완화시킬 수 있는 능력을 리더는 보유하고 있어야 한다. 무기 없이는 절대로 적의 공격을 방어할수도 없고 이길 수도 없다. 따라서 위기에는 조직의 보유역량을 가장 먼저 파악하고 점검해야 한다. 적이 쳐들어오면 가장 효과적인 무기를 선택해야 하는데 그 무기를 선택하려면 어떤 무기를 보유하고 있는가를 리더가 먼저 알고 있어야 하기 때문이다. 당연한 대응이고 조치다. 다음으로는 그 보유역량을 면밀히 파악한 후에 부족한 역량은 업그레이드$^{up\text{-}skill}$ 하거나 보완$^{re\text{-}skill}$해야 한다. 그것도 신속하게 말이다. 또한 리더는 끊임없이 학습해야 한다. 모르면 당한다. 뒷북만 칠 수 없다. 미래의 변화에 정보와 지식을 계속해서 수혈을 받아야 한다. '학습 민첩성<sup>learning agility</sup>'이란 변수가 주목받는 이유다. 마지막으로 리더는 민첩한 학습을 통해 확보한 정보와 지식을 구성원들과 소통하고 공유해야 한다. 혼자 아는 것은 확인이 어렵기 때문에 점검이 필요하다. 가장 좋은 점검은 공유하고 원활하게 피드백 하는 일이다. 점검 받는 일은 불안하지만 피드백 받으면 일은 안전하다. 리더도 모르면 누구에게도 물어볼 수 있어야 한다. 새로운 정보와 지식에 대한 해석의 오류를 최소화할 수 있기 때문에 그만큼 위기대응의 품질을 높일 수 있다.

**셋째, Choice-Up. 과거의 성공을 잊고 미래를 예측하고 대비하라.** 모 TV 드라마에서 조선말기의 상황을 "어제는 멀고, 오늘은 낯설며, 내일은 두려운 격변의 시간이었다"로 표현한 대사가 나온다. 지금이 바로 그렇다. 과거의 성공 경험은 현재의 위기를 방어해 주지 못했고 현재의 위기는 미래를 더욱 두렵게 만들었다. 그렇다면 리더는 어떻게 해야 할까? **이젠 '벤치 마킹<sup>bench marking</sup>' 보다 '퓨처 마킹<sup>future marking</sup>'에 집중한 의사결정을 해야 한다.** 옆을 보지 말고 앞을 봐야 한다. 과거의 성공 경험이나 남들의 성공모델은 더 이상 의미가 없다. 미래에 집중해야 한다. 미래의 먹거리, 미래의 고객, 미래의 경쟁자, 미래의 결속, 미래의 인재를 리더는 고민해야 한다. 그리고 그 고민은 의사결정의 기준이 되고 결과가 되어야 한다. 그러기 위해서는 지나칠 정도로 위기를 예측하고 대비해야 한다. 변화관리

분야 권위자인 짐 콜린스<sup>Jim Collins</sup>는 불확실성 높은 상황에서 살아남았던 조직들의 특징 중에 하나가 '편집증적 점검<sup>productive paranoia</sup>'이라고 주장했다. 즉 의사결정에 실패하지 않기 위해서는 조직을 위협하는 위기가 무엇인가를 편집증에 가까울 정도로 민감하고 혹독하게 미리 점검하고 대비하는 행동을 습관화해야 한다.

위기극복을 위한 대응에도 리더의 수준이 있다. '하수'는 위기를 전혀 감지하지 못하고 '선수'는 위기에 적극적으로 대응하며 '고수'는 위기를 예측하고 선제적으로 대응한다. 물론 어떤 이들은 지금처럼 위기가 극심한 판국에 현재도 어려운데 어떻게 미래를 예측하고 대비하느냐고 비난할 수도 있다. 그러나 그러한 위기를 회피할 수 없다면 더욱이 습관적으로 예측하고 점검하여 위기의 파장을 최소화하는 방법을 취해야 한다. 대부분의 위기는 유사한 이유로 반복되는 경우도 많기 때문이다.

결국 Mind-Up, Skill-Up, Choice-Up 세 가지 숙제는 깊은 인과관계를 갖고 있다는 점에서 한 가지만 잘못해도 더 위험해질 수 있다. 리더는 이 세 가지 숙제를 지속적으로 인식하고 점검하며 보완해야 한다. 힘들겠지만 그렇게 하지 않으면 더 힘들어지기 때문이다. 위기는 어쩌다 찾아오는 근심거리가 아니라 이제는 일상이 되어버린 현실이다. 늘 생각하고 학습하며 용기를 내야 한다.

# 2
## 불황기를 극복하는 리더의 4C 전략

불확실성은 작금의 조직상황을 더욱 불안하게 만들었다. 더욱 당황스러운 것은 글로벌 롤모델이 사라졌다는 점이다. 소위 글로벌 선진국 그 어느 나라도 롤 모델 역할을 하지 못하고 본인들이 먼저 혼란에 갇혀 있다. 모방할 곳도 없고 의지할 곳이 없다. 오래전 일로 치부했던 신냉전 상황이 재현되지는 않을까 염려된다. 기타 여러 가지 혼란이 모두를 힘겹게 만들고 있다는 사실만큼은 확실해 보인다.

이런 상황에서 우리 조직은 어디로 가야 할까? 리더는 어떤 선택을 해야 할까? 외부에서 답을 찾지 못한다면 방법은 한 가지다. 내부에 집중하고 점검하며 대비하는 것이다. 지난 코로나 사태의 직접적인 위험은 이제 멈춘 듯하지만 참혹한 후유증과 흉터를 남겼다. 불평등은 더욱 심해지고 집단적 이기주의와 갈등은 세계대전에 맞먹는 수준이 되었다. 생존이 어려워지면 생존을 위한 본능적 잔인함이 정당화되고 합리적 실행으로 이어질 것이며 그때 모든 불행은 시작되는 것이다. 우리의 조직에도 이러한 생존을 위한 불편한 갈등이 예상된다.

이러한 난리통에 리더는 무엇을 할 수 있을까? 세상의 모든 문제를 리더가 혼자서 극복하기는 애초부터 불가능한 일이다. 그러나 방법이 아주 없지는 않다. 예측되는 가설을 중심으로 미래를 대비한다면 덜 위험해질 수 있지 않을까? 물론 철저한 검증과정이 선행되어야 한다. 지금 우리에게는 그럴 만한 시간도 여유도 없지만 말이다. 언제 끝날지도 모르는 현재의 글로벌 불확실성이 끝난다 할지라도 과거와 동일한 상황으로 돌아가기는 어렵다. 이제 우리는 무엇이든 해야 한다. 특히 리더는 힘겨운 현실을 겪는 과정에서도 미래를 예측하고 대비해야 한다. 리더가 먼저 무기력해지는 순간 조직은 곧바로 망하고 말 것이다. 국가가 할 일이 있고 조직이 할 일이 있으며 리더가 해야 할 일이 있기 마련이다. 따라서 미래의 리스크를 최소화하고 생존의 기회를 확보하기 위한 4가지(4C)전략을 리더십 관점에서 살펴보자.

**첫째, Cost(합리적 비용절감).** 우리 조직에서 더 절감할 비용은 없을까? 조직에는 구성원을 통제하는 것으로 종종 거론되는 부서가 있다. HR팀, 재경팀, 구매팀이 대표적이다. 돈을 쓰는 부서가 아니라 비용을 통제하는 부서다. 그래서 물론 이들의 고충도 클 것이다. 실제로 법인카드나 법인차량 등 낭비되는 부분이 없지 않은지 관리해야 한다. 통제하는 부서가 아니라 정확하게 지원하고 효과적으로 점검하는 존경받는 부서로 거듭나야 한다. 잘못하면 비용을 권력으로 이용하여 구성원을 통제하는 '빈 카운터bean counter(콩 세는 사람)로 전락할 수 있다.

또한 '비용절감'이란 단어를 떠올리면 언뜻 생각하여 구조조정이란 단어가 연상되겠지만 위기일수록 공포감을 조성하기보다는 구성원들의 몰입과 용기를 지원하고 응원해 주어야 한다. 당장의 비용을 줄이기 위해 사람부터 줄이는 나쁜 습관부터 버려야 한다. 최근 어려울 때마다 억울하게 버려지는 구성원들의 저항과 복수로 치명상을 입는 조직이 많다. 어려워진 것이 구성원들의 잘못이 아 님에도 불구하고 그 잘못을 구성원들에게 돌린다면 그 누가 받아 들일 수 있겠는가? 만약 사람부터 줄이고 본다면 위기극복의 과업 은 누가 할 것이며 살아남은 사람이라고 해서 마음 편하게 일할 리 없다.

따라서 **위기 때 구조조정을 먼저 생각할 것이 아니라 조직내부의 가 동율을 높이고 과정마다 낭비요소와 중복요소는 없는지를 치밀하게 따 져보고 디테일한 대안을 모색해야 한다.** 아울러 모색한 대안을 실행 하기 전에 구성원들과 협의하고 동의를 구한 후 점진적 실행 과정 에 대한 점검과 수정에 집중해야 한다. 이 과정은 과정을 잘 아는 구성원들의 참여와 협조 그리고 리더십이 필요하다. 그래서 함부 로 구조조정부터 하면 그러한 회복의 기회를 잃는 꼴이 된다. 그리 고 이참에 리더는 조직 내부의 전체 과정을 면밀하게 살피고 강약 점을 파악할 수 있다. 리더의 내공과 지혜가 그 어느 때보다 요구된 다고 볼 수 있다. '넘어진 김에 쉬어 간다'는 말도 있다. 피할 수 없 는 불확실성이라면 이를 극복하고 피해를 최소화할 수 있도록 조 직 내부의 불필요한 부분을 이 기회에 정리해서 합리적 비용절감 을 시도해야 한다. 더 벌기 어렵다면 덜 써야 한다.

**둘째, Clean(그린환경 점검).** 우리 조직이 제공하는 제품과 서비스 가운데 지구촌 그린환경에 유해한 부분은 없는가? 지난 코로나도 발생 원인이 무엇이든 우리 인간이 파괴한 생태계와 환경오염에서 비롯되었다는 점만큼은 분명해 보인다. 앞으로는 아무리 돈을 많이 버는 사업이라도 그린환경을 위협하는 일이라면 엄청난 저항에 직면하게 될 것이다. 물론 그린환경의 문제는 이미 지구촌 전체가 심각한 수준으로 인식하고 있었지만 앞으로는 상상할 수 없을 만큼의 제재와 압력이 강해질 것이다. 아울러 사람의 건강을 조금이라도 위협하는 제품이나 서비스를 포함한 사업들은 가장 먼저 타격을 받을 것이다. 앞으로 저탄소 산업이 선호되고 그린환경 위주로 많은 변화가 이루어질 것이므로 오히려 저탄소 관련 사업으로의 변신은 새로운 기회가 될 수도 있다. 한 가지 명심할 것은 우리 조직의 제품과 서비스가 직접적으로 그린환경을 유발하지 않는다 할지라도 조금이라도 오해를 받는다면 급격히 위험해질 수 있다. 당연히 리더는 현 조직의 그린환경 위반가능성을 꼼꼼하게 챙겨봐야 한다. 이제 모든 고객들은 편해지기 위해 위험해지는 것은 기꺼이 거부할 것이고 비록 불편하더라도 안전한 선택을 할 것이기 때문이다.

**셋째, Calm(절제와 겸손).** 우리 조직이 무리하게 추진하는 사업은 없는가? 불필요한 리스크를 줄여야 한다. 지나친 욕심은 금물이다. 어려워지면 오히려 살아남기 위해 새로운 많은 일들을 벌이거나 도전하기 마련이다. 그 도전 자체는 문제가 안된다. 도전에는 기회가 있으니까 이해는 간다. 문제는 성급함이다. 절제가 필요하다. 당분간 적게 벌고 적게 먹을 생각을 해야 한다. 세계화는 탐욕을 키웠고 불평등은 위험을 키웠다. 코로나는 인류의 오만함을 공격했다. 이제는 겸손해야 한다. 지는 연습도 필요하다. 그토록 길망하던 승자독식은 얻는 것보다 잃는 것이 더 많아진다는 역설을 교훈으로 남겼다.

생각보다 부실했던 세계 경제는 이제 철저한 자기반성과 솔직함을 코로나 사태로부터 배워야 한다. 잘나가는 조직을 만들자고 실적만을 따지는 과정에서 구성원은 희생되고 고객은 손해를 보며 공급자가 무시되는 소위 주주의 이익만을 챙기는 주주 자본주의는 그 한계를 드러내고 있음을 지난 2020 다보스 포럼에서도 지적한 바 있다. 빚을 내어 외형만 키우고 주주들만 배를 불리다가 사업이 잘 안된다고 구조조정부터 한다면 조직은 왜 존재하는 것일까? 리더는 초심을 잃지 말고 절제된 안목과 정도를 걷는 지혜로 지금의 조직을 다시 살펴봐야 한다. 불평등은 세상이 만드는 것이 아니라 소탐대실小貪大失하는 사람이 만든다는 생각도 든다. 불평등의 부작용은 만든 사람부터 짊어지게 되니까 말이다.

**넷째, Community(공동체 가치).** 우리 조직은 사회로부터 어떤 평판을 받고 있을까? 이기적 유전자만으로는 생존하기 어려운 시절이 되었다. 코로나는 국경이 없고 선진국과 후진국을 차별하지 않았다. 무사한 사람들은 무사하지 않은 사람으로부터 감염되었고 무사한 나라는 무사하지 않은 나라로부터 전염되었다. 코로나를 극복했던 나라들의 공통점은 무사한 사람들이 이기적인 행동을 하는 것이 아니라 공동체를 위해 개인적 활동을 절제했고 정부 리더십은 개인보다 공동체를 위해 전략을 짜고 협력하여 극복했다는 공통점을 갖고 있다. **결국 코로나로 인류가 얻은 교훈은 '다시 공동체'이다.** 혼자 살아남아서 마트에 갔더니 마트가 텅 비어 있고 혼자서 여행을 갔더니 아무도 없다면 무슨 의미가 있을까? 조직도 마찬가지다. 이제는 부서 이기주의, 과도한 경쟁, 지나친 갈등, 철 지난 권위주의, 염치없는 독식, 무분별한 불평등, 저주에 가까운 분노와 미움을 잊어야 한다. 리더는 지금까지의 갈등을 해소하고 공동체 의식을 기반으로 조직을 이끌어야 한다.

지금까지 불확실성 높은 시절에 리더가 고려해야 할 4가지에 관하여 탐색해 보고 살펴봤다. 참혹한 코로나는 지나갔지만 위기는 다시 온다. 코로나의 교훈을 잊지 말고 겸손하게 미래를 준비하는 조직의 리더로 거듭나면 어떨까 생각한다.


# 3
## 위기관리 이후의 내부저항에 대비하라

불확실성은 이제 함께 살아가야 하는 익숙한 일이 되었다. 알 수도 없는 미래를 예측하는 일은 어려운 일이다. 불가능에 가깝다고 봐야 하지만 그렇다고 아무 것도 하지 않고 있을 수도 없는 노릇이다. 말 그대로 딜레마 상황이다.

조직은 불확실성에 더욱 민감하다. 어려우면 어려운 만큼 고통스러운 선택을 할 수밖에 없다. 이러한 상황에서 조직의 불가피한 선택은 사전에 구성원들에게 얼마나 설명되고 양해되었을까? 조직이 불안한 만큼 개인도 불안하기는 마찬가지나. 조직이 외부환경의 눈치를 본다면 구성원은 조직의 눈치를 보지 않을 수 없다. 조직의 형편을 모르는 바는 아니지만 누구도 자신이 그 대상이 되고 싶지는 않다. 불확실성 위기에 직면하면 소위 구조조정 같은 극단적인 방법을 습관적으로 반복할지 모른다. 과거에 그랬듯이. 가장 빠르고 쉬운 정상화 방법이라고 믿기 때문이다. 구성원들은 본인의 의지와는 상관없이 평가되고 분류될 것이다. 조직의 생존을 이유로 구성원의 희생을 압박하는 상황에서 과연 구성원들은 어떤 선택을 할까?

지금의 위기는 과거의 위기와는 차원이 다르다. 조직도 절박하지만 구성원 개인 또한 절박하다. 생존을 위한 구성원들의 저항은 어쩔 수 없는 선택이 될 수 있다. 자신이 그토록 사랑했던 조직을 상대로 싸울 수밖에 없는 불행한 형국이 벌어지는 것이다. 별다른 대안을 마련하지 못한 구성원들에게 저항 외 달리 대안이 없기 때문이다. 과거에는 주로 직급은 높지만 직책이 없거나 몸값은 높은데 밥값을 못하는 고 연차 직원들이 구조조정의 대상이었다면 지금은 모든 조직 구성원이 대상이다. 몸값 자체를 줄여야 한다. 그래서 조직은 더욱 냉정하고 가혹한 선택을 할 것으로 예상된다. 그만큼 구성원들의 저항도 거세질 것이 분명하다. 이쯤 되면 고용비용을 줄이기 위해 조직이 선택한 구조조정으로 조직은 예상 밖의 저항비용을 새롭게 감당해야 할지도 모른다.

이처럼 위기 후 올지도 모르는 구조조정의 위협에 리더 본인도 위험해질 수 있겠지만 조직내부의 저항을 최소화하기 위한 준비를 리더는 해야 하지 않을까? 위기상황이 상시체제가 된 현재의 상황에서 조직의 불가피한 선택을 맹목적으로 따르거나 생각없이 실행하기보다는 뭔가 대안을 마련해야 한다. 리더 본인이 중심을 잃는다면 리더가 가장 먼저 희생될 수 있다. 조직의 선택을 실행할 리더가 먼저 정신을 잃는다면 이를 가만둘 조직은 없다. 위기일수록 리더가 먼저 중심을 잘 잡아야 한다. 위기는 모든 리더에게 올 수 있지만 위기에 대응하는 리더의 자세는 같지 않다.

그렇다면 위기에 처한 리더는 어떻게 대응을 해야 할까? **하수는 리스크를 유발하고 선수는 리스크를 해결하며 고수는 리스크를 예방한다.** 즉 가장 좋은 방법이 예방이다. 구조조정 이후에 초래될 수 있는 내부저항의 가능성을 미리 점검하고 대비하여 피해를 최소화해야 한다. 내부결속도 확보해야 한다. 미리 후회하면 덜 후회할 수 있다. 리더의 입장에서 구조조정 이후에 조직과 구성원 모두의 피해를 최소화하기 위해 **리더가 해야 할 선제적 대응**에 대하여 조심스럽게 살펴보고자 한다.

**첫째, 조직 안팎의 변화의 흐름을 정확하게 감지**sensing**하고 이를 구성원과 공유해야 한다.** 구성원의 이해와 공감을 설득하며 적절한 긴장감을 유지하도록 해야 한다. 예를 들어 운전 중 뒤 차가 와서 부딪쳐도 백미러를 통해 뒤 차의 충돌을 습관적으로 체크하고 예방하면 사고가 나더라도 충격이 덜한 법이다. 어차피 당할 일이라면 충격완화가 목적이 될 수 있다. 넋 놓고 당하면 깨어나지도 못한다. 따라서 리더와 구성원이 같은 생각을 해야 공동대응이 가능하고 공동대응이 가능해야 함께 살아남을 수 있다.

**둘째, 조직내부의 기저질환**pain-points**를 먼저 제거해야 하다.** 내부의 기저질환은 외부로부터의 위협에 가장 먼저 공격받는다. 기저질환의 근원을 파악하여 제거하여 조직의 약점이 악화되는 것을 막아야 한다. 만약 리더만의 힘으로 제거하기 어렵다면 공론화하여 공동대응을 해야 한다. 이러한 노력이 있어야 추후에도 구성원들은 조직이 적절히 대응하지 못해 자신들이 희생되었다는 생각을 하지 않고 상황의 변화가 더 큰 위기의 요인이라고 판단하게 되므로 조직에 대한 불필요한 저항을 자제할 것이고 오히려 그들의 협조를 구할 수 있다.

**셋째, 정서적 안정을 확보하기 위한 내부 결속과 소통을 강화한다.** 예측이 안되는 미래를 생각하면 구성원의 행농노 예측하기 어렵다. 위기감을 감지한 구성원들은 결정적 순간에 자기보호를 위해 집단저항의 단체행동도 불사할 수 있다. 조직이 더 이상 자신들을 지켜주지 않는다고 판단되면 해답은 한 가지다. 저항하는 것뿐이다. 돌이킬 수 없는 현실을 극복하기 위한 처절한 저항 외에 방법이 없다. 그러면 다 죽는 거다. 리더는 구성원들의 정서적 안정을 위해 리더가 먼저 중심을 잡고 끊임없이 소통하고 협의하여 내부 결속을 강화해야 한다.

현실적 관점에서 다가올 구조조정의 충격을 최소화할 수 있는 최소한의 완화노력을 리더는 해야 한다. 만약 리더가 먼저 이러한 노력에 무기력하거나 회피하게 된다면 모두가 위험에 빠지는 것은 불 보듯 뻔하다. 어쩌면 리더는 위기를 위해 조직이 남겨둔 마지막 카드일 수 있다. 결국 리더가 되고자 준비하는 일은 미래를 준비하는 일과 같은 것이다.

## 4
## 하이브리드 리더의 생존법칙

지난 코로나의 악몽은 우리에게 많은 상처를 남겼다. 멀쩡한 사람도 착하게 살아온 사람도 힘없이 쓰러졌다. 그 과정을 무기력하게 지켜보며 허무함은 일상이 되었고 사람이 사람에게 가장 불편한 존재가 되었다. 불안은 서로에 대한 친절과 양보를 빼앗아 갔다. 누군가 곁에 있어도 마음을 열기 어렵다. 지금은 어느 정도 회복이 된 듯하지만 코로나의 상처는 흉터로 남았다. B.C.$^{before\ corona}$와 A.C.$^{after\ corona}$로 세상을 분리해야 한다는 주장도 설득력을 가질 정도다.

조직에도 큰 변화가 있었다. 과거에 경험해 보지 못한 걱정거리가 출연하는 바람에 노련한 리더들도 딜레마에 빠졌다. 대 퇴사$^{the\ great\ resignation}$와 조용한 사직$^{quiet\ quitting}$, 리더 포비아$^{leader\ phobia}$ 등 리더는 숨막히는 변화에 직면하고 있다. 대 퇴사는 쉬운 이직이다. 평생 직장이란 표현은 사라진 지 오래다. 평생 직업이란 말이 더 받아들여지고 있다. 애사심은 사치에 가깝고 자부심이라도 유지한다면 고마운 일이다.

그렇다면 이런 상황에서 리더는 어떻게 해야 할까? 떠나는 이유를 탓하기보다 남아야 될 이유를 만들어야 한다. 적어도 **일 못하는 구성원을 관리하는 일보다 일 잘하는 구성원을 지키는 일이 더욱 중요해지고 힘들어졌기 때문이다.**

리더에게도 많은 변화가 있었다. 예전에는 동기들보다 먼저 승진을 하거나 임원이 되면 성공했다고 인정을 받았으나 요즘은 리더라는 자리가 부담으로 인식되고 있다. 물론 변함없이 리더역할을 충실히 감당하며 잘나가는 리더도 얼마든지 있다. 그러나 문제는 리더가 리더십을 유지하는 동력이 많이 약화된 것만큼은 분명하다. 리더에 대한 구성원의 상향평가, 블라인드, 직장 내 괴롭힘 방지법 등 리더를 압박하는 제도까지 늘었다. 리더 자리를 유지할 수 있는 그 어떤 보상도 없다. 억 삽실 현상도 적지 않게 벌어지고 있다. 힘들 수밖에 없는 리더가 리더십을 의욕적으로 발휘하기란 쉽지 않은 일이 되었다. 설상가상으로 코로나 이후 AI나 ChatGPT 확산으로 과거와 같은 방식으로는 리더의 역할을 하기는 어려운 실정이다. 해보지도 않았고 할 필요도 없던 리더십을 발휘해야 한다. 소위 **'언택트 리더십**untact leadership'**이란 숙제를 풀어야 한다.** 언택트 리더십을 통해 조직을 장악하며 구성원의 몰입을 창출하기 위한 리더의 역할은 무엇일까? 무엇을 먼저 해야 할까 고민해 봤다.

**첫째, 리더가 먼저 업무를 완벽하게 파악하고 있어야 한다.** 감독업무는 줄었고 감시업무는 늘었다. 눈만 뜨면 보이던 직원을 멀리서 관리해야 하는 일이 이미 확산되었다. 익숙한 일은 줄고 낯선 일은 늘었다. 구성원에 대한 조직은 의심도 많아졌고 주문도 늘었다. 해 왔던 일도 눈감고 하면 어렴풋이 눈앞에 없는 구성원과 협업하기 란 몇 배나 힘든 일이다. 이런 상황에서 리더가 업무장악력이 부족 하다면 혼란은 불 보듯 뻔하다. 이러한 혼란을 이겨내려면 리더가 먼저 업무를 장악하고 있어야 한다. 현재의 직무분석 및 KPI 구성 과 내용을 면밀히 재정비하고 학습해야 한다. 리더가 알아야 조직 을 주도할 수 있다. **리더가 지시하는 만큼 일하고 리더가 아는 만큼 일 하는 곳이 조직이다.** 비대면은 대면에 비해 구속력과 강제력이 떨어 지기 때문에 리더의 업무전문성이 더욱 간절해졌다. 그래야 공정 한 업무분배가 가능해진다. 아울러 점검활동도 확대해야 한다. 지 시하고 마는 것이 아니라 지속적으로 점검하여 혹시나 발생할지도 모르는 일과 일 사이의 틈새를 예측하고 관리해야 한다. 그것이 곧 리스크 예방이 되는 것이다. 따라서 앞으로는 책임지기 싫어서 리 더 역할을 거부하는 사치보다는 전문성이 떨어지는 기존의 리더는 사라지고 능력자만이 나이에 상관없이 리더가 될 것이다.

**둘째, 일의 의미와 목적을 구성원과 강하게 공유해야 한다.** 조직의 주문은 늘었고 구성원들의 의욕은 줄었다. 생존을 위한 조직의 성 과압박은 불가피해질 것이고 비용절감만큼이나 성과에 대한 조직 의 욕구는 더 냉정하고 잔혹하다. 그 한가운데 리더가 서 있다. 리 더 본인도 위험할 수 있지만 조직과 구성원의 간절한 생존욕구를 외면할 수는 없는 일이다. 리더가 먼저 단단하고 독한 마음으로 중심을 잡아야 한다. 그리고 구성원들에게 조직의 사명과 임무 그리고 일의 의미와 목적을 반복해서 강조하고 공유해야 한다. 마음이 흔들리면 판단력이 가장 먼저 약해진다. 리더와 구성원이 목표달성에만 집중하면 무모한 선택도 하게 된다. 즉 결과에 집착하면 편법과 탈법 등 과정을 오염시킬 수 있다는 것이다. 그러면 결국에는 모두가 실패하고 만다. 이럴 때일수록 일의 의미와 목적을 강하게 공유해야 추진력과 용기도 생긴다. 결국 그동안은 목표중심경영이었다면 앞으로는 목적중심경영으로 조직을 하나로 만들어야 한다.

**셋째, 내부 결속력을 더욱 강화해야 한다.** 자신감은 줄었고 불안감은 늘었다. 리더만 불안한 것이 아니다. 구성원도 불안하기는 마찬가지다. 상황이 어려워지면 불안의 원인을 외부의 탓을 돌릴 공산이 크다. 지금의 상황을 유발한 세상이 밉고 사전에 대비하지 못한 조직이 원망스럽고 힘들어 죽겠는데, 더 힘들어 하는 리더에게 분노하고 대안 없는 자기 자신에게 실망하는 구성원이 많지 않을까? 조직과 동료가 눈에 들어올 리 만무하다. 불안한 마음은 동료에 대한 분노와 공격성으로 전이될 가능성이 있다. 무서운 일이다. 밀폐된 심리적 공간에서 서로를 공격한다면 그것은 이미 자멸한 것이다. 누구도 예측할 수 없는 불확실성의 상황에서 확실한 것은 서로에 대한 믿음 하나다. 고통의 문턱에서도 서로를 의지하며 결속하게 만드는 것이 지금 리더가 해야 할 가장 시급하고 중요한 임무다.

**넷째, 소통의 빈도와 품격을 높여야 한다.** 대면할 일은 줄었고 소통할 일은 늘었다. 리더의 입장에서는 난감하지 않을 수 없다. 본래 리더리면 구성원 앞에서 자신의 권한을 권력으로 보여주며 폼 나게 조직생활을 하는 것이 당연히 누리던 호사였다. 그런데 지금은 어림도 없는 일이다. 회사는 회사에 있는데 구성원은 집에 있다. 재택근무가 늘고 리더와 직접 대면하는 일이 현저히 줄었다. 그러나 리더가 책임져야 할 성과부담은 오히려 늘었다. 당장 눈 앞에서 지시하고 의논을 해도 모자랄 판에 익숙하지 않은 다양한 SNS도구를 활용하여 소통을 해야 한다. 부담도 커졌고 힘겨움도 커졌다. 그러나 달리 방법이 없다. 이가 없으면 잇몸으로 버텨야 한다. **비대면으로 업무를 지식하고 성과를 챙기려면 각종 SNS의 사용법은 물론이고 대면 때보다 오히려 많은 소통에 집중해야 하다.** 리더가 먼저 다가가야 한다. 비대면이 어려운 이유는 마음까지 멀어질 수 있기 때문이다. 직원들과 자주 정보와 지식을 교류하고 가벼운 안부와 격려 그리고 품격 있고 진정성 있는 소통의 기회를 더 많이 만들어야 한다.

앞으로는 어떤 희생을 치러야 할지 모른다. 세상에는 생태계 리스크가 있다. 혼자 먹고자 하면 굶주린 사람들의 공격을 피할 수 없고 자기 조직만 살아남겠다고 장벽을 친다면 곧 고립되고 관련 사업과의 불균형적 교류로 동반 위기에 빠지고 말 것이다. **이제는 다시 공동체다.** '상생相生'이라는 오래된 개념을 다시 생각해야 한다. 서로가 살아남으려면 서로 돕고 이 과정을 리더가 주도해야 한다. 그것이 리더의 책임이고 몫이다. 그리고 기저질환이 있는 개인이나 조직은 지금의 불행에 쉽게 무력화될 수 있다. 리더는 자기 자신과 구성원 그리고 조직의 기저질환을 파악하고 이것을 먼저 해소하는 것이 장기 리스크에 대비하는 지혜다. 외부에 의존할 수 없는 현실이라면 리더가 먼저 단단한 실력으로 무장하고 일의 의미와 목적을 공유하며 결속과 소통을 챙기는 리더십이 진정한 언택트 리더십의 조건이다.

# 5
## 리더십은 지금도 진화하고 있다

조직을 이끄는 리더라면 첫째, 변화change를 잘 읽고, 둘째, 방향direction을 정확히 제시하며, 셋째, 구성원 몰입commitment을 주도하여, 넷째, 성과performance를 지속적으로 창출해야 한다. 더불어 리더가 명심할 것이 있다. 바로 변화의 방향과 강도를 예측하기 어려워졌다는 점이다. 불확실성이 더욱 커졌기 때문이다. 조직만큼 변화에 민감한 곳도 없다. 환경이 변하면 조직도 변해야 하고 조직이 변하면 구성원도 변하기 마련이고 구성원이 변하면 리더십도 달라져야 한다. 리더가 변화에 민감하게 대응하지 못하면 리더가 가장 먼저 힘들어진다. 리더가 리더십 트렌드를 고민해야 하는 이유가 여기에 있다. 그렇다면 최근 리더십 트렌드는 무엇일까? 힘겨울수록 조직안정화와 계속성장이 생존의 조건이 될 수 있다. **실패하지 않는 리더가 명심해야 할 리더십 트렌드**Trend를 간략히 살펴보고자 한다.

## 트렌드 1. 미래를 예측하고 현재를 설계하자

변화의 흐름을 먼저 잘 읽어야 한다. 저명한 미래학자인 토마스 프레이는 **'미래가 현재를 만든다'**고 했다. 현재 열심히만 하면 좋은 미래가 열릴 것이란 막연한 기대감보다는 미래를 먼저 예측하고 현재를 점검하고 설계$^{design}$하는 것이 중요하다고 주장하고 있다. 공감이 간다. 뉴 냉전시대를 방불케 하는 복잡한 국제정세는 국가 간 협력과 교류를 방해하여 생태계 리스크를 가중시켰다. 모든 기업의 이슈는 '비용절감과 리스크 관리'에 집중되고 있다. 따라서 리더는 외부환경변화에 대한 감지$^{sensing}$와 내부결속을 강화하여 조용한 혁신과 지속적 안정 그리고 반복되는 실수와 실패를 제거하기 위한 조직설계를 준비해야 한다.

## 트렌드 2. 리더 포비아를 극복하고 정체성을 회복하자

리더가 되기를 거부하는 현상을 리더 포비아$^{leader\ phobia}$라고 한다. 리더를 해 봐야 얻을 것이 없다고 판단하기 때문이다. 과거와 달리 승진하면 단명하고 책임지면 퇴출이며 소신은 저항의 대상이 되고 있다. 그렇다면 리더를 포기하면 무엇을 얻을 수 있을까? 보장된 것은 아무것도 없다. 오히려 침묵하며 버티기만 하는 구성원을 가만둘 조직은 없다. 영양가 없는 사람에게 조직은 관심이 없다. 오히려 본인이 원하지 않은 일을 조직은 무차별로 떠넘길지도 모른다. 밥값은 해야 하니까 끌려갈 바에 앞서 가야 한다. 리더로서 정체성을 먼저 확립해야 한다. 정체성 회복이 리더의 진정한 자존심을 지키는 길이다.

### 트렌드 3. 조직이 두려워할 역량을 강화하자

화려한 왕년 없는 사람이 있을까? 영원한 것은 없다. 리더는 끊임없이 자신의 역량을 의심하고 점검하며 강화해야 한다. 경험 많은 리더가 오히려 불리해질 수 있는 시대가 되었다. **조직에서 같은 일을 반복해 온 숙련가가 자신을 전문가로 착각하거나 조직의 간판과 개인의 간판을 구분하지 못하면 리더는 추락하고 만다.** 조직이 두려워할 만한 역량을 확보해야 한다. 유능한 리더일수록 현재 자신의 실력을 의심하고 점검하는 새로운 도전의 기회를 가져야 한다. 경험 많은 리더가 보유하고 있는 지식과 정보보다 세상의 지식과 정보가 더 빨리 변하기 때문이다. 지속적인 학습을 위한 '지식네트워크' 확보와 끊임없이 학습하는 '학습 민첩성learning agility'을 습관화해야 한다.

### 트렌드 4. 공감으로 조직안정화를 실현하자

구성원의 상황을 이해하고 공감하며 성장을 지원해야 한다. 과거와 달리 부당하거나 공정하지 않은 리더에게 반격할 수 있는 다양한 방법이 독선적 리더를 함정으로 이끈다. 사내 비공개 게시판에 노골적으로 리더에 대한 불만을 공개하거나 불합리하다고 판단되는 증거물을 근거로 투서를 하는 경우 그리고 360도 평가 때 리더십 평가를 의도적으로 낮게 평가하여 자신의 불만을 표출하는 일이 많아졌다. 이젠 상전이 역전된 것이다. **이제 리더는 구성원 위에 있지 말고 옆에 있어야 한다.** 참여적 의사결정으로 함께 공감하여 구성원을 아름다운 공범으로 만들어야 한다. 이제는 자신을 인정해 주는 리더보다 자기가 인정하는 리더를 따르는 시절이니까 말이다.

### 트렌드 5. 저 성과 구성원과 고 연차 구성원을 조력자로 만들자

단기 성과만이 생존의 법칙이란 선입견이 일반화되었다. 정말 그럴까? 고 성과만을 위해 임원의 연령을 낮추고 외부영입에 거리낌이 없으며 MZ세대를 흡수하기 위한 뜬금없는 제도가 난립하고 있다. 그런데 조직이 간과하고 있는 일이 있다. 바로 저 성과 구성원과 고 연차 구성원을 관리하는 일이다. **돈 버는 일도 중요하지만 낭비요소를 고려하지 않으면 앞에서 남고 뒤에서 밑지는 일이 된다.** 저 성과 구성원은 보통 능력이 없어 성과를 내지 못하는 사람으로 정의되었지만 저 성과 구성원의 출현 이유가 다양해진 반면에 조직의 대응은 단조롭다. 대응을 못한다는 의미다. 구성원이 몰입하지 못하는 이유가 능력만의 문제가 아니기 때문이다. 또한 청춘을 희생한 고 연차 구성원이 찬밥 신세를 면하지 못하고 있다. 조직은 줄돈 다 주면서 욕먹고 고 연차 구성원은 찝찝한 방관자가 되었다. 그들을 조력자로 만들어야 한다. 방치하는 것이야말로 낭비다. 소위 커리어 코칭으로 그들의 심리적 계약을 리더가 챙겨야 한다. 그들도 소중한 조직의 자원이니까 말이다.

리더는 끊임없이 변화를 감지하고 리더로서 역할을 명심하며 역량을 강화하고 소외되는 구성원이 없도록 하며 그들과 함께해야 한다. 리더십에는 정답이 없고 완성이 없다. 세상이 변하면 리더십도 지속적으로 진화하기 때문이다. 결국 리더의 생존은 리더십의 진화를 잘 이해하고 체득하는 일이다.

# 하나 되는 조직을 만드는 리더의 노련함

## 1
### 갈등관리 수준이 리더의 수준이다

제한된 공간 속에 별별 사람이 모여 사는 곳이 조직이다. 조직에는 공동의 목표를 달성하기 위한 수많은 집단 간 또는 개인 간 치열한 경쟁이 늘 존재한다. 그래서 조직에는 말도 많고 탈도 많다. 각자 알아서 살아남아야 하는 '각자도생各自圖生'의 살벌함은 자연스러운 일이다. 요즘처럼 생존을 보장받기 힘든 시절에는 경쟁과 갈등을 구분하는 것은 의미가 없다. 적절한 갈등은 조직에 건강한 긴장감을 주고 성과에도 긍정적인 영향을 미친다고 알려져 있다.

과연 그럴까? 만약 조직 내부에 갈등의 수위를 조절할 수 있거나 갈등이 발생했을 때 원만하게 교통정리를 해줄 수 있는 기준과 원칙이 정상적으로 작동된다면 별문제는 없다. 그러나 그렇지 않다면 대부분의 갈등은 조직에 전혀 도움이 안된다. 지나친 경쟁은 내부 경쟁자에 대한 적개심을 반드시 키운다. 경쟁만 보이고 본질은 망각하기 때문이다. 그 순간 갈등은 어김없이 발생하고 구체화된다. **갈등은 조직의 본질을 어지럽힌다는 점에서 품위 없는 분노이며 실속 없는 속앓이에 지나지 않는다.** 일단 갈등이 발생하면 양보와 양해는 고려의 대상이 되지 않는다. 갈등은 판단보다 감정이 먼저 작동되기 때문이다. 따라서 외적인 조정이 없는 한 자동적으로 갈등이 해결되는 경우는 한쪽이 완패하거나 의도적으로 회피한 경우라고 볼 수 있다. 이때도 흉한 상처와 아픈 흉터는 남는다. **갈등이 조직에 도움이 안되는 구체적인 이유**를 살펴보고자 한다.

첫째, **'갈등비용을 초래한다.'** 협력을 해도 모자랄 판국에 갈등으로 인한 책임 전가나 회피, 집단 이기주의, 정보공유 거부, 인적교류 차단 등은 갈등으로 인해 발생하는 가장 흔한 갈등비용이다. 쓰지 않아도 될 아까운 비용이다. 또한 갈등비용 때문에 망가지는 기능이 바로 시너지 창출이다. 작은 자원으로 큰 성과를 창출하는 것이 모든 조직의 꿈이다. 조직도 남는 장사를 해야 하기 때문이다. 만약 구성원들 간 갈등으로 불필요한 비용의 발생은 투입된 비용과 산출하지 못한 비용까지 합쳐서 적어도 2배 이상의 손실을 조직에 안겨준다. 아무리 구성원의 수준이 높다 할지라도 갈등으로 얼룩진 조직이라면 얻는 것보다 잃는 것이 더 많다. 미국 하버드 경영대학원 린다[Linda] 교수는 자신의 저서 『집단지성[Collective Genius]』을 통해 리더가 유능한 직원들만 모으면 하수라고 했다. 훌륭한 리더는 직원의 참여와 협업을 유도하여 괄목할 만한 성과를 창출하는 것이라고 주장했다. 굳이 린다 교수의 주장을 인용하지 않는다 할지라도 구성원들이 갈등을 해소하고 협업해야 조직의 생존이 보장된다는 것은 당연한 논리다. 따라서 잘 먹고 잘 살자고 경쟁하다 지나쳐서 갈등만 발생시킨다면 앞에서 남고 뒤에서 밑지는 갈등비용만 발생시키는 것이다.

**둘째, '조직문화를 망가트린다.'** 돈은 잃으면 다시 벌면 되지만 한 번 꼬인 조직문화는 좀처럼 회복하기 어렵다. 갈등이 흔한 조직에 어떤 신뢰가 있고 의리가 있겠는가? 생존을 위한 불가피한 선택이라는 변명으로 서로를 믿지 못하고 돕지 않는 조직문화라면 웬만한 멘탈이 아니고는 버티기 힘들다. 조직문화가 이토록 갈등구도에 젖어 있으면 당연히 많은 부작용도 따라서 발생한다. 가장 먼저 핵심인재가 조직을 떠날 것이다. 더 이상 이 조직에서 얻을 것은 없다고 판단하기 때문이다. 또한 원칙이 사라지고 정치가 판치면 억울한 희생자를 양산할지도 모른다. 특별한 재능이 없어 조직에 마냥 남아야 하는 가엾은 구성원들은 조직의 갈등을 고스란히 감당해야 한다. 이들은 침묵 아니면 맹목적인 편가르기에 동참해야 한다. 이 순간 조직의 본질은 사라지고 저질만 남는 셈이다.

**셋째, '외부와의 갈등에 무기력해진다.'** 집안 싸움에 정신이 팔린 사람이 옆집의 도발에 완전 무장하여 대응하기는 어려운 일이다. 본래 가까운 사람의 무례함이 더 큰 분노를 초래한다고 했다. 잘 아는 내부직원 간 갈등은 서로가 잘 아는 만큼 더 큰 상처를 줄 수 있다는 점에서 치명적이다. 갈등이 심화되면 사라지는 것이 '판단력'이다. 이쯤 되면 적이 누구인가를 판단하지 못한다. 감정이 격해졌는데 무엇이 보이겠는가? 특히 조직에서 높은 지위에 있는 임원 간 갈등이 커지는 상황이라면 직원들의 혼란과 희생은 참혹해진다. 편가르기와 조직의 분열 또한 거세진다. 조직의 갈등을 조장하는 리더가 바로 배신자다. 방향을 잃은 리더가 흥분된 상태에서 의사결정을 하고 죽어도 양보하지 않겠다고 달려든다면 얼마나 많은 선량한 구성원들이 희생되고 상처를 받겠는가? 따라서 실패한 조직은 경쟁자의 공격으로 인해 망하기보다는 내부갈등으로 서로를 공격하다 장렬히 자멸하는 경우가 더 많다.

**넷째, '리더의 감시비용이 증가한다.'** 리더는 미래를 예측하고 내부 역량을 강화하여 환경변화에 선제적으로 대응하는 것이 고유의 역할이며 중요한 기능이다. 따라서 리더는 이러한 역할에 집중할 수 있는 에너지를 보유하고 있어야 하며 그 에너지를 조직을 위해 그리고 미래를 위해 써야 한다. 그런데 만약 조직 내부 갈등이 심각한 수준에 이르면 리더가 직접 개입하고 조정해야 한다. 이때 발생하는 것이 바로 '감시비용$^{monitoring\ cost}$'이다. 즉 리더의 고유업무를 수행하는 데 쓰여야 할 에너지가 조직내부 갈등을 조정하고 해소하는 데 낭비되는 시간과 에너지를 감시비용이라고 한다. 리더의 발목을 잡는 것이 바로 내부갈등이다.

그렇다면 리더는 어떻게 해야 할까? 가장 먼저 리더는 갈등에서 멀리 있으면 안된다. 갈등의 가해자가 되어서도 안되며 당사자가 되어서도 안된다. **하수는 갈등을 조장하고 선수는 갈등을 해소하며 고수는 갈등을 예방한다.** 따라서 리더의 목표는 갈등을 예방하여 갈등을 최소화하고 일단 발생한 갈등은 신속하게 해결해야 하며 동일한 이유로 같은 갈등이 발생하지 않도록 해야 한다. 즉 사전 예방before 단계, 신속한 해결during 단계, 반복 방지after 단계를 실천해야 한다.

**첫째, 사전예방 단계**는 일하는 과정을 리더가 먼저 잘 파악해야 하는 단계이다. 어디서 갈등발생의 가능성이 큰지를 감지해야 한다. 조직에서 발생하는 갈등의 대부분은 놀다가 발생하는 것이 아니라 일을 하는 과정에서 발생하는 경우가 많다. 즉 잘하려다가 어떠한 계기로 인하여 갈등이 발생하는 것이다. 따라서 일하는 과정에서 갈등발생 여지가 큰 부분을 파악하고 이에 대하여 원칙과 기준을 수립하고 구성원들에게 이 점을 공유하고 충분히 설명해 줌으로써 갈등발생의 여지를 최소화하는 것이다. 또한 이 단계에서 잠재된 갈등요인이나 또는 구조적인 갈등의 고리를 미리 해결해 줌으로써 예상되는 갈등을 최소화할 수 있다. 리더의 부지런한 관찰과 확인하는 역할이 요구되는 이유다.

**둘째, 신속한 해결 단계**에서는 무엇보다 공정성이 생명이다. 갈등의 출발이 공정성 시비에서 비롯된 경우가 많기 때문이다. 신속하게 갈등을 조정하고 해소한 후에는 반드시 갈등의 상처가 흉터로 남지 않도록 해야 한다. 갈등의 원인은 한쪽만의 문제로 발생하는 경우보다 양자 간 관점의 차이나 이해관계에 의한 이유가 크므로 양쪽 또는 다양한 관점의 의견을 듣고 분석하여 조심스럽게 대응하는 지혜가 필요하다. 갈등을 해결하는 과정에서 리더의 내공이 확연히 드러나는 것은 물론이고 조직결속은 리더의 신속하고 공정한 의사결정에 의해 결정된다.

**셋째, 가장 중요한 리더의 갈등관리 역할 중 하나는 같은 갈등이 반복되지 않도록 하는 것이다.** 같은 갈등이 반복될수록 리더의 영향력은 감소하고 리더의 역량이 의심받는 경우도 왕왕 발생한다. 따라서 리더는 자신만의 '갈등일지'를 작성하고 관리해야 한다. 갈등의 발생원인과 시작점 그리고 잠재된 문제와 주의 깊은 관찰이 필요한 구성원 등을 기록하고 기억해야 한다. 머리보다 손이 더 똑똑한 법이다. **기록이 해답이다.** 따라서 같은 이유로 갈등 발생의 원인에 대한 근본적인 방지 노력 및 정기적인 체크와 피드백 등이 지혜로운 리더의 갈등관리다. 갈등관리 수준이 리더의 수준이다.

정리해 보면 리더가 갈등관리를 하는 것은 비용절감과 기대 이상의 성과 그리고 구성원의 행복을 추구하는 것이다. 이 정도면 '몸이 아프지 않으면 행복할 수 있다'는 가설과도 일면 유사하다. 골치 아픈 갈등으로 시달리지 않는 구성원들이 불필요한 감정의 낭비없이 행복하게 업무에 몰입할 수 있으며 성과 또한 향상된다면 누이좋고 매부 좋은 것이다. 집안관리 못하는 리더가 성공할 확률이 높을 리 없다. 복잡하고 힘겨운 조직생활에서 경쟁은 불가피하고 갈등 또한 불가피한 현상이라면 리더의 지혜를 활용하여 갈등을 최소화하여 건강한 조직을 만드는 방법이 리더의 생존을 보장해 준다고 믿는다.

# 2

## 신뢰기반의 협력지수를 끌어올려야 한다

기업을 경영하면서 반드시 필요한 것이 바로 '자본資本'이다. 자본의 유형은 다양한데 리더의 능력이 아무리 출중해도 급조하기 어려운 자본이 바로 '신뢰 자본'이다. 조직의 성과는 구성원들의 몰입에서 비롯되고 구성원들의 몰입은 조직과 일에 대한 신뢰에서 비롯된다. **조직과 일에 대한 구성원의 신뢰가 높으면 협력지수**collaborative intelligence**도 높다.** 그래서 신뢰가 협력을 이끌고 협력이 성과를 산출하는 논리가 설득력을 갖는다.

특히 협력지수는 구성원들이 상생相生을 전제로 협력하고 싶은 마음이 가득한 심리적 상태라고 할 수 있다. 따라서 협력지수가 높은 직원들이 실제로 협력을 기반으로 자신의 업무에 몰입하고 궁극적으로 성과를 창출하는 것이다. 따라서 구성원들의 협력지수를 높여주는 신뢰에 대한 리더의 진지한 고민과 대응이 요구된다.

리더가 신뢰자본을 확보하기 위해서는 신뢰자본을 확보하기 위한 다양한 차원들에 대한 이해가 선행되어야 한다. 달리 표현하면 구성원들의 협력지수를 떨어뜨리는 방해요인을 먼저 파악해야 한다. 예를 들어 구성원들이 자신의 상사 때문에 일할 맛을 잃은 경우, 동료와의 불편한 갈등, 부서 간 갈등, 공정성 시비, 편애 등 조직에 실망하거나 섭섭한 마음을 갖기 때문에 협력을 거부할 수 있다. 따라서 리더는 조직 내부 협력지수를 높이기 위한 신뢰확보에 집중할 필요가 있다. 신뢰는 세 가지 차원으로 구분해 볼 수 있다. '리더에 대한 신뢰', '동료에 대한 신뢰' 그리고 '조직에 대한 신뢰' 등 세 가지 차원의 신뢰를 이해하고 강화하기 위한 노력이 요구된다. 각 차원의 신뢰를 간략히 살펴보면 다음과 같다.

　**첫째, '리더에 대한 신뢰'**. 조직에서 자신의 리더에 대한 신뢰가 없다면 더 이상 정상적인 직장생활을 하기가 현실적으로 불가능하다. 매일 얼굴을 맞대야 하는 리더가 불편한데 일이 잘 될 리 없다. '구성원은 회사를 떠나는 것이 아니라 리더를 떠나는 것'이란 말이 있다. 맞는 말이다. 조직을 위한 일이라 할지라도 구성원들에게 실적지상주의를 강요하거나 비인격적인 행동 그리고 소위 '갑질'에 가까운 무례한 행동들은 리더에 대한 신뢰를 저해할 뿐만 아니라 구성원들의 협력지수를 떨어뜨리는 강력한 동기가 된다. 가뜩이나 최근 기업조직에서 확연히 드러나고 있는데 이러한 세대차이로 인한 갈등으로 많은 조직들이 시달리고 있는 요즘 리더에 대한 신뢰는 가장 직접적인 영향을 미칠 수 있다. 따라서 리더에 대한 신뢰를 희생시켜 단기 성과를 얻고자 하는 조직문화를 경계하고 협력과 원칙이 통하는 조직을 만드는 일에 적극적으로 개입해야 한다. 예를 들면 **리더들에 대한 리더십 교육을 강화할 필요가 있다.** 일만 잘 하는 리더가 더 위험한 세상이다. 사람을 잃고 성공한 리더는 없다. 특히 리더들에 대한 리더십 교육은 세 가지 내용을 반드시 고려해야 한다. 먼저 **'리더십 정체성 확립'**이다. 리더 자신의 역할이 무엇인가를 명확히 이해시켜야 한다. 자신의 정체성을 상실한 리더가 제대로 구성원들을 이끌기는 어려운 일이다. 다음으로는 똑똑한 리더를 확보하지만 말고 그들이 똑똑한 리더십을 현업에서 활용할 수 있는 다양한 **리더십 기법**tool**과 스킬을 학습**시켜야 한다. 그리고 마지막으로 리더들이 함께 원활한 상호작용을 할 수 있는 기회와 장을 만들어 서로의 고민과 성공 및 실패의 사례공유를 통해 **리더십 시너지를 창출**할 수 있도록 해야 한다. 리더 교육만 잘 진행되어도 구성원들을 변화시킬 수 있다. 구성원들은 항상 자신의 리더를 관찰하고 학습하며 모방하기 때문이다. 즉 리더에게 리더십을 학습시키는 것은 돈 버는 법에 대한 선행학습을 시키는 것과 같은 효과를 거둘 수 있다.

**둘째 '동료에 대한 신뢰'.** 유명 리서치기관이 실시한 설문조사에서 직장에 다니는 이유를 묻는 질문에 대하여 함께 일하는 '동료에 대한 신뢰'가 3위라고 응답한 자료를 본 적이 있다. 근묵자흑近墨者黑이란 말이 있다. 검은 묵을 가까이하면 검게 된다는 말이다. 국내 사회심리학으로 저명한 C교수는 하버드 대학의 연구결과를 통해 나쁜 사람과 가까이하면 나빠지기 쉽고 행복한 사람 곁에 머물면 자신도 행복감을 느낄 수 있다고 했다. 즉 나의 친구가 행복하면 15%의 행복지수가 높아지고 친구의 친구가 행복하다면 10% 증가하며 그 친구의 다른 친구가 행복하면 6% 증가한다고 한다. 미국 제임스 폴러James Fowler 교수와 니콜라스 크리스타키스Nicholas A. Christakis 교수가 10년간 병원을 찾은 5124명의 친구 관계 5만 3228건을 분석하고 설문 조사를 실시한 결과라고 한다. 즉 행복은 전염된다는 것이다. **동료들과 신뢰가 있다면 무서울 것이 없고 협력지수는 최고조에 이를 수 있다.** 상사와의 갈등이 있다 할지라도 동료와의 관계가 좋으면 어떠한 어려운 상황도 견딜 수 있다. 상사로부터의 고통이 분산되기 때문이다. 반대로 동료들과 관계가 좋지 않다면 리더나 조직으로부터 받는 스트레스나 고통을 분산시킬 특별한 방법이 없다. 따라서 동료들과 신뢰가 없다면 힘겨운 조직생활은 더 힘겨워질 수밖에 없을 뿐만 아니라 협력지수는 오히려 마이너스로 전락하고 말 것이다.

따라서 리더는 무엇보다 구성원 개인 간 이기주의 또는 부서 이기주의를 극복하고 신뢰관계를 높여줄 수 있는 다양한 제도를 마련할 필요가 있다. 예를 들면 **부서 내부 또는 부서 간 회식 이벤트나 일정기간 부서이동을 통한 상호이해 증진 그리고 갈등발생 시 신속하게 이를 조정해 줄 수 있는 전담부서의 신설 등을 통하여 동료 간 수평적인 신뢰관계 회복에 총력을 다해야 한다.** 가장 경계해야 할 무서운 일은 조직 내부의 갈등을 방치하다 정작 외부와의 갈등에 무기력해지는 것이다. 또한 리더는 정기적으로 그리고 정교한 방법으로 구성원들 간 신뢰 수준을 파악하고 대응하여 구성원들의 높은 수준의 협력지수를 유지해야 한다.

**셋째, '조직에 대한 신뢰'.** 가장 강력하고 결정적인 신뢰가 바로 조직에 대한 신뢰라고 할 수 있다. 요즘 구성원들은 예민해졌다. 자신의 미래를 조직에 의지한 채 막연한 낙관주의에 빠져 있는 구성원은 예나 지금이나 존재하지 않는다. 상사와 마음이 맞고 동료와 친해도 조직에 대한 신뢰가 없다면 협력지수도 없다. **조직에 대한 신뢰는 조직의 공정성**^justice **여부로 판단한다.** 제한된 자원을 분배하는 과정에서 약속한 원칙을 조직이 위반할 경우에 조직의 공정성을 의심하게 된다. 또한 의사결정의 절차가 공정하지 못할 경우에도 구성원들은 조직의 공정성을 의심하게 된다. 마지막으로 자기만 차별을 받는다는 인식이 존재할 경우에도 조직의 공정성은 무너지고 만다.

위 3가지 신뢰의 조건은 합의 관계가 아니라 곱의 관계라고 할수 있다. 어느 것 하나라도 제로가 되면 신뢰의 전체 구조는 흔들리고 만다. 리더는 조직 내부의 신뢰를 회복하기 위한 다차원의 접근을 시도해야 한다. 신뢰는 겉으로 드러나지 않을 수 있지만 조직이 위기에 처하면 바로 드러난다는 특징이 있다. 개인 간 또는 부서 간 이기심이 발동되기 때문이다. 절대 손해를 보지 않겠다는 의지가 드러나는 것인데 신뢰가 없으면 이기심은 더욱 심각한 수준으로 발전하고 만다. 이 정도 상황이 전개된다면 조직의 협력지수는 최저가 될 것이고 성과 저하는 불 보듯 뻔한 일이다.


# 3
## 진정성 있는 피드백으로 리더십은 완성된다

인간관계에서 소통만큼 중요한 것도 없을 것이다. 특히 피드백은 완벽한 소통을 결정짓는 섬세한 행위다. 피드백을 통해 서로의 신뢰를 확인하고 점검하며 판단할 수 있기 때문이다. 아울러 피드백 수준은 리더의 역량과 품격을 평가하는 중요한 척도가 될 수 있다. 피드백은 단순한 대화의 기술이 아니라 타인과의 공감을 교환하는 진정성의 다른 표현이다. 따라서 진정성 있는 피드백은 리더십의 완성이라 정의해도 무리는 아니다. 그렇다면 리더의 진정성과 피드백은 항시 공존할 수 있는 것일까? 이 질문에 대한 답을 찾기 위해 진정성과 피드백의 유무에 따라 리더십 유형을 탐색적으로 분석해 봤다.

**첫째, 인기만점형 리더: 진정성(O)+피드백(O).** 진정성과 피드백 모두 탁월한 리더다. 코치와 같은 리더다. 인기만점형 리더는 일하는 방식부터 다르다. 보통 일을 시킬 때 일거리를 '전달'만 하는 리더, '지시'만 하는 리더, '공유' 잘해 주는 리더, '공감'으로 이끄는 리더가 있다. 인기만점형 리더는 바로 공감형 리더를 말한다. 인기만점형 리더는 공감을 가장 중요한 가치로 인식하고 상대방 관점에서 모든 것을 이해하고 배려하여 노력한다. 구성원의 몰입을 끌어내는 것은 물론이다. 구성원이 따르지 않을 이유가 없다. 상대에 대한 완벽한 이해와 배려가 전제되어 있기 때문이다. 따라서 진정성과 피드백을 겸비한 리더는 구성원의 성장과 몰입 그리고 마음의 치유까지 동시에 달성할 수 있다는 점에서 존경받아 마땅하다. 조직에는 젊지만 적응이 힘든 구성원도 있고 적응은 했지만 대응하지 못하고 방황하는 고 연차 구성원도 있다. 이들을 진심으로 배려하고 지원하며 정직한 피드백으로 코칭하는 리더다.

**둘째, 오해 유발형 리더: 진정성(O)+피드백(X).** 진정성은 있지만 피드백을 머뭇거리거나 피드백이 약한 리더다. 성격적인 원인도 있겠지만 다소 수동적인 태도 때문인 경우가 많다. 구슬이 서말이라도 꿰어야 보배가 된다고 했다. 아무리 가슴속에 관심과 애정이 있다 해도 피드백이 없거나 약하면 인간관계의 증거는 없고 추측만 남는다. 아무리 작은 표현이라도 전달이 되어야 가치가 있다. 시쳇말로 '너 내 마음 알지?'란 표현은 더 이상 통하지 않는다. 유명한 화가이자 시인인 칼릴 지브란<sup>Kahlil Gibran</sup>은 『보여줄 수 있는 사랑은 아주 작습니다』란 시집을 통해, 보이지 않은 뒷면의 큰 의미가 중요하다고 강조했지만 결국 아무리 작은 사랑도 보여줘야 사랑을 확인할 수 있다는 의미로 해석할 수 있다. **상대가 알아줄 것이란 막연한 생각은 리더 혼자만의 착각이다. 구성원은 리더의 피드백을 갈망한다.** 리더의 말에는 힘이 있고 그 힘은 구성원에게 용기를 주기 때문이다.

**셋째, 립 서비스형 리더: 진정성(X)+피드백(O).** 진정성이 결여된 피드백은 영혼이 없는 피드백과 같다. 바보가 아닌 이상 리더의 진정성 없는 피드백을 곧이곧대로 받아들이는 구성원이 있을까? 오히려 저항감만 커질 뿐이다. 종종 성과평가 피드백을 할 때 구성원에 대한 정보도 없고 증거도 없으며 관심까지 없다가 갑자기 평가하겠다고 막연하게 피드백 하면 그 피드백은 정확하지도 않고 먹히지도 않는다. 말 그대로 립 서비스에 불과하다. 차라리 하지 않는 것이 낫다. 그만큼 피드백은 리더의 실력과 관심 그리고 진정성이 요구되고 드러나기 때문에 함부로 피드백을 하는 행위는 그나마 남아 있는 기대감마저 잃는 오류를 범하는 일이다. 그래서 피드백은 많은 학습과 노련한 훈련이 필요한 것이다. 그래서 피드백 잘하는 리더는 피드백도 리허설을 해 보며 상대의 예상되는 반응은 물론이고 자기점검을 하기도 한다. 완벽하지는 않지만 초라한 피드백이 리더 자신을 초라하게 만든다는 것을 잘 알기 때문이다.

**넷째, 구제불능형 리더: 진정성(X)+피드백(X).** 최악의 리더다. 생각도 없고 의욕도 없지만 양심마저 없는 유형이다. 자기밖에 모르는 사람이다. 이런 리더가 세상에 있을까 싶지만 없지는 않다. 물론 리더 본인이 당면한 문제가 더 심각한 상황이라면 그럴 수는 있지만 평소 일관되게 구성원에게 무관심하다면 나쁜 리더가 맞다. 그러나 리더라면 피드백 스킬은 좀 떨어져도 진정성만큼은 보여주겠다는 책임감은 있어야 한다. 측은지심惻隱之心도 없고 진정성도 없는 투명인간 같은 리더라면 자리만 차지하고 무례하기 짝이 없는 구제불능형 리더가 아닐 수 없다. 물론 이런 리더는 극히 드물겠지만 구성원에 대한 피드백에 인색한 리더는 얼마든지 있다.

결국 **리더십의 완성은 진정성과 피드백으로 귀결된다.** 찐 리더라면 평소 진정성을 유지하고자 하는 의지와 피드백을 게을리하지 않는 지혜를 늘 학습하고 훈련해야 하는 이유가 여기에 있지 않을까 생각한다. 진정성을 담은 피드백을 하는 것은 구성원보다 리더 자신을 위한 일이며 반복할수록 세련되고 존경받는 리더가 된다는 점에서 남는 장사가 될 수 있다.

# 4
## 막연한 협력보다 경쟁적 협력이 더 필요하다

협력에 대한 논의가 뜨겁다. 왜 그럴까? 경쟁보다 협력이 더 시급해졌기 때문이다. 모두가 단기 성과를 선택하면서 실적이 곧 생존이란 표현을 어렵지 않게 듣고 살았다. 실적을 내지 못하면 조직만이 아니라 누구도 생존할 수 없다. 그래서 지나친 경쟁은 불가피하고도 당연한 정서가 되었다. 그런데 잘 먹고 잘 살자고 선택했던 경쟁이 얻는 것보다 잃는 것이 더 많다면 어떨까? 경쟁은 갈등을 만든다. 그것도 극심한 갈등 말이다.

물론 적절한 갈등은 성과 달성에 도움이 되고 구성원에게 필요한 긴장감을 준다는 연구도 많다. 그런데 문제는 과연 적절한 갈등의 조절이 가능한 현상일까? 치열하게 경쟁하다가 중간에 갑자기 경쟁을 멈추고 협력한다는 것은 마치 고속주행을 하다가 갑자기 밟은 브레이크가 한치의 오차도 없이 바로 정지하는 것을 바라는 것과 같다. 브레이크를 밟아도 차는 어느 정도 밀리기 마련이다.

경쟁은 갑자기 생기는 것도 아니지만 갑자기 사라지지도 않는다. 누구나 손해 보는 것을 싫어하기 때문이다. 경쟁의 필요성이 원천적으로 사라지거나 경쟁 상대가 완전히 공격을 철회하여 위험요소가 사라졌다는 확신이 들어야 경쟁을 멈출 수 있다. 경쟁은 불가피한 경우가 많고 먼저 양보하는 경우가 드물다는 점에서 조정이 쉽지 않은 강한 의지다. 특히 외부와의 갈등보다 조직내부 갈등이 더 조정하기 어렵다. **내부갈등이 외부와의 갈등보다 위험한 몇 가지 이유**가 있다.

**첫째, 내부 갈등이 심해지면 외부와의 갈등에 무방비가 된다.** 기대감이 컸던 탓일까? 내부갈등은 일단 발생하면 잔인하다. 말리기도 어렵다. 한쪽이 무너져야 끝난다. 그래서 본래 '내전內戰'은 가장 잔인한 전쟁으로 기록된다. 조직에서도 실적 달성을 위해 지나친 경쟁을 유도하여 내부 갈등을 조장하는 리더가 있다면 매우 어리석은 판단이며 본인을 포함한 조직의 집단자살을 유도하는 행위임을 명심해야 한다. 외부와의 경쟁에 투입될 시간과 에너지를 불필요한 내부 갈등에 낭비하게 되기 때문이다.

**둘째, 내부갈등은 남보다 못한 배신행위를 양산한다.** 외부의 힘을 빌려서 내부의 적을 초토화시켜야 분이 풀린다고 믿는 경우다. 정신 나간 처사가 아닐 수 없다. 조직에 상처를 주고 그 상처가 흉터가 되길 바라는 마음이 초래한 잘못된 선택이다. 이쯤 되면 이미 제정신이 아닌 것이다. 보통 외부와의 갈등이 생기면 내부갈등은 억제가 되어야 정상이지만 그 반대라면 무서운 결과를 감당해야 한다.

따라서 현명한 리더라면 내부의 갈등부터 점검하고 풀어야 한다. 내부의 갈등은 언젠가 조직의 생명주기를 앞당기는 치명적인 원인이 될 수 있다. 그렇지 않으면 늘 품 안에 핀 뽑힌 폭탄을 안고 살아가는 리더가 될 수밖에 없다. 같은 이유로 같은 갈등이 반복되면 미래는 없다.

결국 지나친 경쟁은 불행한 갈등으로 변질될 수 있다는 점에서 협력은 권장되고 우선시해야 한다. 이 점이 바로 협력의 필요성이 조명을 받는 이유다.

그런데 한 가지 궁금한 점이 있다. 경쟁을 통제하기 힘들듯이 협력만 잘되면 정말 조직성과가 달성되고 구성원들의 만족도는 높아질까? 물론 협력의 훌륭한 가치를 의심하는 것은 아니다. 이 시점에서 우리가 한 가지 짚고 넘어가고 싶은 것은 경쟁이나 협력 한 가지에 집착하는 것은 과유불급過猶不及이라는 점이다. 정도가 지나치면 미치지 못한 것과 같은 것이다. 그래서 출현한 개념이 바로 경쟁적 협력coopetition이다.

**경쟁적 협력은 경쟁competition과 협력cooperation을 동시에 추구한다는 합성어다.** 이미 많은 학술적 연구와 사례를 통해 경쟁적 협력의 효과성은 입증되었다. 엄밀하게 보면 조직에는 경쟁해야 할 일과 협력할 일이 구분된다. 경쟁적 협력에 대한 연구가 시작된 이유는 경쟁은 피할 수 없고 협력만으로 경쟁력을 완벽하게 대신할 수 없다는 현실적 문제를 해결하기 위한 목적으로 시작된 것이다. 즉 경쟁도 하면서 필요한 시점에서는 협력도 하는 것이다. 경쟁적 협력이 성공하려면 몇 가지 조건이 있다.

**조직차원의 조건과 리더십차원의 조건**을 갖춰야 한다. 조직차원의 조건의 **첫 번째는 공정한 경쟁의 보장이다.** 리더가 그러한 문화를 만들어야 한다. 모난 돌이 정을 맞거나 사촌이 땅을 사면 배가 아프며 배고픈 것은 참는데 배 아픈 것은 참지 못하는 조직문화라면 경쟁은 생존의 법칙이 되고 조직은 전쟁터가 된다. 따라서 조직이 먼저 공정성을 기반한 원칙과 제도를 확보해야 한다. 조직에는 자원이 제한적이다. 모두가 많은 것을 독점할 수 없다. 양보와 인내 그리고 이해가 필요한 것이 조직이다. 따라서 공정한 경쟁이 보장되는 조직문화를 먼저 확보하고 전체 구성원이 이를 공감하고 공유해야 한다. 경영층의 관심과 의지가 필요하다.

**두 번째는 경쟁적 협력의 결과에 대한 정보공유와 보상이 실현되어야 한다.** 세상에 공짜는 없다. 도움을 받았다면 섭섭하지 않게 보답을 해야 하고 도움을 주었다면 당당하게 보상을 받을 수 있어야 한다. 보상의 형태는 물질적이거나 정서적이거나 상관없다. 기대했던 형태면 가능하다. 경쟁의 의도와 협력의 가치를 상호 이해하고 수용하며 동참한다면 그 결과를 공개하고 성과물을 제공하는 것이 공정하다. 섭섭할 수는 있어도 억울하지는 않아야 한다. 이러한 보상이 확인되면 경쟁적 협력은 반복될 수 있다. 그러나 반대의 경우라면 일시적인 현상으로 끝나거나 전보다 못한 상황으로 변할 가능성이 크다.

리더십 차원에서도 경쟁적 협력을 실행하기 위한 전제가 있다. **첫째, 리더는 구성원의 심리적 계약을 먼저 파악해야 한다.** 심리적 계약은 고용계약처럼 문서화되어 있지는 않지만 조직에서 얻는 비전과 성장 그리고 의미를 기대하는 것을 뜻한다. 급여가 나오지 않아서 이직을 하는 경우보다는 비전이 없고 성장이 없어 이직을 하는 경우가 더 많다. 그만큼 구성원 개인이 추구하는 가치가 무엇인가를 파악하여 경쟁적 협력의 의미를 설득할 수 있어야 한다. 의미 없는 협력을 따르는 것보다 피로감은 높지만 생존을 위한 경쟁이 차라리 얻을 것이 더 많다고 생각할 수 있기 때문이다.

**둘째, 구성원의 경쟁적 협력에 동참하도록 하기 위해서는 협력의 의미와 가치를 충분히 설명하고 설득해야 한다.** 적어도 이용 당한다는 느낌이나 손해를 꼭 볼 것만 같은 염려를 고려하여 진정성 있게 당부를 해야 한다. 아울러 리더 본인이 경쟁적 협력의 필요성과 내용 그리고 결과에 대한 기대감 등을 명확히 알고 있어야 한다. 공감적 설득의 기본은 사실$^{fact}$과 가치$^{value}$에 근거해야 하기 때문이다.

경쟁적 협력은 결과에 대한 기대감도 어렵지만 출발이 더 어렵다. 그 일이 경쟁적 협력이 필요한 일인지 아니면 경쟁이나 협력 중 하나를 선택하는 것이 더 나은 것인가를 명확히 결정하기 어려울 수 있다. 또한 경쟁적 협력의 결과에 개인이나 조직의 기여도는 어떻게 측정하고 보상할 것인가의 문제도 여전히 숙제로 남는다. 그러나 분명한 사실은 경쟁이나 협력 중 한 가지에만 너무 집중하기보다는 경쟁적 협력을 성숙한 조직문화로 자리를 잡는 것이 더 유리하다는 사실이다. 물론 지금도 경쟁적 협력은 존재한다. 각자의 일에 집중하고 경쟁하다가 협력이 필요하면 협력하는 행위는 많다. 다시 말하면 경쟁적 협력은 평소 각자 또는 각 조직이 고유의 업무에 집중하며 갈등유발을 경계하면서 경쟁만 하는 것보다 협력을 하는 것이 더 얻을 것이 많다는 판단을 통해 기꺼이 협력하면 그것이 바로 경쟁적 협력의 선순환이 될 수 있다.

경쟁은 피할 수 없지만 협력도 없어서는 안될 일이다. 그렇다면

적절한 배합과 균형은 가장 적게 손실을 보는 지혜로운 의사결정
이란 관점에서 리더의 역량과 역할에서 중요한 자리를 차지한다고
볼 수 있다.


# 5
## 실패를 성공으로 이끄는 리더의 역할

리더에게 어떤 능력이 필요할까? 예측력, 판단력, 실행력이라고
해도 과언이 아니다. 미래를 예측하고 대응전략을 판단한 후 구성
원 결속을 기반으로 민첩하게 실행하는 역할을 잘하면 유능한 리
더로 인정받는다. 특히 예측력은 가장 먼저 선행되어야 할 능력이
다. 볼 수 있어야 판단할 수 있고 판단할 수 있어야 움직일 수 있기
때문이다.

그런데 최근 불확실성의 증가는 리더의 예측력을 무기력하게 만
든다. 낯선 변수는 늘어난 반면에 속시원한 대안은 줄었다. 불안한
마음은 성공에 대한 강박증과 함께 실패에 대한 두려움을 키웠다.
실패 없는 성공을 해야 생존이 가능하다는 믿음은 갈수록 강해졌
다. 그래서 구성원의 실패에 대한 리더의 평가도 야박해졌고 야박
한 판단은 다시 구성원을 위축시키거나 도전 자체를 억제하게 만
들기도 한다. 구성원의 실패가 곧 리더의 실패가 될 수 있다는 가정
에 기인한다. 리더의 입장도 이해는 가지만 결과만 따지거나 불가
피한 실패의 배경은 고려하지도 않고 가혹한 처분만 내린다면 누

가 도전적인 업무를 수행하겠는가?

현명한 리더는 실패 그 자체를 탓하기 전에 실패의 유형을 구분하고 실패의 원인을 찾고 대안을 마련하여 같은 실패의 반복을 예방하고 실패를 성공의 밑거름으로 전환하는 능력이 필요하다. 변화는 늘 새로운 도전을 요구하고 새로운 도전은 달콤한 성공과 실패의 위험도 함께 초래할 수 있다는 점에서 성공을 성공으로만 보지 말고 실패를 실패로만 보지 말아야 한다. 성공만 보면 잠재적 약점을 간과하기 쉽고 실패만 보면 실패가 주는 잠재적 기회를 먼저 포기할 수 있기 때문이다. 특히 실패를 실패로만 볼 때 손해를 보는 경우가 더 많다는 점에서 실패를 대하는 리더의 태도를 점검할 필요가 있다.

**첫째, 실패의 유형을 구분해야 한다.** 실패는 고의적 실패, 스킬 부족 및 부주의 실패, 건설적 실패로 나눌 수 있다. 고의적 실패는 과도한 단기실적을 목표로 추구하다 오히려 사고나 부작용이 발생하여 소탐대실小貪大失하는 경우다. 고의적 실패는 선량한 타인에게 억울한 피해를 준다는 점에서 비난을 받아 마땅하고 강력한 처벌도 당연한 일이다. 스킬 부족 및 부주의 실패는 교육강화나 업무매뉴얼 개선 그리고 정기적 멘토링과 점검으로 예방할 수 있다. 기본적인 정보나 지식의 부족 그리고 점검시스템의 부재 등이 문제인 경우가 많다. 마지막으로 건설적 실패는 긍정적 결과를 목표로 도전하는 과정에서 발생한 실패인 만큼 모든 과정을 전적으로 부정하기보다는 정확한 원인 규명과 장애요인 제거 그리고 실패의 교훈화, 실패자의 동기부여 등의 대응이 보다 효과적이다.

**둘째, 실패의 원인을 명확히 밝히는 것이다.** 구성원의 실패를 판단하기 전에 그 원인을 명확히 확인하는 절차가 필요하다. 일단 실패를 접하게 되면 그 원인이 구성원 개인 탓인지 아니면 어쩔 수 없는 상황 탓인지를 먼저 따져봐야 한다. 만약 불가피한 상황이 원인인데 구성원만 탓하면 그 구성원의 몰입과 헌신을 더 이상 기대하기 어렵게 된다. 반대로 구성원 탓이 분명한데 그냥 넘어가면 같은 실패를 반복할 공산도 크다. 실패의 원인을 추적하는 방법으로는 '귀인이론attribution theory'이 있다. 귀인이론은 성공이나 실패의 원인을 찾는 방식이다. 예를 들어 어떤 구성원이 실패했다면 그 원인을 3가지로 구분하여 고려해 봐야 한다. 하나는 '다른 구성원과 비교'하여 유독 해당 구성원만 실패했다면 그 구성원의 탓이고 만약 다른 구성원도 비슷한 실패를 했다면 불가피한 상황이 원인일 수 있다. 두 번째는 '특이성'이다. '다른 업무와 비교'하여 다른 업무는 잘했는데 해당 업무만 실패했다면 구성원 탓보다는 업무가 맞지 않거나 지나치게 과도했을 상황의 탓으로 볼 수 있다. 반대로 하는 일마다 실패한다면 그 구성원의 능력이 원인인 셈이다. 세 번째는 '일관성'이다. '과거의 업무와 비교'하여 과거에는 잘해 왔지만 이번만 실패를 했다면 현재의 상황이 불리했을 가능성이 크다. 반대로 과거부터 지금까지 일관되게 실패했다면 당연히 해당 구성원에게 실패의 원인이 있다고 예측할 수 있다. 이처럼 실패는 반드시 원인이 있기 마련이다. 결국 당장의 실패만 보고 판단하고 대응하면 오히려 잃는 것이 더 많은 이유가 여기에 있다. 성급한 판단은 민첩한 판단이 아니고 가혹한 처벌은 행동의 중단과 함께 구성원의 의욕도 함께 중단시킨다는 점을 명심해야 한다.

**셋째, 실패를 교훈으로 전환해야 한다.** 실패를 공유하는 것은 고통스러운 일이지만 같은 실패가 반복되는 것은 더 큰 고통이다. 미국 미시간주 앤아버에는 실패한 제품들만 전시하는 '실패박물관'이 있다. 실패한 제품들을 모아 놓고 그 원인을 분석하여 새로운 제품을 개발하는 컨설팅에 활용하는 것이 목적이다. 또한 카이스트에는 실패를 연구하는 '실패연구소'가 있다. 실패에 대한 관점을 긍정의 힘으로 바꾸는 역할을 한다. 실패는 끝이 아니라 새로운 기회가 될 수 있다는 교훈을 학생들에게 알려주는 일이다. 늘 새로운 도전을 하는 카이스트에서는 실패는 끝이 아니라 과정이라는 인식이 필요한 것이다.

**넷째, 실패자의 회복탄력성을 지원해야 한다.** 푸시킨의 유명한 시詩 '삶이 그대를 속일지라도'는 많은 사람들에게 변함없는 사랑을 받고 있다. 힘겨운 현실을 참고 견디면 언젠가 기쁜 날이 올 테니 미래를 기대하며 현재를 견디자는 희망의 메시지다. 공감이 가고 위로가 된다. 그런데 막연한 희망만으로 현실을 견디는 것은 어려운 일이다. 특히 리더는 실패자에게 막연한 위로보다는 먼저 공감적 이해를 표현하고 정확하고 구체적인 가이드를 갖고 재도약을 할 수 있는 용기와 회복탄력성을 제공해야 한다.

이상과 같이 실패를 성공으로 이끄는 리더의 능력에 관하여 고민해 봤다. 같은 실패를 반복하지 않는 것도 중요하지만 실패를 교훈으로, 성공으로 전환하는 일은 더욱 중요하며 그 중심에 리더의 역할이 있다. 실패가 실패로 끝나면 시간과 에너지는 손실되지만 실패가 전화위복이 되면 실패로 인한 손해를 뛰어넘는 더 큰 성공으로 보상받을 수 있기 때문에 리더에게도 좋은 기회가 될 수 있다.

# THEME
# 11

# 성과관리 잘하는 리더는
# 사람관리도 잘한다

## 1
## 성과 잘 내는 리더는 3가지가 다르다

리더의 목표는 성과 잘 내는 것이라고 말해도 부정할 사람은 아무도 없을 것이다. 성과달성은 조직의 지속성장과 구성원의 안전한 삶을 가능하게 해준다는 점에서 리더의 사명이자 책임이다. 그런데 모든 리더가 이 점을 잘 알고 있지만 모든 리더가 성과를 잘내는 것은 아니다. 이유는 다양하다. 능력면에서 개인차가 있고 상황의 조건에 따라 성과달성의 여부는 달라지기 때문이다. 즉 일에 대한 전문성과 경력 그리고 구성원을 관리하는 스킬에 따라 성과를 현저히 차이가 난다. 아울러 아무리 능력이 출중해도 상황을 통제하기 힘들거나 리더 개인이 감당하기 어려운 특수한 경우라면 리더의 능력은 통하지 않는다. 그렇다면 리더는 성과를 잘 내기 위해 어떤 선택을 해야 할까? 당연히 본인이 통제할 수 없는 상황에 에너지를 소진하기보다는 가능한 일에 집중하는 것이 바람직하다. 물론 상황의 변화에 선제적으로 대응하는 것이 중요하지만 일이 먼저 통제되고 정복되지 않는다면 상황변화에 대응하기란 더욱 어려운 일이 된다.

세상이 변하면 조직의 의사결정도 변하고 구성원도 변한다. 그래서 리더십도 변해야 한다. 일하는 방식이 변하고 구성원들의 동기부여 요인이 변하기 때문이다. 지금이 딱 그렇다. 과연 지금처럼 어려운 상황에서 성과를 잘 내는 리더가 되려면 어떤 점검이 필요한가를 알 필요가 있다. 3가지 변화를 통해 더 높은 성과를 내는 리더가 되는 방안에 대하여 살펴보고자 한다.

### 변화 1. 감독만 하는 리더에서 실무도 하는 리더로 변해야 한다

조직 내 여유인력은 없다. 몸값은 높은데 밥값을 못하면 곧바로 위험해지는 시절이다. 리더라고 예외는 아니다. 과거에는 고생하다 리더가 되면 비교적 안락한 권한과 여유를 누릴 수 있었다. 지금은 어림없는 일이다. 이미 현업에서 많은 리더가 지나칠 정도로 실무를 수행하고 있다. 리더에게 부담이 되는 경우도 물론 많을 것이다. 그런데 실무를 많이 하는 리더가 일에 대한 관점을 희생이 아닌 희망으로 바꾸면 어떨까. 리더가 되어도 일이 많으면 짜증이 나는 것은 당연하다. 그러나 일 속에 기회가 숨어 있다는 점도 알면 위로가 된다. 경험 많은 리더가 반드시 안전한 것은 아니다. 경력이 화려하다 해도 능력이 언제까지 지속될지는 아무도 모른다. 리더는 끊임없이 도전받고 의심받는 자리다. 그래서 자신의 능력을 지속적으로 보완하고 강화해야 한다. 조직은 늘 냉정하다. 믿을 수 없다. 봐주는 사람도 없고 봐주기를 구걸해서도 안된다. 따라서 성과를 잘 내는 리더라면 가장 먼저 자신의 경력에만 의존하기보다는 현재의 능력과 미래의 능력을 점검하고 보완해야 한다. 리더의 능력이 전제가 되지 않은 조직은 성과가 없다. 리더가 능력이 있어야 올바른 목표를 제시할 수 있고 적절한 업무분배와 수행가능성을 높여주기 때문이다. 지식과 정보는 세상의 변화만큼 빠르게 진화하고 발전하고 있다. 이 과정에서 리더가 지속적인 학습과 열린 마인드를 갖지 못한다면 누구도 보호받을 수 없는 것이 현실이다. 실무를 하면 어떤 정보와 지식이 필요한지 그리고 어디서 그것들을 얻을 수 있는지 누구와 협업을 해야 하는지를 알 수 있다. 알면 목표달성 가능성은 높아지고 성과는 자연스럽게 따라온다.

### 변화 2. 사람 중심 조직관리에서 성과 중심 조직관리로 변해야 한다

구성원과의 관계를 형성하는 부분에도 변화는 찾아왔다. 특히 하이브리드 시대에 과거처럼 술잔을 기울이며 소위 '형님마케팅' 하던 시절은 사라졌다. 특히 주 52시간 근무제도 이후부터 변화는 가속화되었다. 일하는 시간은 줄어도 업무량은 줄지 않았다. 따라서 주어진 시간에 주어진 업무를 처리하려면 일하는 방식의 변화도 반드시 필요하다. 사람만 믿고 가던 과거의 방식은 많은 허점을 남긴다. 이제는 **리더가 일의 우선순위를 먼저 파악하고 공정하게 배분하며 꼼꼼한 점검을 통해 실행해야 한다.** 긴급하고 중요한 일이 1번, 긴급하지는 않지만 중요한 일이 2번, 중요하지는 않지만 긴급한 일이 3번 그리고 긴급하지도 중요하도 않은 일은 워크다이어트work diet 해야 한다. 또한 **어설픈 권한위임을 하기보다는 지속적으로 구성원에게 목표와 관련된 사항들을 수시로 점검하고 조정해야 하다.** 물론 구성원 입장에서는 부담스러운 일이지만 리더의 개입도 나름의 질서가 있다. 정기적인 개입은 조정이고 갑작스러운 개입은 간섭이다. 따라서 정기적이고 품위 있는 소통으로 목표 점검과 조정을 습관화해야 한다. 마지막으로 **틈새관리를 철저히 해야 한다.** 하수는 해야 할 일도 못하는 사람이고 선수는 해야 할 일만 잘하는 사람이며 고수는 일과 일 사이에 아무도 챙기지 않는 틈새까지 챙기는 디테일한 사람이다. 이기는 게임도 중요하지만 지지 않는 게임을 하는 리더가 되어야 한다.

### 변화 3. 관계중심적 동기부여에서 성장중심적 동기부여로 변해야 한다

구성원은 자신의 상사와 인간적인 친분에 자신의 미래를 걸지 않는다. 인간적 관계를 거부하는 것이 아니라 자기성장이라는 실속 있는 목적을 더 원하기 때문이다. 예전에는 자신을 인정해 주는 사람을 따랐지만 지금은 자기가 인정하는 사람을 따른다. 조직을 떠나는 이유도 현재 조직이 싫거나 문제가 있어서 떠나기도 하겠지만 자기성장을 위해 그냥 떠나는 경우도 많다. 미안함 때문에 머뭉거리기보다는 자기성장과 이익을 위해 명확히 양해를 구하고 미련없이 자신의 선택을 추진한다. 따라서 리더는 조직을 떠나는 구성원을 원망하기보다는 현 조직에 머물어야 하는 이유와 가치를 제시해야 한다. 조직에 잔류하고자 하는 의지에 방해가 되는 내부의 갈등을 해소해 주거나 진지한 소통과 역량에 대한 성장지원 그리고 업무량의 적절성을 리더가 관찰하고 개입하여 조정해 주어야 한다. 자신이 조직과 리더로부터 아무런 지원과 응원을 받지 않는다고 판단하면 누구나 다른 생각을 할 수 있다.

결국 세상이 변하면 사람이 변하고 사람이 변하면 그 사람을 이끄는 리더도 변해야 한다. 변화는 우리의 의지보다 늘 먼저 다가오고 늘 먼저 우리를 외면한다. 그래서 리더는 변화에 민감하고 선제적으로 대응해야 한다. 성과 잘 내는 리더의 공통점이기도 하다. 성과를 잘 내기 위한 새로운 접근이 힘들겠지만 이를 거부하면 더 힘들어진다는 점을 잊지 말아야겠다.


# 2
## 일하는 방식의 변화는 리더의 변화가 먼저다

변화가 없으면 생존도 없다. 변화의 속도가 너무 빠르기 때문이다. 정보기술의 급속한 발전과 코로나 사태로 일하는 방식의 변화는 가속화되었다. 일하는 방식의 변화는 소위 애자일$^{agile}$ 조직을 지향하며 말 그대로 변화에 민첩하게 대응하며 조직계층의 단순화,

호칭의 변화, 능력 중심, 소통의 기회 등을 위해 보편적 지향점이 되고 있다. 소통 방식, 회의 방식, 보고 방식, 지시 방식, 평가 방식, 협업 방식 등은 세대를 거쳐 가며 안정적으로 반복된 습관인데 이미 익숙하고 길들여진 방식을 버리고 새로운 방식으로 일을 한다는 것은 쉬운 일이 아니다. 특별하게 불편한 점이 있다면 모를까 웬만하면 하던 대로 하고 싶어 하는 것이 사람이다.

　그렇다면 일하는 방식의 변화는 어디서부터 출발해야 할까? 언뜻 보면 일하는 방식이 제도와 도구의 문제로 보이지만 실제로는 리더십이 관건이다. 그 이유는 기존의 일하는 방식은 리더가 원하는 방식으로 의사결정 되어 왔기 때문이다. 만약 일하는 방식의 변화에 실패했다면 그것은 리더의 변화가 선행되지 않았기 때문이다. 리더는 조직이 새롭게 권장하는 일하는 방식의 변화를 머리로는 인정하지만 불필요하거나 불안만 초래하는 시도라고 해석할 수 있다. 자신의 경험에 대한 강한 믿음을 갖고 있거나 변하지 않아도 자신이 위험해지지 않는다고 생각하기 쉽다. 또한 일하는 방식의 변화는 리더만이 아니라 구성원에게도 부담스러운 일이다. 그렇지 않아도 당장 해야 할 일도 많은데 일하는 방식을 바꾸려면 귀찮은 생각부터 들 것이다. 설상가상으로 리더의 개입이 소홀해지거나 일관성이 없다면 구성원 입장에서는 굳이 변화를 따를 이유가 없다. 즉 익숙한 과거의 방식으로 되돌아가는 것이다. 바로 '관성의 법칙' 때문이다.

　일하는 방식의 변화를 조직 입장에서는 발전을 위한 제도와 도구로 보지만 구성원 입장에서는 피곤한 부담으로 인식할 가능성이 크다. 따라서 일하는 방식의 변화에 성공하려면 제도의 도입도 중요하지만 리더는 다음과 같은 일련의 단계를 거쳐 일하는 방식의 변화를 챙겨야 한다.

**첫째, 내부시스템을 먼저 점검해야 한다.** 리더는 일하는 과정에서 반복되었던 중복업무 또는 낭비업무 등 개선이 필요한 문제점과 장애요인에 대한 엄격한 점검과 반성을 해야 한다. 이 과정에서 구성원의 참여는 필수다. 내부 사정은 내부 사람이 가장 잘 안다. 침묵할 뿐이지. 따라서 리더는 현재 일하는 방식의 변화가 왜 필요한지, 무엇을 바꿀 것인지, 어떻게 바꿀 것인지에 대한 점검과 가능한 변화의 방향성을 먼저 제시해야 한다.

**둘째, 의지를 갖고 지속적이고 일관되게 개입하라.** 일하는 습관을 바꾸는 것은 여간 어려운 게 아니다. 과거로 회귀하려는 관성을 억제하려면 리더가 지속적이고 일관되게 개입하고 모니터링해야 한다. 리더가 먼저 변화의 이유와 혜택을 인식하고 일관되게 변화를 추진해 나아가야 한다. 결국 리더가 먼저 강한 의지와 실행력으로 일하는 방식의 변화를 지원하지 않으면 다시 예전으로 돌아가게 되고 구성원들은 움직이지 않을 것이다.

**셋째, 구성원과의 합의와 설득과정이 필요하다.** 변화는 취지가 아무리 좋아도 구성원과의 합의와 설득과정이 없다면 조직의 '변화'는 '변덕'으로 인식될 수 있다. 변화는 긍정적인 기대감과 함께 피로감도 주기 때문이다. 따라서 조직의 방침이 서면 리더는 이에 대한 충분한 이해와 전달과정을 고민하여 구성원들에게 구체적인 의미와 방향을 팩트fact 중심으로 충분히 설명하고 동참과 몰입을 설득해야 한다.

**넷째, 중간 점검과 지속적인 튜닝을 유지하라.** 아무리 좋은 취지의 변화도 중간점검이 없거나 지속적인 관리와 수정보완이 없다면 매몰비용에 빠질 위험이 있다. 즉 잘못된 부분이 있음에도 불구하고 이왕 시작한 것이니 끝을 보자는 식의 변화는 상처와 부정적 교훈만 남길 뿐이다. 따라서 리더는 조직과 구성원 사이에서 일하는 방식의 변화가 자리를 잡을 때까지 끊임없이 점검하고 지속적인 튜닝을 해야 한다.

결국 일하는 방식의 변화는 불가피한 선택이고 그 선택이 성공하려면 리더가 먼저 변하고 구성원과 방향성을 공유하며 지속적인 실행과 점검 그리고 튜닝을 게을리하지 말아야 하다. 물론 현재 일하는 방식의 변화를 꾀한다고 해서 이 또한 영원하지 않다. 일하는 방식의 변화는 일을 더 많이 하라는 것이 아니라 일을 더 잘하자는 것이니 이 점을 리더는 구성원에게 잘 설득하고 그 과정에서 잠시 잃는 점보다는 얻을 수 있는 점들에 대하여 설명하고 설득하는 것이 더 중요하다. 리더는 변화는 멈출 수 없다는 것을 이미 잘 알고 있으니까.

# 3
## 다양성을 포용하는 리더의 실행 전략

한 우물만 파면 그 우물은 판 사람의 무덤이 될 수도 있다. 한 분야에 탁월함을 확보하는 것은 중요한 일이다. 그러나 한 분야에만 집중하여 우물 밖 세상을 보지 못하고 우물 속 관점만 고집하면 우물을 지키기 힘든 상황에 직면할 수 있다. 우물 밖 세상이 너무 많이 변했고 지금도 변하고 있기 때문이다. 우물만 잘 팠던 사람이라도 변화를 비껴가지는 못한다.

리더의 경우도 예외는 아니다. 한 분야에 오랜 기간 종사해 온 경험 많은 리더가 자기 과신에 빠져 변화를 감지 못하고 과거에 겪어보지 못했던 좌절에 직면하는 경우를 종종 볼 수 있다. 경험에 대한 애착이 집착으로 변했기 때문이다. 개인차는 있겠지만 실패하는 리더의 대부분은 다양성을 품지 못한 편견과 선입견에 기인한다.

누구나 경험이 그 사람의 관점을 결정하고 그 관점은 유사한 경험을 반복하며 경험에 대한 확신을 키워 과신으로 변질될 가능성이 있다. 그래서 다양한 관점을 포용하는 것이 중요한 일임에도 불구하고 경험 많은 리더일수록 쉽지 않은 일이다. 유사한 경험이 많은 개인이나 지나치게 결속력이 강한 집단이 다양성의 포용을 간과하는 이유가 그렇다. 포용성이 결여된 개인이나 집단의 공통점은 지극히 배타적이란 점이다. 오만한 자기 과신이며 집단사고group think다.

따라서 지혜로운 리더라면 다양한 구성원의 다양한 관점과 가능성을 만나는 열린 마음과 포용적 리더십이 필요하다. 지금의 변화는 과거의 변화와는 차원이 다르다. 그래서 경험이 많은 리더일수록 자신이 도전받는 기회를 더 허락해야 한다. 입맛대로 살면 입맛 떨어지는 경험을 할 수도 있으니까 말이다.

경험이 먹히지 않는 경험을 겪다 보면 리더의 불안도 그만큼 커지고 불안한 만큼 리더의 속마음은 더욱 폐쇄적 방어자세로 변질될 수 있다. 자신의 불안을 들키고 싶지 않기 때문이다. 완벽주의 성향이 강한 리더라면 더욱 그렇다. 이 정도가 되면 이미 리더는 판단력 장애를 겪게 된다. 그러나 불안한 리더가 언제까지 자신의 절박한 처지를 감출 수 있을까? 그 결과가 긍정적이지 않은 것만큼은 확실하다.

처음부터 나쁜 리더도 있지만 나빠진 리더는 더 많다. 처음부터 나쁜 사람은 주변의 공격을 받거나 도움을 받지 못해 성공하지 못할 가능성이 크다. 그러나 좋은 사람은 좋은 지원을 받거나 최선을 다한 덕에 남부럽지 않은 리더로 성장하는 경우도 많다. 그런데 어느 순간부터 여유가 있던 자신의 능력과 판단력의 약효가 떨어져 원하지 않는 결과에 직면하게 되면 나빠지거나 자신의 공을 지나치게 자랑하는 궁색한 리더로 변질될 수 있다. 자신의 존재감을 잃고 싶지 않은 절박한 자기방어다. 이때 리더는 자신을 성찰하고 부족한 점을 인정하며 누구에게도 배우고 감사하는 자세가 필요하다. 그래야 존경을 유지할 수 있고 본인도 마음 편하게 살아남을 수 있다. 만약 그 반대라면 과거의 아름다운 업적은 운이 좋았을 뿐이란 해석을 낳게 되고 남들로부터 잊혀지는 사람이 된다.

그렇다면 리더는 어떤 선택을 해야 할까? 답은 명확하다. 모르면 물어봐야 한다. 그리고 자신의 생각과 다른 사람의 생각을 겸허히 받아들여 판단해야 한다. 열린 마음으로 다양성을 수용하고 집단지성에 기반한 의사결정으로 리스크를 예방해야 한다. 다양성을 기꺼이 포용해야 하는 이유가 여기에 있다. **열린 마음은 포용적 리더십으로 대응하고 다양성은 공정성으로 확보하며 집단지성은 심리적 안전감으로 풀어야 한다.**

여기서 한 가지 짚고 넘어가야 할 점이 있다. 리더가 다양성을 포용하는 것과 리더의 전문성을 의심하는 것을 같은 의미로 해석할까 염려된다. 리더가 다양성을 포용하면 자신의 전문성이 부정되거나 뭔가 부족한 사람으로 인식되는 것이 아니라 자신의 전문성이 더욱 강화되고 진화한다는 점을 명심해야 한다. 어차피 다양성을 포용하고 판단하여 시너지를 창출하는 것은 궁극적으로 리더의 전문가적 역량으로 빛이 나기 때문이다. 즉, 전문성이 없는 맹목적 다양성을 포용하는 리더는 산만한 굿 가이good guy에 지나지 않는다. 그렇다면 세상의 변화에 선제적으로 대응하기 위해 다양성을 포용하는 리더는 어떤 실행전략을 확보해야 할까?

**첫째, 팀의 목적을 명확히 수립하고 강력한 내부공유와 지속적인 설득을 통한 공감대 형성이 무엇보다 중요하다.** 아무리 개인적 능력이 뛰어난 구성원들이 모였다 하더라도 그 목적이 다르면 궁극적인 시너지는 불가능해진다. 즉 각자의 다양성은 유지하되 목적은 하나로 뭉치게 하는 것이다. 오합지졸烏合之卒이 승리한 전쟁은 없다.

**둘째,** 다양한 경험과 관점을 포용할 수 있는 **열린 마음**open mind, 새로운 외부의 지식과 정보를 기꺼이 받아들이고자 하는 **흡수역량** absorptive capability 그리고 관점이 다르고 생각이 다른 구성원들의 공감을 이끌어내는 **포용적 리더십**inclusive leadership을 발휘해야 한다.

**셋째,** 팀의 다양성이 방해받지 않고 유지될 수 있도록 **정기적이고 지속적인 점검과 민첩한 조정 역할**을 리더가 게을리하면 안된다. 다양성이 동질성으로 변질되지 않도록 팩트fact와 이슈issue에 기반한 내부통제 시스템을 확보해야 한다. 시간이 지나면 다양한 관점이 무뎌지거나 적당히 타협하려는 경향이 나타날 수 있기 때문이다. 민첩한 리더십이 요구되는 대목이다.

**넷째, 공정성을 유지**하는 것 또한 다양성을 유지하는 중요한 원칙이 되어야 한다. 조직의 자원은 매우 제한적이고 모두를 만족시키기 어렵다. 따라서 리더는 업무와 혜택의 분배 공정성, 일을 수행하는 과정 공정성, 사회적 관계에 대한 공정성을 잃지 않도록 명심해야 한다.

갈수록 불확실성이 커지고 위험도 덩달아 커지고 있다. 잘난 리더 한 사람이 세상을 구할 수는 없고 생존의 의무를 리더 혼자만이 감당할 수 없다. 품격 있는 다양성과 포용적 리더십으로 덜 위험해지는 지혜와 대응이 절실한 때가 아닌가 생각한다.

# 4
## 저 성과자를 조력자로 만드는 리더십

어느 조직이나 일 잘하는 구성원도 있고 기대에 못 미치는 구성원도 있기 마련이다. 상대평가제도 때문에 억울하게 저 성과자로 분류되는 구성원도 있겠지만 저 성과자가 되는 이유는 다양하다. 저 성과자는 왜 생기는 걸까? 그리고 이들을 효과적으로 관리할 수는 없는 걸까? 특히 팀에서 저 성과 팀원을 피드백하는 일은 팀장에게 가혹할 정도로 힘든 일이다. 그렇다면 효과적인 피드백을 통해 저 성과 구성원을 조력자로 만들 수는 없는 걸까? 그 해법을 찾기 위해서는 3단계에 걸쳐 접근할 필요가 있다. 1단계는 피드백 사전 단계before, 2단계는 피드백 실행 단계during, 3단계는 피드백 이후 단계after로 구분해 볼 수 있다.

**1단계 피드백 사전before 단계**에서 리더와 저 성과 구성원간 서로에 대한 기대감 때문에 인식의 차이와 오해가 있을 수 있다. 만약 저 성과 구성원이 자신의 관점에서 저 성과자가 된 이유를 밝히는 데 급급하거나 리더가 저 성과 구성원에 대한 부정적인 편견이나 선입견을 갖고 피드백을 한다면 피드백은 시작 전부터 어긋나고 만다. 따라서 리더는 사실적 정보를 평소에 기록해 두었다가 이를 기반으로 피드백할 준비를 해야 한다. 아울러 **피드백 때 조심해야 할 점은 '투명성 착각illusion of transparency'이다.** 리더 본인은 정확하고 충분하게 피드백했다고 착각하는 현상이다. 확인도 없이 말이다. 이때

저 성과 구성원은 충분한 피드백을 받지 못했다고 판단하기 때문에 반성도 없고 개선도 없게 된다. 결국 사전 단계에서 리너는 사실에 근거한 자료를 기반으로 어떻게 피드백할 것인가를 리허설을 하고 충분히 점검해야 한다.

**2단계 피드백 실행 단계**<sup>during</sup>에서는 저 성과 구성원이 왜 업무에 몰입하지 못했는가를 먼저 파악하고 대응하는 단계이다. 총 4가지 문제점에서 8가지 유형이 있을 수 있다.

**첫째, "능력의 문제"**로 능력이 부족하여 몰입을 못하는 '무능형'이 있고 능력이 너무 뛰어나서 리더와 충돌을 초래하는 '오만형'이 있다. '무능형'은 말 그대로 능력이 부족한 것이 문제이므로 학습의 기회를 제공하거나 멘토를 선정해 주어 지속적인 멘토링을 제공하면 효과적이다. '오만형'은 자신의 능력을 과신하여 자기편을 만들며 내부 갈등과 불만을 자극하는 유형이다. 말 그대로 밉상이다. '오만형'은 목표에 대한 정확한 인식과 일하는 질차에 대한 준수 그리고 협업에 대한 중요성을 강하게 인식시켜야 한다. 그리고 필요시 적절한 경고를 통해 갈등을 예방하고 협업을 위해 기꺼이 동참할 것으로 독려해야 한다.

**둘째, "태도의 문제"**로 리더의 공정성을 시비 걸며 업무에 대한 몰입을 의도적으로 거부하는 '저항형'과 '배짱형'이 있다 '저항형'은 능력은 충분하지만 리더의 업무 지시와 분배에 불만을 이유로 추가적인 업무를 거부하거나 저항하는 유형이다. 이들에 대해서는 사전에 충분히 업무의 목표와 가치 그리고 책임에 대한 설명과 설득을 통해 거부행위를 억제하도록 해야 한다. '배짱형'은 보통 몸값은 높은데 밥값을 못하는 유형이다. 리더보다 나이가 더 많은 일부 고 연차 직원 중에서 의도적으로 일을 거부하며 버티거나 팀 내 후배 구성원들에게 불필요한 부정적 영향력을 행사하여 자신의 무기력을 방어하려는 유형이다. 이들은 무기력도 문제이지만 내면화된 수치심이나 불필요한 자존심 때문에 그러는 것이니 리더는 이들과 부딪혀 갈등을 초래하기보다는 존중을 해주거나 협력을 위한 조력자 역할을 정중히 요청하여 2인자 리더의 역할을 하도록 이끌어야 한다. 만약 조력자로의 역할이 불가능하다면 고민하지 말고 상위 리더나 HR부서에 협조를 요청해서라도 적어도 그들의 '썩은 사과' 행위를 멈추도록 해야 한다.

셋째, **"상황의 문제"**로 가정적인 문제 또는 개인적인 문제 때문에 몰입을 못하는 '방황형'과 이미 다른 조직으로의 이직을 결정한 '이탈형'이 있다. '방황형'은 가정의 문제 등 개인적인 사유로 자기 스스로 감당하기 어려운 상황에 처해 있기 때문에 리더는 꼼꼼한 관찰과 충분한 경청 그리고 코칭으로 공감compassion해 주면서 적절히 업무에 몰입하도록 격려하여 스스로의 고통을 이겨내도록 도와주어야 한다. '이탈형'은 이미 마음이 떠났기 때문에 어떠한 경우라도 쉽게 마음을 바꾸지 않을 것이다. 오히려 피드백하는 과정에서 조직과 팀의 문제에 대한 작은 불만이 지나치게 부풀려질 공산도 크고 어차피 떠날 사람은 떠날 확률이 높기 때문에 차분하게 불만의 이유 또는 떠나는 이유를 사실 중심으로 파악하여 이탈자의 반복을 막기 위한 도구로 삼는 것도 한 방법이다.

  **넷째, "직무의 문제"**로 현재의 직무가 부적합하여 식무전환을 강력히 요구하는 '전환형'과 현 직무를 너무 오랫동안 수행하여 매너리즘에 빠져 몰입을 못하는 '실증형'이 있다. '전환형'은 리더가 대안 없이 직무전환을 시키면 남은 다른 팀원들의 저항을 살 수 있다. 따라서 이때 리더는 상위 임원의 인원보충 협조를 구하는 동시에 '전환형' 구성원을 설득하여 양해를 구해야 한다. '실증형'은 리더 입장에서는 딜레마다. 일 잘하는 사람을 갑자기 바꾸면 팀 전체의 성과에도 지장이 생기기 때문이다. 따라서 '실증형'에게는 일의 가치와 중요성 그리고 성장 가능성을 충분히 설명하고 격려와 권한 위임 등의 방법을 통해 설득하는 작업이 필요하다.

  **3단계 피드백 이후 단계**after에서는 피드백 사전단계와 실행단계의 효과성이 유지되도록 관리하는 것이 목적이다. 저 성과 구성원에게 밀착하여 피드백 과정에서 합의된 부분을 정기적으로 점검하고 빠른 조정quick choice과 친절한 개입으로 끊임없이 지원해야 한다. 갑자기 개입하면 간섭으로 해석될 수 있기 때문에 정기적이고 일관성 있게 저 성과자를 점검하고 지원해야 한다. 물론 리더의 이러한 노력에도 불구하고 개선이 어려운 저 성과 구성원도 있을 것이다. 그러나 저 성과 구성원을 조력자로 만드는 것은 결국 리더의 몫이다. 저 성과 구성원을 관리하는 일은 힘든 일이지만 관리하지 않으면 리더만 더 힘들어진다. 결국 리더의 발목을 잡는다는 점에서 저 성과 구성원에 대한 리더의 리더십은 조직의 성과와 리더의 리더십 증진을 위해 꼭 필요한 경쟁력이다.

## 5
## 집단지성은 리더의 가장 강력한 버팀목이다

20세기 초 미국의 심리학자 노먼 트리플렛Norman Triplett은 어부들이 낚싯줄을 감을 때 옆에 같은 일을 하는 사람이 있으면 작업 속도가 더 빨라진다는 사실을 알았다. 혼자 할 때보다 여럿이 함께 하면 일의 능률이 높아진다는 것이다. 이어진 실험에서는 **함께 있는 사람이 같이 일을 하지 않고 쳐다보고만 있어도 작업 능률이 높아졌다**고 한다. 노먼은 이를 '**사회적 촉진 현상**social facilitation'이라고 정의했다. 직장인이 때론 부담스럽게 생각하는 '팀'의 존재 가치가 바로 여기, 사회적 촉진 현상에 있다.

조직에서 혼자서 할 수 있는 일이 얼마나 될까? 과거에는 소수의 유능한 인재가 조직의 성공을 이끈다고 했다. 불확실성이 낮고 규모의 경제가 안정적인 성과를 보장해 주던 시절에는 훌륭한 인재만 확보하면 보장되는 것이 많았다. 그들의 실력이 곧 조직의 경쟁력이었던 것이다. 그러나 요즘엔 사정이 다르다. 물론 지금도 여전히 유능한 인재가 필요한 것은 부인할 수 없는 사실이지만 조직 내부에서는 핵심인재를 선발하여 특별한 관리를 하거나 외부에서 인재를 영입하는 사례가 늘고 있다.

그렇다면 핵심인재와 외부영입 인재만 성과를 창출할 수 있는 걸까? 그럴 수도 있고 그렇지 않을 수도 있다. 내부영입은 '익숙함'을 조심해야 하고 외부영입은 '낯섦'을 조심해야 한다. 실력 있는 핵심인재가 혼자 일할 때는 잘하다가 책임을 맡거나 일의 범위가 커지면 실력을 제대로 발휘하지 못하는 경우도 있다. 아울러 실력을 인정받고 외부에서 영입된 인재에게는 일하는 방식의 차이나 조직문화에 적응하는 시간이 필요하다. 이 과정에서 기대하지 않았던 불협화음이 생길 수 있다.

따라서 **양손잡이 전략이 필요하다.** 내부와 외부 영입 인재를 적극 활용할 기회가 생긴다면 이들을 잘 활용하면 된다. 그런데 그들이 성과에 도움이 될 것으로 기대했지만 만약에 오히려 갈등을 초래하거나 어떤 이유로 고립되어 기대했던 밥값을 못하는 상황이 온다면 조직만 낭패를 보게 된다. 따라서 소수의 인재를 영입하여 의존하는 방법도 중요하지만 이 방법은 여러 대안 가운데 하나로 생각하고 보다 근본적이고 다양한 방법을 내인으로 준비하는 것도 필요하다.

세상이 변하면서 조직이 생존하고 성과를 창출하는 방법도 달라졌다. 개인의 지식과 정보에만 의존하기보다는 다양한 구성원의 창의적인 아이디어가 어우러질 때 조직의 성과가 증폭되기 때문이다. 한 마디로 협력과 창조가 중요하다는 뜻이다. 요즘 들어 협력에 대한 가치가 새롭게 주목받게 된 이유는 지금이 획일화된 업무의 산업화 시대가 아닌, 남들이 가지 않은 길을 가면서 새로운 산업을 개척해야 하는 창조의 시대이기 때문이다.

창조는 차별화된 경쟁력의 출발이며 생존의 필수조건이 됐다. 심리학자이자 경영 컨설턴트인 키스 소여<sup>Keith Sawyer</sup>는 "창조성은 협력을 통해 생겨나며 어떤 일에 대한 개인의 창조적 아이디어도 이전에 다른 사람들과 공유한 아이디어에서 영향을 받게 된다"고 주장하면서 이 형태를 '그룹 지니어스<sup>Group Genius</sup>'라는 개념으로 표현했다. **소위 '팀제'라 불리는 조직 구조가 그룹 지니어스의 기본이라 할 수 있다.** 우리나라 기업이 팀제를 도입한 것은 이미 오래전이다. 그런데 이름은 팀제지만 팀 본래의 가치를 어느 정도 달성하고 있느냐는 또 다른 문제다. 팀으로 이름만 붙인다고 진정한 팀은 아니다. 무언가 그룹 지니어스를 만들어낼 수 있는 동력이 있어야 한다.

즉 구성원들이 서로의 장점과 잠재력을 학습하고 시너지를 창출해 조직의 성과와 구성원의 상호 성장이라는 일거양득의 효과를 만들어내야 한다. 조직이나 팀에서 구성원 서로가 협력해야 하는 이유가 바로 여기에 있다.

서로 협력하는 문화가 정착된 조직에서는 구성원 개개인의 경쟁력도 자연스럽게 획득된다. 부족한 점을 다른 구성원들로부터 배울 수 있기 때문이다. 특히 오랜 경험과 노하우를 갖춘 저력 있는 조직이라면 협력의 효과는 더욱 풍성해진다. 구성원 간에 책임감과 자부심이 자연스럽게 공유되며 조직문화로 정착된다면 조직의 성과는 물론이고 결속력도 강화될 것이다. 개인적 성장과 성취의 질과 양을 높이는 것은 덤이다. 하나보다 여럿이 더 강한 이유는 조직과 개인의 동반성장을 가져오기 때문이다. 이런 관점에서 조직과 동료는 든든한 버팀목이 된다.

**그룹 지니어스와 매우 유사하고 보다 구체화된 학술적 개념이 '집단 지성**<sup>collective genius</sup>**'이다.** 같은 단어로 봐도 무관하다. 중요한 사실은 앞으로는 팀 또는 집단 내부 구성원들의 동참과 몰입을 더욱 유도하여 고 성과를 창출하는 것이 무엇보다 중요하다는 점이다. 집단지성을 활성화해야 하는 이유가 하나 더 있다. 효율성이다. 이제는 조직에서 사람을 마음껏 확보하거나 돈을 마음껏 쓰는 일은 힘들어 보인다. **불확실성이 심화되고 경쟁이 치열해지면서 현재 갖고 있는 자원을 아껴 쓰거나 극대화하는 것이 리더의 중요한 숙제가 되었다.** '냉장고를 부탁해'라는 TV프로그램이 있었다. 특정 인물의 집에서 실제 냉장고를 방송국으로 가져와서 그 안에 있는 식자재들을 이용하여 맛난 음식을 만들도록 하여 참가한 요리사의 실력을 검증하는 것이다. 현재 조직의 모습도 마찬가지란 생각이 든다. 사람과 돈을 마음껏 쓰는 리더보다는 현재 있는 사람과 돈을 잘 활용하여 기대하는 성과를 내는 것이 리더를 평가하는 중요한 기준이 된 것이다.

따라서 집단지성은 리더 혼자 이끄는 노하우가 아니라 리더가 구성원 곁에서 함께 정보를 공유하고 문제를 인식하며 함께 해법을 찾아가는 과정이라고 할 수 있다. 어쩌면 집단지성은 리더의 고민을 해결해 주는 가장 고마운 버팀목이 될 수 있다. 경험해 보지 못한 낯선 문제를 접한 리더는 힘들고 고통스럽다. 이때 곁에 있는 구성원들이 힘이 되고 해법이 된다면 리더에게 더없이 좋은 조력자이며 지원자가 될 수 있다. 결국 다양성을 이해하고 포용하는 리더십이 집단지성의 핵심이라고 볼 수 있다.

집단지성에는 차별이 없다. 직급의 차별, 능력의 차별, 많고 적음의 차별, 관심과 배려의 차별은 없다. 같은 배를 탔다면 누구나 참여할 수 있고 누구도 말할 수 있다. 리더는 이 점을 명심해야 한다. 즉 집단지성은 리더의 명령이나 갑작스러운 요청으로 달성될 수 있는 수고스러움이 아니다. 그렇다면 집단지성을 안정적으로 유지하기 위하여 리더는 어떤 노력을 해야 할까?

**첫째, 구성원의 역량을 정확히 파악하고 있어야 한다.** 어떤 구성원이 어떤 역량을 갖고 있는지와 일하는 자세 및 습관을 알아야 한다. 만약 구성원의 수가 많지 않다면, 리더가 직접 파악하고 인원이 많다면 중간 리더를 선정하여 간접적으로 파악하는 방법도 있다. 아무튼 구성원은 자신이 무엇을 할 수 있는가를 속이지는 않지만 먼저 말하지는 않는다. 따라서 리더가 먼저 구성원의 역량을 파악하여 비상약처럼 관리해야 한다.

**둘째, 소통의 빈도를 높여 신뢰관계를 형성해야 한다.** 갑자기 반가운 사람은 없다. 의무적으로 해야 하는 일도 많은데 마음에 들지 않거나 불편한 리더의 요청을 환영하는 구성원은 없다. 소통은 강도가 아니라 빈도라고 한다. 자주 대화하고 자주 만나야 한다. 리더가 먼저 다가가야 한다는 의미다. 좋은 관계가 전제되지 않는다면 인재가 아무리 많아도 말 그대로 그림의 떡이다.

**셋째, 공정성을 일관되게 유지해야 한다.** 사람을 가장 분노하게 만드는 것이 불평등이다. 리더가 구성원 관점에서 공정성을 위반하느 경우라면 협조는 거부되고 집단지성은 불가능해진다. 불가피한 상황이라면 먼저 양해를 구해야 하고 잘못된 일이라면 사과부터 해야 한다. 그 정도의 노력과 대가를 치르지 않고 집단지성을 기대하는 것은 염치없는 일이 되고 더 이상의 추종과 협조는 없다.

결국 집단지성은 리더에게 가장 강력한 버팀목이 될 수 있다는 점에서 리더의 모든 역량을 집단지성에 투자해야 한다. 경험을 초월하는 문제들이 몰려오고 혼자 감당하기 힘든 일이 자꾸 생긴다면 집단지성만이 리더가 살 길이다. 화가 날 때도 있고 섭섭할 때도 있을 것이다. 섭섭함이 생존을 보장해 주지 못한다. 같이 하는데 어찌 불편함이 없을까? 구성원도 마찬가지다. 불편함보다 성취 후 얻는 이득을 설명하고 설득하며 함께하는 지혜가 꼭 필요하다.

# THEME
## 12

# 적응이
# 생존이다

## 1
## 온보딩에 실패하는 리더의 유형과 대응

이직은 흔한 일이 되었다. 오히려 이직을 못하면 뭔가 부족한 사람처럼 보이기까지 한다. 그런데 이직이 쉽다고 적응도 쉬울까? 겉으로는 화려해 보여도 이직 후 적응하고 생존하는 것은 전혀 다른 얘기다. 특히 리더의 이직은 실무자의 이직과 차이가 있다. 실무자는 특정한 성과만 내면 되지만 리더에게는 성과와 조직관리 외 많은 과제들을 해결해 나가야 하는 부담스러운 책임과 냉정한 평가가 기다리고 있기 때문에 리더의 온보딩은 더욱 힘들고 중요한 일이다.

외부에서 영입된 리더의 온보딩onboarding을 위해 조직이 기대하는 바와 목표에 대한 설명은 해주지만 이미 충분한 검증을 받았다고 보기 때문에 낯선 환경에 적응하는 것은 순전히 리더의 몫이 된다. 그러다 보니 경험 많은 리더라 할지라도 새로운 조직에 적응하는 과정에서 의외의 실수를 종종 범하게 된다. 물론 새로운 조직의 문화와 제도 그리고 일하는 방식의 차이 등으로 적응하지 못하고 갈등을 겪는 리더도 있지만 리더 본인이 더 잘해 보려는 욕심과 생존을 위한 무모한 선택이 황당한 실수를 초래하는 경우도 적지 않다. 온보딩은 조직 입장에서는 많은 비용과 시간을 투자하는 것이고 리더 개인 입장에서는 새로운 조직에 생존해야 하는 절박함이 있다. 따라서 리더가 온보딩에 실패하는 유형을 잘 이해하고 효과적으로 대응하는 노하우에 대하여 살펴보고자 한다.

### 유형1. 함량미달형

보유한 역량을 충분히 발휘하지 못하는 유형이다. 경험도 많고 역량도 뛰어나지만 새로운 조직의 일하는 방식에 적응하지 못해 보유하고 있는 역량을 충분히 발휘하지 못하거나 기회가 없어 역량을 의심받는 경우다. 리더 입장에서는 매우 억울한 상황이다. 깊지만 좁은 전문성으로 인해 역할의 확장성이 떨어지거나 새로운 조직이 기대하는 바를 정확히 파악하지 못하여 갈피를 잡지 못하는 경우도 있다. 따라서 외부에서 영입된 리더는 과거의 일하는 방식만 고집하기보다는 기존 조직과 신규 조직의 일하는 방식의 차이를 정확히 기록하고 분석하는 일을 먼저 배워야 한다. 기존 직원 또는 관련 부서의 도움을 받아서 학습하고 충분히 점검해야 한다.

문제는 강박관념이다. 너무 집착하지 말아야 한다. 자신의 경험을 점검하고 부족한 부분은 학습하겠다는 마인드셋이 중요하다. 아울러 자신의 잠재적 역량에 자신감을 가져야 한다. 또한 조직이 자신에게 무엇을 기대하는가를 명확히 파악해야 한다. 상사와 자주 면담하는 방법도 좋은 방법이다. 정확하게 질문하고 꼼꼼히 대비하는 것이 모르는 것을 감추는 일보다 더 중요하다.

### 유형 2. 좌충우돌형

지나친 의욕이 화를 부르는 유형이다. 잘하고 싶은 욕심에 과거의 성공모델만 고집하거나 과거 구성원들과 비교하며 현재 구성원을 비난하거나 강요하면 반드시 저항을 받고 고립된다. 과거 얘기만 할 것 같으면 '그곳에 있지 왜 왔냐'는 원망과 비난을 고스란히 감당해야 한다. 기존 구성원들은 그렇지 않아도 날아온 돌이 반가울 리 없는데 비난까지 한다면 어떠한 지원과 협조도 제공할 이유가 없다. 물론 리더 본인은 과시하거나 존재감을 보여주기 위한 전략적 선택일 수 있지만 그것은 리더의 생각일 뿐이다. 전혀 유리한 선택이 아니다. 아울러 사전에 합의가 없이 갑자기 부담스러운 혁신을 도입하는 경우도 상당한 저항을 불러올 수 있다. 문제를 해결하러 온 사람이 문제의 핵심이 된다면 온보딩은 이미 실패한 거다. 온보딩의 성공은 기존 구성원들의 자발적 협조와 동참을 이끌어내는 것에 달려 있다. 낯선 사람과 낯선 일을 하려면 먼저 소통하는 것은 기본이고 기존 직원들을 의사결정에 참여시키거나 집단지성을 통해 잘난 척하는 리더가 아니라 함께하는 리더라는 믿음을 심어주어야 한다. 구성원에 대한 믿음이 부족한 리더는 자신의 리더십에 대한 믿음이 부족하기 때문이다.

### 유형 3. 완벽주의형

역량과 경력은 탁월하지만 지나치게 보신주의적 태도를 보이는 유형이다. 늘 실패에 대한 두려움을 먼저 고려하여 적극적으로 조직에 몰입하지 않거나 위험한 일은 의도적으로 회피한다. 때로는 자신의 역량을 고의적으로 은폐하거나 조절하며 새로운 도전을 하기보다는 위험하지 않은 선택만 고집한다. 실패하고 싶지 않은 것이다. 나쁜 의도가 아니라 안전한 선택만 하려는 완벽주의 성향이 원인이다. 이런 리더를 보는 구성원들은 답답하지 않을 수 없다. 잘하기보다는 잘못하지 않으려는 리더에게 배울 점은 없다. 리더는 구성원들의 롤모델까지는 아니어도 모범이 되어야 하고 비전을 제시할 수 있어야 한다. 구성원은 조직을 따르는 것이 아니라 리더를 따르기 때문이다.

### 유형 4. 혼수상태형

새로운 조직의 문화와 제도에 적응하지 못하고 무기력에 빠진 유형이다. 경험이 많다고 해서 모두가 새로운 조직에 적응하는 것은 아니다. 오히려 과거 조직과 현재 조직을 비교하고 불만을 쉽게 표출하는 모습은 주변인들에게 관찰되고 공유될 것이며 평가받게 된다. 좋을 리 없다. 조직도 힘들고 리더 본인도 힘들어진다. 이직의 조건도 중요하지만 남의 조직에 오면 책임을 다해야 하는 의무도 있는데 자신의 입맛만 따진다면 기존의 구성원 입장에서는 밥맛 떨어지는 일이다. 모든 것을 다 알고 이직하는 사람이 어디에 있을까? 내려놓는 법도 알아야 담을 수 있다. 아무리 마음에 들지 않더라도 리더의 책임은 자신의 품격으로 해석된다. 조정하고 합의하는 지혜도 필요한 법이다.

이상과 같이 리더의 온보딩 유형과 대응전략에 대하여 살펴봤다. 물론 위 유형이 정답은 아니지만 분명한 사실은 리더의 온보딩은 조직과 리더 모두에게 책임감을 갖고 디테일한 접근과 관리가 필요한 과제라는 점이다. 이동이 많은 시절이다. 직급의 높고 낮음에 상관없다. 이동은 조직과 개인 모두에게 적지 않은 비용을 지불하게 한다. 특히 리더의 이동은 기대도 크지만 우려도 크다. 조직과 리더 개인의 면밀한 준비와 대응이 필요하다. 사전에 준비가 많아도 적응하는 절대시간은 필요하고 구성원과 서로를 이해하는 시간도 필요하다. 무엇을 먼저 보여주고 무엇을 배울 것인가를 진지하게 고민해야 한다. 일반적으로 리더는 성공적인 온보딩을 위해 변화관리, 자기관리, 조직관리, 성과관리를 구분하여 대응전략을 구체화하는 것이 중요하다. 마지막으로 용기도 필요하다. 처음에는 누구나 외로울 테니까 말이다.

# 2
## 골치 아픈 경력직을 돈이 되는 경력직으로 만드는 멘토링

100인 이상 규모의 기업 신규인력 채용 중 약 40%가 경력직이라고 한다. 앞으로도 경력직 채용은 줄어들지 않을 것으로 예상된다. 단기실적주의가 가져온 현상 중 하나로 볼 수 있다. 기업의 생존은 실적이고 실적은 내본 사람만이 낼 수 있다는 가정이 가져온 현상이다. 당장의 성과를 낼 수 있는 경력직을 선호하는 것은 어쩌면 당연한 일인지도 모른다. 그런데 경력직을 선호하는 만큼 이들을 대응하는 조직의 준비는 미흡한 부분이 많다. 대부분의 경력 입사자들은 큰 기대감을 갖고 이직을 하는 것이 보통이다. 조기정착을 하는 경우도 많지만 조기이직을 하거나 오히려 기존 인력과 갈등을 겪으며 서로에게 고통이 되는 일도 종종 발생하고 있는 것이 현실이다.

경력 입사자는 모든 것이 낯설기 마련이다. **가장 먼저 힘들어하는 것은 바로 '일하는 방식의 차이'에서 오는 불편함이다.** 전 직장에서 일을 잘했던 경력 입사자라 할지라도 꼼꼼한 사전 가이드가 없는 한 새로운 조직이나 자신이 기대했던 만큼의 성과를 내기 어렵다. 또한 기존 직원들과 문화적 차이 또는 경쟁심리로 인하여 적지 않은 갈등을 겪는 경우도 있을 것이다. 어쩌면 새로운 환경에 적응하거나 새로운 사람과의 만남 과정에서 필연적으로 겪게 되는 자연스러운 현상이고 시간이 지나면 해결될 것으로 생각할 수 있다. 그런데 생각해 볼 점은 경력직은 당장의 성과를 산출하기 위해 조직이 선택한 일종의 투자대상인 셈이다. 만약 성과를 전제로 투자를 했는데 선발한 경력직이 업무와 조직에 몰입하지 못하거나 시간이 지체되어 기대했던 성과를 거두지 못한다면 경력직을 선발한 의미가 없을 뿐만 아니라 일종의 손실이다.

따라서 경력 입사자에 대한 담당부서 리더의 멘토링<sup>mentoring</sup>과 인사 담당부서의 지원은 경제적 관점에서도 매우 중요한 역할을 할 수 있다. 멘토링은 '풍부한 경험과 지혜를 겸비한 신뢰할 수 있는 사람이 1:1로 지도와 조언을 하는 것'이라고 전문가들은 정의하고 있다. 즉 **멘토링은 유능한 리더가 유능한 인재를 키우는 가장 가치 있는 리더십의 실천 행위라고 할 수 있다.** 예전에는 자식을 낳으면 알아서 성장한다고 믿었지만 지금은 전혀 그렇지 않듯이 경력 좋은 인력을 선발만 하면 잘 해낼 것이란 생각은 위험한 생각이다. 따라서 경력 입사자를 멘토링해야 할 담당 리더는 경력 입사자들 가운데 다루기 힘들거나 특별한 노력과 개입을 필요로 하는 유형을 구분하고 이에 대비하는 것이 무엇보다 중요하다. 그래서 골치 아픈 경력 입사자의 유형을 4가지로 구분하고 이들에 대하여 리더가 어떻게 대응해야 하는가를 탐색적으로 살펴보고자 한다.

### 유형 1. '역량미달형'

일반적으로 경력직은 인사 담당부서에서 접수된 이력서를 바탕으로 면접을 통해 선발하거나 헤드 헌팅사를 통해 경력직을 선발하기 때문에 이력서에 의지하여 선발하는 경우가 많다. 따라서 기업이 기대했던 실제적 스펙이 아니거나 역량미달의 경력자가 선발되는 경우가 종종 발생한다. 이력서상의 경력은 화려해 보이지만 실제적인 역량이 과장되었거나 어느 정도 전문성은 있으나 일하는 방식의 차이로 인하여 기존 직원들과 갈등을 겪는 유형이다. 리더의 사전 개입이 반드시 요구되는 이유가 여기에 있다. 다음은 골치 아픈 경력직이 아니라 돈이 되는 경력직을 선발하기 위해 리더가 챙겨야 할 세 가지를 정리한 것이다.

**첫째, 선발하고자 하는 경력 입사자의 '역할과 책임'을 사전에 명확히 설정하고 담당 리더가 이를 정확히 파악하고 선발 시 이를 반영해야 한다.** 경력 입사자를 배치만 하면 될 것이 아니라 그들의 역할과 책임이 무엇인가를 명쾌하고 꼼꼼하게 충분한 시간을 두고 설명해 주어야 한다. 인사 담당부서에는 담당 리더가 잘 설명할 것으로 기대하고 반면에 담당 리더는 인사 담당부서에서 알아서 잘 선발하고 설명했을 것으로 믿었다가 서로를 원망하고 책임을 전가하는 경우도 있다. 따라서 인사 담당부서는 담당 리더가 경력 입사자를 위한 멘토링에 앞서 담당부서가 기대하는 역할과 책임을 확인하고 담당 리더가 이를 철저히 실행하도록 지침을 전달해야 한다.

**둘째, 담당 리더는 경력 입사자의 소프트 랜딩 여부를 지속적으로 '관찰'해야 한다.** 바쁘다는 핑계로 경력 입사자의 적응 여부를 소홀히 하여 방치한다면 나중에 더 심각한 역풍에 직면할 수 있다. 특히 조직마다 다르겠지만 경력직 입사 후 3개월 또는 6개월 내 재심사를 하여 고용을 재고하는 기회를 갖는 경우가 많기 때문에 이 기간 내 리더가 현명한 판단을 해야 한다. 따라서 담당 리더는 멘토링 세션을 공식화하고 일정시간을 투입해야 한다.

**셋째, 인사 담당부서에서 경력 입사자에 대한 '평판조회'는 꼼꼼히 했는가를 반드시 체크해야 한다.** 조직 간 이동이 많아진 탓인지는 몰라도 경력직을 대상으로 한 평판조회가 시간과 비용의 문제로 형식에 그치거나 잘못된 정보를 산출하는 일도 허다하다. 아울러 이직이 너무 빈번한 경력직은 위험하다. 능력의 부족보다 인내심이 의심되기 때문이다. 따라서 정확하고 면밀한 평판조회를 실시하고 이를 담당 리더와 공유해야 한다. 그리고 경력 입사자가 자리를 잡을 때까지 인사 담당부서와 담당 리더는 지속적으로 협의하고 조정하는 협조적 노력을 지속해야 한다.

### 유형 2. '의욕과다형'

누구나 새로운 조직에서 새출발을 하게 되면 잘하고 싶은 욕구가 생길 것이다. 이왕에 왔으니 인정도 받고 싶고 존경도 받고 싶은 심정은 누구나 바라는 바이다. 그런데 이러한 의욕이 지나치면 오히려 부정적인 결과를 초래할 수 있다. 특히 경력직이 잘나가는 조직에서 영입된 전문가인 경우에 전 조직에서 좋게 떠난 경우도 있겠지만 만약 불만스럽게 이동하게 된 경우에는 전 직장에서 이루지 못한 성과와 성취감을 달성하기 위해 무리수를 두는 경우도 있다. 따라서 이러한 경력 입사자에 대해서는 담당 리더의 각별한 관심과 개입이 필요하다.

그렇다면 이런 경우에 담당 리더는 어떻게 대응하면 좋을까? 먼저 전문가로 스카우트된 경력 입사자가 자신의 일방적인 플랜을 수립하고 추진하는지를 지켜보기 전에 리더가 먼저 그들에게 무엇을 요구할 것인가를 정해야 한다. 예를 들어 전문가로서 경력 입사자에게 신규조직을 이끌도록 한다면 성과를 먼저 요구할 것인지 아니면 조직적응과 리더십을 요구할 것인가를 결정해야 한다. 이것도 저것도 아닌 모호한 요구를 한다면 혼란과 갈등은 불가피해진다. 만약 전문가 경력 입사자에게 성과를 원한다면 담당 리더는 경력 입사자가 성과를 발휘할 수 있도록 그의 부족한 리더십을 담당 리더가 일부 역할을 대신하거나 다른 직원들과 중재 또는 조정자 역할을 해주어야 한다. 경력 입사자가 성과에 집중해야 한다면 기존 조직에서 성공했던 일하는 방식이나 커뮤니케이션 방법을 반복할 가능성이 높다. 그런데 이 과정에서 기존 구성원늘이 이들 수용하지 못하고 저항을 하거나 갈등을 겪는다면 심각한 상황으로 전개될 수 있기 때문이다.

따라서 담당 리더는 지속적으로 경력 입사자와 논의를 하면서 건설적인 개입을 해야 한다. 반면에 경력 입사자가 리더십을 발휘하여 기존 인력을 잘 이끄는 것을 목적으로 한다면 경력 입사자에 대한 격려와 지원을 통해 경력 입사자가 안정적인 리더십을 발휘할 수 있도록 응원해 주어야 한다. 낯선 리더에 대한 기존 직원들의 거부감이나 저항의 상황이 전개되지 않도록 해주어야 한다.

## 유형 3. '자기과시형'

전 직장에서 좋은 성과를 내어 이동해 온 경력 입사자는 새로 이동해 온 조직에서도 좋은 성과를 내기 위해 성과를 올릴 공산이 크다. 특히 많은 성공 경험이 있는 경우에는 자신의 성공방식에 대하여 강한 소신과 집념을 갖고 있을 가능성이 크다. 특히 기존 구성원들에 대한 이해가 부족한 상태에서 강하게 몰아붙인다면 갈등은 심화될 수밖에 없다. 이러한 경력 입사자는 과거 성공에 대한 기억과 확신이 있기 때문에 현 조직의 문제점과 한계를 다소 무례하게 표현하거나 부정을 하게 되어 비난을 받거나 저항의 근거를 제공하여 기존 구성원들과 관계가 악화될 가능성이 커진다.

이럴 때 담당 리더는 자기과시형 경력 입사자에게 직접적이고 사실에 근거한 멘토링을 해야 한다. 새로운 멤버들과 협력하는 방법을 배우도록 지원해 주고 조언도 해주어야 한다. 어떤 자기과시형 경력직의 경우에는 전 직장에서 좋은 성과를 도출한 것은 당사자 개인만의 노력이 아니라 팀의 협업의 결과일 수 있음에도 불구하고 자신을 너무 과대평가하여 자기만이 성과로 인식한 나머지 현 구성원들과 심리적 거리감을 의도적으로 두는 경우도 있다. 이럴 때에는 더욱 심각한 상황이 전개되기 전에 지금의 구성원들과 호흡을 잘 맞추어 줄 것을 주문하고 관계를 개선하는 기회와 지원을 해주어야 한다.

아울러 현재 구성원들의 불만$^{VOC}$을 청취하여 경력 입사자가 오해하지 않도록 잘 설득하고 사실에 근거하여 정중하고도 정확한 피드백도 해야 한다. 어떻게 하는 것이 경력직에게 유리한가를 설명해 주어야 한다. 또한 유사한 상황에서 먼저 입사한 다른 경력 입사자를 사내 멘토로 지정하여 간접 멘토링을 하는 방법도 권장할만하다. 먼저 온 사람이 매도 먼저 맞았을 테니 해줄 말도 많을 것이고 좋은 반면교사反面敎師의 기회가 될 수 있다.

### 유형 4. '독자생존형'

개인기에 능하고 성과를 잘 낸다고 스카우트된 경력직인데 개인적으로는 탁월하지만 팀을 이끌거나 팀으로 일하는 것이 어색한 유형이다. 이들은 독자적인 업무방식으로 일을 하는 유형이며 능력은 분명히 있으나 다른 사람의 일하는 방식이나 충고를 귀담아 듣질 않는다는 한계를 갖고 있다. 자신만의 성공법칙을 갖고 있기 때문이다. 늘 혼자서 바쁘고 남들은 잘 움직이지 않는다고 남 탓을 하거나 무례하게 행동하여 은근히 갈등을 유발하기노 한다. 타인에 대한 공감능력이 부족한 경우도 있다.

이런 경우에는 담당 리더가 먼저 면담을 요청하는 것이 바람직하다. 현재의 상황을 객관화하고 스스로 문제에 대해 조망을 하도록 개입해야 한다. 자신의 역할과 다른 구성원의 역할에 대한 가치와 의미 그리고 상호협력의 중요성을 강조해야 한다. 대부분의 독자생존형은 혼자서 해온 일이 많기 때문에 협력에 대한 거부감이 아니라 협력이 익숙하지 않은 탓도 크다. 따라서 담당 리더는 독자생존형이 더불어 협력할 수 있는 기회를 만들어 주는 것도 중요하다고 생각한다. 또한 같은 직급이지만 연령이나 근속연수가 더 높은 사람을 선정하여 동료 멘토링peer mentoring하는 방법도 좋다. 서로의 관점을 이해하면서도 현재 조직에 더 적응할 수 있는 조언을 해줄 수 있기 때문이다.

이상과 같이 골치 아픈 경력직 유형과 담당 리더의 역할에 대하여 살펴보았다. 물론 이 외에도 많은 유형과 상황이 있을 것이다. 중요한 사실은 경력 입사자의 확대에 따른 대비가 중요하다는 점이다. 돈 벌자고 뽑은 경력직이 성과를 저해한다면 어처구니없는 일이다. 또한 좋은 사람이라고 뽑아 놓고 나쁜 사람 만들지 않기 위해서는 리더의 사전작업과 멘토링이 필요하다. 앞서 언급했던 것처럼 인사 담당부서와 담당 리더가 긴밀하게 협의하여 필요한 경력직의 역할과 책임 그리고 적합한 역량과 태도 등에 관하여 협의와 신뢰가 선행되어야 한다. 또한 선발 후 업무를 수행하는 과정에서도 담당 리더는 지속적인 관심과 관찰 그리고 평판 등을 파악하여 인사 담당부서와 협의하고 경력 입사자에게 직접적인 멘토링도 실행해야 한다. 어쩌면 경력 입사자를 통한 성과 창출은 담당 리더의 몫이라 해도 과언이 아니다.

또한 경력 입사자의 관점을 깊게 고려해야 한다는 점도 잊지 말아야 한다. 경력 입사자는 일단 일하는 방식의 차이와 조직문화의 차이로 인한 심리적 불편과 잘해야 한다는 강박관념에서 오는 스트레스와 불안 그리고 기대와 다른 불친절 등에 대한 불만이 클 수 있음을 담당 리더는 이해해야 한다. 아울러 전문가를 선발했다는 생가에 기존 구성원들에게 역차별적인 인상을 주지 않도록 주의해야 한다. 기존 구성원들의 경계심과 방어 의지는 갈등으로 이어지고 그 갈등이 비협조로 확산되면 초기에 기대했던 성과는 달성하기 어려워진다. 따라서 담당 리더는 경력직을 개인 차원에서 관리할 부분과 기존 구성원들을 관리할 부분을 구분하여 매뉴얼처럼 일관되고 공정한 관리기술을 발휘해야 한다. 골치 아픈 경력직을 돈이 되는 경력직으로 만드는 것이 리더의 중요한 역할 중 하나이기 때문이다.

# 3
## 낯선 변화와 새로운 도전에 익숙해져야 기회가 온다

변화는 늘 낯설고 불편하다. 지금의 변화도 너무 빠르고 예측이 어렵다. 경험은 도움이 되기도 하지만 오히려 장애요인이 되는 경우가 더 많아졌다. 코로나는 전 세계를 공포로 몰았고 모두를 무기력하게 만들었다. 신냉전주의는 불확실성을 가중시켰고 생태계 리스크를 키웠다. 힘겹지 않은 나라가 없고 불안하지 않은 조직이 없다. 특히 조직의 생존과 구성원의 안녕을 책임지는 리더에게 지금의 변화는 너무나 가혹하다. 리더의 각오도 그만큼 달라져야 한다. 생존의 법칙이 변했기 때문이다.

과거에는 조직의 생존과 개인의 생존이 동일시되었다. 그러나 지금은 불확실성이 급속히 커지면서 조직의 생존은 절박한 선택이 되었고 개인의 생존은 누구도 보장할 수 없는 형국이 되었다. 조직이 개인을 보호해 주는 일은 더 이상 기대할 수 없다. 퇴직 연령이 낮아지고 신규 임원의 나이는 젊어졌으며 외부 영입은 늘었다. 시장이 필요로 하는 역량을 갖춘 사람만 대접받는 시절이 되었고 그 속도는 점차 빨라지고 있다.

다 죽을 수 없기에 다 살릴 수 없다는 조직의 논리가 그냥 하는 협박이 아니라 피할 수 없는 두려운 현실로 이해되고 있다. 누군가는 그 임무를 책임져야 하고 그 책임은 바로 리더의 몫이다. 때로는 악역도 해야 하고 그 악역이 희생되는 불행한 경우도 있다. 그렇다면 이제 리더는 무엇을 해야 할까? 노련한 리더라 할지라도 변화극복을 위해 명심해야 할 몇 가지 임무가 있다.

**첫째, '일하는 방식과 구성원 심리적 계약에 집중하기'.** 경험 많고 유능한 리더일수록 책임감이 강하고 실패하지 않기 위해 과거의 일하는 방식을 고집하거나 잘못된 소신으로 의사결정을 한다면 조직이 위험해질 수 있다. 아울러 요즘은 과거처럼 조직문화와 같이 거창한 가치관의 공유를 통해 한 방향으로의 행동 변화는 불가능에 가깝다. 조직이란 이름으로 뭉치던 시절에는 방향성이 중요했지만 지금은 개인마다 나름의 가치와 기준으로 조직의 문화와 상관없는 자기이익과 자기생존을 추구한다. 직급과 상관없다. 즉 자신의 가치와 이익에 부합하면 조직에 기꺼이 몰입하지만 그 반대라면 태만하거나 방관하며 더 심하면 조용한 사직 후 퇴직도 불사한다.

따라서 요즘은 구성원의 심리적 계약에 집중해야 한다. 그들이 무엇을 중요하게 생각하고 조직과 리더에게 어떤 기대를 하고 있는가를 파악하고 확인하여 대응해야 한다. 최근 조사 결과를 살펴보면 리더에 대한 심리적 계약은 '공정성'이 가장 높게 나왔고 조직에 대한 심리적 계약은 '자부심'이었다. **일하는 이유에 대한 심리적 계약은 '성장'이었다.** 조직 중심적 가치관에서 개인 중심적 가치관으로 확실히 이동한 것이다. 구성원의 동기요인이 변했다면 리더십의 방향도 변해야 한다. 그렇지 않으면 다른 생각이 다른 해석을 낳고 다른 해석은 다른 행동과 갈등을 초래하기 때문이다. 해묵은 조직문화를 방치하거나 강요하기보다는 현 조직에 구성원이 남아야 하는 이유를 만들고 설득하여 그들의 몰입을 이끌어야 한다. 따라서 리더는 일하는 방식의 변화를 개혁하고 구성원의 몰입을 이끄는 것이 리더의 첫 번째 과제다.

**둘째, '리더의 전문성에 집중하기'.** 경험은 경력이 아니고 경력은 실력이 아닐 수 있다. 미국 와튼 스쿨 애덤 글랜트 교수는 자신의 저서 『싱크 어게인Think Again』에서 유능한 리더라 할지라도 세상의 지식과 정보가 자신의 지식과 정보보다 더 빨리 변하기 때문에 현재의 역량에 대한 지나친 믿음을 경계하고 늘 점검하고 겸손한 학습을 꾸준히 하라고 충고했다. 정말 명심해야 할 말이다. 리더가 조직을 떠나면 변화에 적절히 대응하지 못하고 방황하는 경우를 종종 관찰할 수 있다. 어쩌면 조직에 있을 때 발휘했던 역량은 조직의 틀에서만 존재했던 숙련함이 아닐까? 즉 시장에서 인정받는 역량이 아니라 조직에서 익숙해진 일의 반복으로 얻어진 골목대장형 역량인 셈이다. 따라서 **감독업무를 역량으로 생각하거나 반복된 숙련함을 전문성으로 착각하면 곤란하다.** 세상의 지식이 변하면 민첩하게 학습해야 하고 업무에 적용하면서 성장해야 살아남을 수 있다. 시키는 일만 하면 조직만 지속 성장하고 영양가 떨어진 리더만 버림받는다. 조직이 지속 성장하려면 리더도 지속 성장해야 한다.

　셋째, **'집단지성으로 조직의 생존 이끌기'.** 누구도 혼자만의 힘으로 성공할 수 없다. 세상의 변화가 너무 빠르기 때문이다. 혼자 모든 문제를 해결하려는 외로운 고집쟁이 리더가 가장 위험하다. **누군가 곁에 있어야 한다. 누군가를 곁에 두어야 한다. 리더를 돕는 멘토가 있어야 하고 리더와 함께하는 구성원이 함께해야 한다.** 정보를 공유하고 함께 협업하는 집단지성의 기회를 확보해야 한다. 일이 잘 풀리지 않으면 하수는 구성원 탓을 먼저 하고 선수는 조직 탓을 먼저 하지만 고수는 자기 탓을 먼저 한다. 하수는 자신을 돌아보지 못하고 늘 남 탓을 하게 된다. 선수는 조직의 지원과 관심이 부족한 것을 탓하면서도 주어진 임무를 잘 한다. 고수는 자기를 성찰하는 데 익숙하고 조직 탓을 해봐야 소용이 없다는 것을 이미 알고 있기 때문에 자기가 먼저 변해야 기회가 있다는 점도 인지하고 있다. 그래서 고수가 믿는 것은 집단지성이다. 또한 열린 소통을 보장하고 일과 관련해서 어떤 말이라도 할 수 있는 심리적 안전감을 구성원에게 제공해야 한다. **리더는 다 듣고, 구성원은 다 말할 수 있는 조직을 만들어야 리더에게 이득이다.**

　물론 위 세 가지 외에도 리더의 새로운 변화가 많겠지만 일하는 방식의 변화를 통한 조직문화 혁신과 리더 본인의 역량 강화와 집단지성을 통한 조직 내부 결속력 강화는 무엇보다 시급한 과제이다. 조직이 있는 한 리더는 존재한다. 따라서 리더의 끊임없는 변화를 향한 노력과 용기는 리더에게 새로운 기회를 제공해 줄 것이다.

# 4
## 변화를 위해 잊어야 할 3가지, 찾아야 할 3가지

영원한 것은 없다. 세상의 모든 것은 변한다. 사라지는 것과 다가오는 것은 속도와 충격이 다를 뿐 변화는 언제나 우리의 기대보다 먼저 다가온다. 세상의 변화를 뻔히 알면서도 우리는 왜 먼저 변하지 못하는 걸까? 손해볼 것을 알면서도 멈추지 않고 반복되는 행동들, 약간만 변화를 주어도 이득이 된다는 것을 알고도 외면하는 이유는 무엇일까? 누구나 익숙해진 행동에 편안함을 느끼고 길들여진 행동을 반복하며 미래에 대한 두려움을 들키고 싶어하지 않는다. 머리는 변화를 알지만 몸은 좀처럼 움직이질 못하는 존재가 사람이다. 우리는 미래에 가서야 과거를 후회하고 과거의 추억만 떠올리며 마음의 위안을 얻고 수많은 아쉬움을 남긴다. 그래서 지나간 것에는 후회가 많고 다가오는 것에는 기대가 많은지도 모르겠다. 또한 미래에 대한 막연한 불안감을 품고 길들여진 현재의 삶을 반복하는 것이 어쩌면 사람들의 평범한 삶인지도 모르겠다. 변화는 힘겨운 수고스러움을 동반한다는 점에서 누구나 변화에 적극적이지 않다.

조직생활도 마찬가지다. 오랜 조직생활에 익숙해지면 변화에 무관심해지고 익숙한 대로 행동하고 싶어 한다. 편하기 때문이다. 똑똑한 머리로 열심히 경쟁하면서 아까운 청춘을 바쳤던 조직이 영원히 자신을 지켜주지 않을 수도 있다는 생각은 했지만 어느 날 갑자기 그날이 오면 변화의 시기는 이미 늦었는지 모른다. 능력이 부족하거나 느리기 때문이 아니라 남들의 능력이 더 출중하고 더 빨라졌고 자신이 아는 것보다 세상의 지식이 더 빠르게 변했기 때문이다. 누구나 삶을 사는 속도는 상대적이다. 자신이 열심히 달리고 있다고 믿어도 남들이 더 빨리 달리면 더딘 발걸음으로 해석하는 것이 맞고 자신이 멈춰 서 있다고 해도 남들이 앞서 달리면 자신은 뒤에 처지는 것이다. 그래서 수고스러움이 힘겨워도 변화는 우리에게 마지막으로 남겨진 판도라의 상자와 같다. 그렇다면 지금 시점에서 어떤 변화를 시도해야 할까? 복잡한 조직 상황에서 잊어야 할 3가지와 찾아야 할 3가지를 살펴보고자 한다.

**첫째, '나이'를 잊고 '대안'을 찾아야 한다.** 슬프지 않은 죽음 없고 서럽지 않은 늙음 없다. 초등학교 시절에 상장 없는 사람 없고 화려했던 왕년 없는 사람 없다. 왕년이 많으면 추억도 많고 추억이 많으면 미련도 많은 법이다. 그래서 나이가 들어 힘겨움에 직면하면 자연스럽게 왕년을 그리워한다. 그러나 왕년은 왕년일 뿐이다. 왕년은 기억하는 것이지 재현되는 것은 아니다. 왕년의 기억은 현재의 한계를 넘기 어렵다. 물론 왕년의 모든 것을 부정하라는 것은 당연히 아니다. 현실을 직시하지 못하고 왕년 생각만 하면 억울한 마음이 더 들지 않을까? 특히 조직에서 연하상사를 모시거나 직급은 있지만 직책이 없는 일부 고 연차 구성원은 내면화된 수치심이 있을 수 있다. '내가 누구인데!' 하면서 말이다. 저절로 화가 나고 섭섭한 것이 한둘이 아니면 정들었던 조직도 사랑했던 사람도 원망스럽기만 하다. 승진은 포기한 지 이미 오래지만 생존은 하고 싶은데 뜻대로 되지 않으니 참 슬프다. 화가 나는 것은 누구도 고 연차 구성원에 대한 관심을 보이지 않을 뿐만 아니라 본인이 없어도 또는 나서지 않아도 조직은 아무 문제없이 잘 돌아간다는 점이다. 이제는 더 이상 나이가 존중의 대상이 아닌가 보다. 나이를 먼저 따지고 싶고 나이를 이유로 과분한 조건을 기대한다면 왕년의 추억은 악몽으로 변질된다. 조직을 원망하고 조직에 투자한 청춘을 후회만 한다면 나이는 하나의 부담이 되고 만다. 나이가 들수록 '대접'을 기대하지 말고 '대안'을 찾아야 한다. 이 또한 누구나 다 알고 있는 현실이다. 불행해지고 싶은 사람이 어디에 있겠는가? 살아남고 싶은 마음은 누구나 같다.

그렇다면 조직에서 어떻게 대안을 찾을 수 있을까? 가장 먼저 왕년에 자신이 가장 잘했던 일을 정리하고 점검하여 과거만큼은 아니지만 재무장을 해야 한다. 자신이 잘할 수 있는 일에 집중하고 업그레이드하여 대안을 찾아야 한다. 누구도 도와줄 수 없다. 초년에는 '하고 싶은 일'에 집중해야 하고, 중년에는 '해야만 하는 일'에 집중하며 말년에는 '할 수 있는 일'에 집중해야 한다. **하수는 왕년을 과**

**장하고 선수는 왕년을 후회하며 고수는 왕년을 점검한다.** 자신의 왕년을 잘 점검해서 자신만이 할 수 있는 일을 찾아내고 단단하게 보완하는 일이 미래의 대안을 모색하는 가장 현실적인 선택이 될 것이다. 플랜이 없는 꿈은 꿈 같은 일로 끝난다. 꿈에는 플랜이 먼저이고 플랜보다는 잘할 수 있는 내공이 먼저이며 내공은 왕년에서 찾을 수 있다.

　　**둘째. '동료'를 잊고 '동지'를 찾아야 한다.** 예전에는 동창생보다 직장동료가 더 편했다. 함께 시간을 보내거나 사건들을 함께 겪는 과정에서 서로 할 얘기도 많고 남 흉도 같이 보기 때문에 한마음이다. 그래서 동료는 늘 든든한 마음의 후원자다. 동창과는 추억을 기억하면 반갑지만 동료와는 끊임없는 현실의 문제들로 연결되어 있어 어떨 때는 동반 책임자이고 공동 피해자이기도 하다. 그래서 동료와는 가십거리도 많고 재미 또한 많았다.

　　그러나 지금은 동료와의 관계가 예전과 달라졌다. 대화 없이 자기 일만 하는 시절이다. 동료들 간 끈끈함을 약화시키는 다양한 변화가 동료를 경쟁자로 만들었다. 직급파괴는 선배의 후배에 대한 멘토링을 사라지게 했고 후배의 선배에 대한 직장예절이 사라지게 했다. 그 변화의 출발은 어디인지 불분명하지만 과거로 돌아갈 수 없다는 점만은 분명해 보인다. 물론 아직도 동료는 생존의 동반자이고 고마운 친구다. 그럼에도 불구하고 좋은 동료를 포함하여 동지를 만들어야 한다. 당연히 모두는 아니다. 머나먼 미래에도 같은 길을 같이 가고 같은 일을 해야 하는 '진정한 동지'를 찾아야 한다.

조직 외 인맥도 당연히 확보해야 한다. 관심사는 목표가 되고 같은 목표를 가진 사람은 동지가 되고 동지가 모이면 힘이 된다. 그러면 준비는 일단 완성된다. 용기가 생기니까 말이다.

동지가 필요한 이유가 또 있다. 조직을 떠나면 누구나 곧 잊혀진다. 흔적도 없이 말이다. 그 보다 더 힘든 것은 외로움이다. 혼자 일을 해본 적이 별로 없는 우리다. 혼밥은 익숙한 일이지만 선호할 만한 일은 아니다. 어쩔 수 없는 고립이 아니라면 함께하는 동지를 만들어야 한다. 섭섭한 생각에 마음의 상처를 품고 아무것도 하지 않는다면 자살에 가까운 행위다. 또한 외로움을 들키지 않기 위해 혼자라서 가질 수 있는 자유와 안락만을 선택한다면 주변의 절실한 위로와 지원은 포기해야 한다. 함께하면서 감당해야 하는 불편과 양보는 있을 수 있지만 함께라서 얻는 위로와 지원은 더욱 큰 힘이 될 수 있다. 나이가 들면 함께하는 힘겨움보다 혼자 있는 고독이 더 견디기 힘든 법이다.

또한 동지는 공짜로 얻어지지 않는다. 동지가 될 만한 사람을 찾고 일단 겪어본 후 동지로 인정하는 것이 방법이다. 이때 주의할 점은 자기 위주로만 찾으면 실망한다. 상대도 바보는 아니다. 손해 보는 장사는 누구도 하지 않는다. 서로가 도움이 되어야 한다. 즉 궁합이 맞아야 한다. 아울러 시장중심적 보편성을 갖춘 동지라면 궁합을 맞추어야 한다. 그래서 동지에게 무엇을 줄 것인가를 먼저 고민하고 베풀어야 한다. 그래야 그들의 위로와 지원을 얻을 수 있다. 그래서 좋은 동지는 있어도 쉬운 동지는 없다. 어렵게 찾고 힘겹게 만났다면 외롭지 않게 함께 나아갈 충분한 가치는 있다.

**셋째, '상사'를 잊고 '멘토'를 찾아야 한다.** 인생은 먼저 산 사람이 스승이다. 선배의 성공과 실패는 모든 것이 교훈이고 경고다. 실패하기 싫다면 실패의 가능성을 먼저 따져봐야 한다. 미리 후회하면 덜 후회하는 법이다. 선배의 후회를 훔쳐야 한다 그래야 나에게 후회가 없다. 변하지 않는 것은 선배에게 묻고 변하는 것은 후배에게 물으라는 말이 있다. 잘나가는 것보다 덜 위험해지는 것이 더 중요해진 세상이다. 하수는 남의 후회를 비난하고 선수는 남의 후회를 조롱하지만 고수는 남의 후회를 관찰한다. 교훈을 얻기 위해서다. 자신도 실패하거나 후회스러운 일을 겪을 수 있다는 점을 인정하고 늘 겸손하게 관찰하고 학습하는 자세가 필요하다.

그렇다면 후회를 최소화할 수 있는 방법은 무엇일까? 정답은 멘토를 찾는 일이다. 멘토는 자기보다 반드시 탁월할 필요는 없지만 내 이야기를 잘 들어주고 내 편에서 용기 있는 공감을 제공해 주는 사람이다. 너무 거친 정직한 충고는 사절이다. 솔직함을 핑계로 비난에 가까운 충고는 상처만 남기기 때문이다. 멘토에게는 많은 것을 노출하기 때문에 정확한 판단과 솔직한 충고 그리고 선량한 애정이 멘토의 생명이다. 조직에서 상사는 배울 점은 있지만 이해관계가 얽히면 남보다 더 무서운 적이 될 수 있다. 상사의 의도는 부하의 해석을 뛰어넘을 수 없다. 평소에 좋은 상사라 할지라도 본인에게 위험 신호가 감지되면 누구라도 희생시킬 수 있다. 물론 변하지 않는 상사분들은 얼마든지 있다. 그러나 조직내부의 상사보다는 객관적이고 자신과 아무런 이해관계가 없는 멘토가 있어야 내 자신이 어디에 서 있고 어디로 가야 하는가를 알 수 있기 때문이다. 좋은 멘토를 찾는 일이 좋은 인생을 만드는 일이다.

어차피 세상의 변화는 조절되지 않는다. 세상이 변하면 자신도 변해야 하는 이유다. 이기지는 못해도 지지는 않겠다는 각오가 필요한 요즘이다. 잊을 것은 잊고 찾을 것은 찾아야 한다. 변화는 힘들다. 그러나 변하지 않으면 더 힘들어진다. 변화를 찾는 습관은 행복을 찾는 습관과 같다. 변화와 친해지면 지나간 왕년은 아름답고 다가올 왕년은 행복할 것이다. 변하지 않으려는 분노를 변하려는 용기로 만들 수 있다면 결코 후회하는 삶을 살지는 않을 것이다. 그리고 살아남을 수 있다. 살아남아야 기회가 있다.

# 5
## 두려움을 넘어 성공을 이끄는 리더의 감정관리

리더는 오랜 경험을 통해 내공을 쌓고 그 내공으로 조직이 직면한 문제를 해결하여 구성원의 추종과 존경을 얻는 존재다. 과연 지금도 그럴까? 리더의 위상이 예전만 못하다. 변화가 너무 빠르기 때문이다. 변화는 늘 리더의 경험을 초월하고 낯선 변화는 늘 예상보다 먼저 다가온다. 경험이 많은 리더도 당황하지 않을 수 없다. 경험만으로 버티기 힘든 시절이다. 변화는 속도도 빠르지만 변화의 방향과 내용은 나열하기 힘들 지경이다. 그중에서 가장 큰 변화는 리더가 원하는 방향으로 구성원을 이끄는 일이다. 세대차이는 이미 존재해 왔지만 지금은 세대차이를 너머 상전上典의 역전逆轉 시대가 되었다. 구성원이 리더의 눈치를 보는 것이 아니라 리더가 구성원 눈치를 봐야 한다. 물론 개인차도 있고 조직상황에 따라 차이는 있겠지만 예전처럼 구성원을 리더 마음대로 움직이는 일이 힘겨워진 것만큼은 분명해 보인다.

리더에게 쉬운 일은 없다. 실적 압박과 고용불안 그리고 불안한 미래와 대안 없는 현실은 리더의 마음을 더욱 심란하게 흔든다. 이미 낀 세대가 되어버린 리더에게 그나마 자기 편으로 만들 수 있는 사람은 구성원밖에 없다. 때로는 서로 섭섭하고 원망스러운 사이지만 리더와 구성원은 순망치한脣亡齒寒 관계에 있다. 입술이 없으면 이가 시린 법이다. 공존이 필요한 사이며 리더가 먼저 손을 내밀어야 좋아지는 관계다. 이 과정에서 리더는 감정관리를 잘 해야 한다. 사람은 감정의 동물이라고 한다. 리더도 사람이다. 그래서 리더 또한 감정의 동물이다. 힘겨운 조직생활에서 리더의 감정관리는 리더를 비롯하여 조직과 구성원 모두에게 영향을 미친다는 점에서 신중한 관리가 요구된다. 그러기 위해서는 리더가 직면한 현실에 대해 정확한 이해와 선제적 대응이 필요하다.

우선 **현재 구성원 변화에 대한 이해를 꼭 짚고 넘어가야 한다.** 구성원의 변화가 급격하게 진행되었기 때문이다. 요즘 구성원은 자신을 인정해 주는 리더를 따르기보다는 자신이 인정하는 리더만 따르려 한다. 또한 조직에 잔류하며 최소한의 일만 하겠다는 조용한 사직은 만연된 지 이미 오래다. 일부 고 연차 구성원은 냉소적 방관자로 전락하였고 일부 젊은 구성원은 역 갑질에 가까운 자기 주장을 거침없이 표출한다. 리더가 마음의 상처를 받을 만한 일이 한두 가지가 아니다. 그러나 리더는 변화를 거부하거나 부정할 생각이 없다. 어차피 변화를 거부할 수도 없고 어떤 형태로든 감당해야 한다는 것을 리더는 잘 알고 있다. 따라서 리더가 먼저 적극적으로 대응해야 한다.

리더의 마음을 답답하게 만드는 것은 조직내부 인간관계의 변화다. 직급 파괴와 수평조직화 등은 순기능도 있지만 역기능도 있다. 선배 구성원의 후배 구성원에 대한 멘토링은 사라졌고 후배 구성원의 선배 구성원에 대한 직장예절도 사라졌다. 말 그대로 각자도생 상황이 되었고 경쟁은 갈등을 넘어 무관심으로 변질되었다. 이동이 많다 보니 환영식도 없지만 송별식도 없는 남보다 못한 조직 상황도 이젠 익숙하다. 양보는 손해가 되고 주는 자는 빼앗기는 자가 되었다. 가해자는 없고 피해자만 있는 현실에서 리더와 구성원은 서로가 섭섭하다. 이런 상황에서 리더는 어떻게 해야 할까?

리더는 구성원과 대화를 하고 지원을 해야 한다. 리더의 운명이고 책임이니까 말이다. 책임감은 훌륭한 의욕이고 멋진 각오다. 그러나 책임감을 빛나게 하기 위해서는 조건이 필요하다. 준비가 덜 된 책임감은 리더의 희생과 소진을 초래하는데 이는 구성원과 조직에도 전혀 도움이 되지 않는다. 몸이 불편한 가장이 가족을 위해 몸을 제대로 추스르기도 전에 책임감 때문에 지나치게 몸을 혹사

Part 3 불확실성에 선제적으로 대응하는 리더의 용기

시킨다면 더 위험한 결과를 초래하는 것과 다르지 않다. **리더는 혼자만의 몸이 아니다. 따라서 정신과 몸 그리고 실력을 점검하고 강화해야 한다.** 그래야 리더도 살고 구성원도 산다. 그러면 조직도 평온하다. 리더가 먼저 중심을 잡고 정신을 바짝 차려야 한다. 리더가 흔들리면 끝나는 것이다.

그렇다면 리더는 구성원의 몰입과 성장을 이끌고 리더 본인의 감정관리를 위해 무엇을 준비해야 할까?

**첫째, 자기자비**self-compassion**가 필요하다.**

자신의 지난 경험과 열정을 되돌아보고 자기 자신을 사랑하고 존중하는 자세가 필요하다. 학계는 이것을 자기자비라고 정의한다. 자신에 대한 사랑과 존경이 없이 다른 사람의 마음을 움직이고 이끄는 일은 불가능하다. 자기자신을 위해 뭔가 보상을 해주는 것이 먼저다. 자신의 강점에 신념을 더하는 일과 건강한 정체성을 갖는 것이 무엇보다 중요한다. 리더의 자리에 오르기까지 열심히 살아온 자신을 칭찬하고 지금의 노고를 치하하며 충분히 보상해야 한다. 큰 부담이 아니라면 평소 갖고 싶은 것을 구입하거나 가고 싶었던 곳으로 짧은 여행을 조용히 다녀오는 것도 좋다. 우리는 자기를 방어하는 일에는 익숙하지만 위로하는 일은 낯설기 때문에 전에 해보지 않은 도전으로 스스로를 위로하는 기회가 필요하다. 자신에게 자비를 베푸는 리더가 자신감을 회복하고 다시 심기일전할 수 있다. 이것이 진정한 회복탄력성resilience이다

**둘째, 메타인지를 강화하자.** 메타인지metacognition는 자신이 무엇을

알고 무엇을 모르는가를 아는 능력이며 자신의 행동의 결과가 어떤 영향력을 발휘하는가를 생각하여 자신을 객관적으로 파악하는 능력이다. 리더의 의지가 아무리 높다 해도 자신의 강점과 약점을 모르거나 일의 우선순위를 모른다면 실행은 요원한 일이 된다. 자신이 무엇을 알아야 하고 무엇부터 해야 하는가를 알아야 민첩하게 학습하고 실행력을 활성화시킬 수 있다. 지금은 열심히 하는 리더도 중요하지만 잘하는 리더가 보다 유리한 시절이다. 아울러 메타인지가 높은 리더는 구성원에게 명확한 가이드를 제시할 수 있기 때문에 실행의 가능성과 성과의 기대도 커진다. 결국 리더의 자신감은 덤으로 얻을 수 있다.

**셋째, 기록하는 습관을 갖자.** 소통은 강도가 아니라 빈도라는 말이 있다. 구성원과의 관계는 소통의 빈도가 결정한다고 봐도 과언이 아니다. 빈도가 높은 소통에 리더를 위한 조언을 한 가지 더한다면 소통의 과정과 결과를 기록하기를 권한다. 구성원과의 소통은 개인적 이슈가 주제인 경우도 있지만 성과평가나 일과 관련된 경우도 많기 때문에 소통의 과정을 꼼꼼히 기록해 둔다면 시간이 지나도 실수 없이 대응할 수 있다. 특히 일자와 시간 그리고 장소 등을 정확히 기록하면 리더의 말에 무게감을 더할 수 있고 경우에 따라서는 방어도 할 수 있다. 구성원을 믿지 못해서가 아니라 우리의 기억력을 확신하기 어려운 경우가 많기 때문이다. 리더가 알면 힘이 되고 마음도 든든해진다.

**넷째, 조력자를 확보하자.** 힘겨운 리더를 도울 수 있는 2인자를 곁에 두어야 한다. 리더가 자리를 비우거나 다소 불편한 일을 구성원에게 전달해야 할 때 리더의 입장에서 이해하고 지지해 줄 사람이 있으면 리더의 마음은 한결 편해진다. 또한 조직내부 또는 외부에 멘토를 확보하는 일도 중요하다. 리더의 입장에서 리더의 말에 귀를 기울여주며 공감해 줄 수 있는 친절한 멘토가 꼭 있어야 한다. 멘토는 반드시 리더보다 우월한 존재가 아니어도 무관하다. 리더의 편이 필요한 것이다. 리더에게는 해법도 중요하지만 마음을 털어놓을 대상이 더욱 간절하기 때문이다.

이상과 같이 리더의 감정관리를 위한 몇 가지 대안을 고민해 봤다. 물론 다른 여러가지 방안도 있겠지만 절박한 현실에 대응하기 위한 가성비 좋은 방법이다. 이러한 대안과 준비도 중요하지만 가장 중요한 것은 리더 스스로에 대한 피로감을 떨쳐버리는 것이다. **리더는 너무 참아도 안되고 너무 성급히 감정을 드러내서도 안된다.** 너무 참으면 희생증후군sacrifice syndrome의 희생자가 될 수 있다. 희생증후군은 책임감에 대한 부담을 리더가 지나치게 인식하여 무리하게 최선을 다하는 과정에서 직무소진burnout를 초래하는 경우를 의미한다. 따라서 희생증후군은 리더와 조직에 나쁜 결과를 가져온다.

지난해 가수 양희은의 『그럴 수 있어』라는 책을 읽고 많은 교훈과 위로를 얻었다. 그렇다. 세상의 모든 일을 완벽주의 시각에서 보지 말고 '그럴 수 있다'는 이해를 먼저 가지면 용서하지 못할 사람이 없다. 앞의 네 가지 리더의 감정관리 대안을 성공적으로 실천하려면 리더 스스로 긍정적 마인드로 자신을 응원해야 한다. 그랬을

때 비로소 두려움을 넘어 조직의 성공을 이끄는 리더가 될 수 있다
고 생각한다.